O técnico
heavy metal
que transformou
Borussia
Dortmund
e Liverpool FC —
e está
mudando
o panorama
do futebol
na Europa

**RAPHAEL
HONIGSTEIN**

2ª edição

Klopp: Bring the Noise
Copyright © Raphael Honigstein, 2017

Copyright da edição brasileira © Editora Grande Área 2019

Tradução
Camilo Adorno

Preparação
Andressa Bezerra Corrêa

Revisão
BR75 | Diogo Henriques

Capa e projeto gráfico
BR75 | Luiza Aché

Diagramação
BR75 | Laura Arbex

Produção editorial
BR75 | Clarisse Cintra

Foto de capa
REUTERS / ED SYKES – stock.adobe.com

Dados Internacionais de Catalogação na Publicação (CIP)
Angélica Ilacqua CRB-8/7057

H746K   Honigstein, Raphael
        Klopp: o técnico heavy metal que transformou Borussia Dortmund e Liverpool FC – e está mudando o panorama do futebol na Europa/Raphael Honigstein; tradução de Camilo Adorno. – 2ª ed. Campinas: Grande Área, 2019.
        368 p.

ISBN: 978-65-88727-23-2

Título original: Klopp: Bring the Noise

1. Futebol 2. Futebol – Europa 3. Klopp, Jürgen, 1967-4. Treinadores de futebol – Alemanha – Biografia 5. Futebol – Aspectos estratégicos 6. Times de futebol I. Título II. Adorno, Camilo

---

Índices para catálogo sistemático:
1. Treinadores de futebol – Alemão – Biografia 796.334092

Para mamãe e papai

15

21

31

41

51

67

97

1. A SURPRESA — GLATTEN, 1967

2. SEGUNDA-FEIRA DE CARNAVAL: O MARCO ZERO — MAINZ, 2001

3. REVOLUÇÃO 09 — BORUSSIA DORTMUND, 2008

4. O CAMINHO PARA ANFIELD — 2012-2015

5. EM NOME DO PAI

6. WOLFGANG FRANK: O MESTRE

7. *SCHÖNEN GUTEN TAG. HIER IST JÜRGEN KLOPP* — BORUSSIA DORTMUND, 2008-2010

121

142

153

181

223

257

275

8. AUMENTEM O VOLUME — LIVERPOOL, 2015-2016

FOTOS

9. INÍCIOS E INTERRUPÇÕES — ERGENZINGEN, FRANKFURT, MAINZ, 1983-2001

10. FOGO NO RIO RENO — MAINZ, 2001-2006

11. UM, DOIS E QUASE TRÊS — BORUSSIA DORTMUND, 2010-2013

12. CAOS E TEORIA — LIVERPOOL, 2016-2017

13. SUCESSO NA TELINHA

293

309

337

345

347

14. SESSENTA MIL LÁGRIMAS
   — MAINZ, 2007-2008

15. *IN ZEITEN DES ABNEHMENDEN LICHTS*
   — BORUSSIA DORTMUND, 2013-2015

16. LIVERPOOL FC E MAIS

AGRADECIMENTOS

ÍNDICE REMISSIVO

*Não importa seu lugar de origem,
mas onde você se encontra.*

ERIC B. & RAKIM

1. A SURPRESA

Glatten, 1967

A Floresta Negra não é negra. Nem mesmo é uma floresta. Não mais. Há 1.800 anos, as tribos selvagens germânicas dos alamanos foram as primeiras a desbravar a densa escuridão que tanto amedrontara os romanos, abrindo espaço para o gado e os vilarejos. Armados de seus machados e de sua fé, missionários celtas vindos da Escócia e da Irlanda seguiram adentrando a terra até vencer a natureza e as trevas. Hoje, os vestígios dessa escuridão servem principalmente como matéria-prima para pesadelos de crianças e para os relógios cuco, bem como para uma esplêndida marca registrada de turismo.

De todas as partes do país e do exterior, as pessoas partem para a cadeia de montanhas de baixa altitude localizada no sudoeste da Alemanha a fim de purgar seus pulmões e corações de toda a imundície urbana. Terminada a guerra, a Floresta Negra tornou-se um dos pontos preferidos da indústria cinematográfica na busca por cenários imaculados, ambientes idílicos para clínicas de saúde, verdadeiras ou imaginárias, lugares onde fantasia e realidade podiam se combinar para produzir um efeito encantador.

Céticos, tomem cuidado, pois, claro, tudo isso é verdade — na pitoresca Glatten. As casas brancas e arrumadinhas com seus telhados em forma de bolo e sacadas de madeira, despretensiosamente recostadas nas colinas, espreitando intermináveis encostas verdes. "Os outros constroem no topo da colina, exibindo todo seu esplendor, mas os suábios fazem suas casas atrás da colina, para esconder o verdadeiro tamanho delas", explica Rezzo Schlauch, ex-político do Partido Verde, ao se referir à mentalidade modesta dos habitantes da região, membros de sua família. "Eles deixam a Mercedes na garagem e colocam o Volkswagen na entrada da casa."

O rio Glatt (termo em alemão antigo para o que é brilhante ou lustroso) corre desde o norte para a pequena cidade que tomou emprestado seu nome, passando pela fábrica revestida de aço blindado J. Schmalz GmbH, de tecnologia a vácuo. O rio é um discreto sentinela na principal rua de lojas da cidade (que conta com concessionária de automóveis, banco, padaria, açougue, floricultura e uma banca de *doner kebab*) e um modesto provedor de piscinas naturais, passando ao lado do estádio poliesportivo existente em Böffingen, vilarejo que foi totalmente incorporado a Glatten.

Condições climáticas difíceis — chove muito — tornam a região um paraíso conquistado, não concedido. Gramíneas, milho, leitões e pessoas com determinação e frugalidade espantosas são cultivados ali; um tipo extremado de alemão, ainda mais firme do que a imagem estereotipada do árduo trabalhador, que reluta em fazer concessões. *Schaffe, schaffe, Häusle baue*: trabalhe, trabalhe e construa sua casinha, diz um famoso ditado da região.

"Labutar dia e noite é uma parte importante do que significa ser um suábio", afirma Schlauch. "Isso tem sua origem na história, assim como a reputação de ser inovador, que também acompanha os suábios. Em outras regiões, o primogênito herdava as fazendas de seus pais, mas na Suábia a terra era repartida equitativamente entre os filhos. A terra própria para o cultivo foi ficando cada vez menor até passar a ser inviável, então os descendentes foram obrigados a encontrar outras ocupações. Muitos tornaram-se inventores e *Tüftler*, pessoas que buscam engenhosamente encontrar novas soluções para antigos problemas."

Os costumes da região exigem que tudo seja feito de modo estudado, sério. Até a diversão. Um dos catorze clubes sociais ativos em Glatten dedica-se ao carnaval; outro, atrai donos de pastores-alemães.

Celeiros enfileiram-se em uma pequena rua permeada de pedaços de barro deixados pelo caminho por tratores, e então, ali está, bem ao lado de um terreno: Isolde Reich's Haarstüble, um pequeno salão de beleza, ponto de encontro modesto e local de venda de meias feitas à mão para caridade, confeccionadas por um dos amigos de Reich. Os ganhos são usados para comprar sapatos para desabrigados.

Isolde nasceu em Glatten, em 1962, a mais nova de duas irmãs. Seu pai, Norbert, goleiro talentoso, era fanático por esporte. Frustrado por um pai severo — "ele insistia para que Norbert encontrasse uma vocação de verdade e não arriscasse tornar-se jogador de futebol profissional", conta Reich —, sua carreira acabou antes mesmo de realmente começar. Contudo, suas ambições esportivas não se abalaram. Ele jogou futebol amador, handebol e tênis, e buscou transmitir sua paixão para a família. Quando Elisabeth, sua esposa, e sua filha mais velha, Stefanie, não demonstraram qualquer inclinação para a prática esportiva, as esperanças de Norbert concentraram-se em Isolde. Tanto antes de seu nascimento ("Em meu álbum de fotos de bebê, ele escreveu: 'Isolde, na verdade, você deveria ter sido um menino'", ela sorri) quanto depois. "Fui a primeira garota em toda Glatten a participar de um treinamento de futebol."

Norbert era seu treinador; seus métodos, minuciosos e exigentes. Ele levava Isolde, com cinco anos de idade, para praticar cabeçadas no campo de futebol em Riedwiesen, ao lado do rio, onde uma bola velha e pesada pendia de uma barra de ferro verde. Se a posição de seu corpo não estivesse correta ou se seus braços estivessem muito elevados, Norbert a punia com uma volta, correndo, ao redor do campo. "Ele era severo, mas justo. Um homem de princípios, cheio de paixão", afirma Reich.

No verão de 1967, sua mãe deixou a casa da família por um mês. Elisabeth estava nos últimos meses de gravidez e o risco de complicações tornou necessária a internação em uma clínica em Stuttgart, oitenta minutos a noroeste dali. O hospital local em Freudenstadt, a apenas 8,5 quilômetros, não era equipado para realizar cesarianas. Foi difícil para Stefanie e Isolde ficar sem a mãe por tanto tempo. "Nos fizeram uma promessa: 'Mamãe vai trazer uma coisa fantástica para vocês ao voltar'."

Porém, quando Norbert e Elisabeth chegaram em casa, tinham nas mãos um pequeno bebê que berrava sem parar. Após cerca de uma hora, as irmãs passaram a imaginar se ele não podia ser levado de volta e trocado por alguma outra coisa. Um irmão pequeno e estridente — que surpresa horrível! Mas logo Isolde percebeu que ganhara bem mais do que um segundo irmão irritantemente barulhento naquele dia. "Toda a força que meu pai dedicava aos esportes voltou-se imediatamente para o menino. Eu estava livre de praticar cabeçadas no pêndulo; em vez disso, podia fazer balé e atletismo. O nascimento de Jürgen foi minha sorte grande, de verdade. Ele me libertou."

2. SEGUNDA-FEIRA DE CARNAVAL:
O Marco Zero
Mainz, 2001

Christian Heidel adora tanto a história que está começando a se perguntar se de fato é verdadeira. "Tendo nascido em Mainz, eu poderia dizer: vamos inventar isso. Mas realmente aconteceu", insiste ele, preparando-se para uma gigantesca viagem espiritual desde a suavidade corporativa de seu escritório no Schalke 04 até uma cidade que cantava e dançava vigorosamente sob uma chuva de confete, e um minúsculo e desesperançoso time da segunda divisão banido para um exílio evidentemente pouco atraente, provinciano, a quarenta minutos de distância de carro.

No dia anterior, em 25 de fevereiro de 2001, o FSV Mainz 05 havia jogado contra o SpVgg Greuther Fürth, time que era a pedra no sapato do Mainz, e perdera por 3 × 1 no Playmobil-Stadion. "Klopp estava ligeiramente machucado e foi o pior em campo, precisando ser substituído a vinte minutos do fim do jogo", conta Heidel. A derrota mergulhou o Mainz no fundo da zona de rebaixamento. "Estávamos *am Arsch*", sorri o antigo diretor executivo. De maneira bastante literal, no fundo da tabela, sem qualquer luz visível no fim do túnel. "Tínhamos em média 3 mil pessoas nos jogos, ninguém mais se importava com a gente. Todos tinham certeza de que seríamos rebaixados."

Seus colegas da diretoria do Mainz estavam no centro da cidade, divertindo-se nas festividades da segunda-feira de carnaval, pela qual a capital do estado da Renânia-Palatinado é famosa na Alemanha. Meio milhão de pessoas se vestem com fantasias bobas, ficam um pouco embriagadas e mais galanteadoras. As emissoras estatais ARD e ZDF dedicam uma noite inteira ao encontro de quatro horas de duração dos clubes de carnaval da cidade no palácio eleitoral, uma miscelânea de piadas e sátiras políticas encharcadas de cerveja.

Eckhart Krautzun, o viajado treinador do Mainz (apelido: *Weltenbummler*, aquele que viaja pelo mundo), acreditava que as tentações do carnaval eram grandes demais para a equipe antes de uma partida muito importante em Duisburg, na Quarta-feira de Cinzas. "Depois de perder para o Fürth, a situação ficara extremamente complicada em Mainz. Sabíamos que eles iriam demitir o treinador ou então chutar nossos traseiros. Fomos isolados em um hotel em Bad Kreuznach durante três dias para que ninguém fosse para a rua", relata o meio-campista do Mainz, Jürgen Kramny, colega de quarto de Jürgen Klopp na época.

Christian Heidel ficara em sua casa em Mainz. Não estava com vontade de festejar; a situação do time era muito terrível para se fazer de bobo. Estava claro que o técnico precisava ser dispensado. Krautzun era uma pessoa muito agradável, sem dúvida, um condutor experiente que, certa vez, treinara Maradona em uma partida do Al-Ahli FC na Arábia Saudita, além das seleções do Quênia e do Canadá e de inúmeras equipes ao redor do mundo; todavia, seis pontos em nove jogos desde que assumira o time, em novembro, era o tipo de sequência que levava diretamente ao rebaixamento. Heidel achava ainda que Krautzun, de alguma maneira, induzira-o a nomeá-lo treinador.

Seu antecessor no clube, René Vandereycken, ex-técnico da seleção da Bélgica, havia sido um treinador rude e monossilábico, cuja recusa em se comunicar com jogadores, membros da diretoria e funcionários só se equiparava à sua resistência em propor um sistema de jogo coerente. Ele fora demitido com doze jogos e escassos doze pontos na temporada 2000-01, com o Mainz já na zona de rebaixamento. Heidel queria que o comandante seguinte pudesse reimplementar o bem-sucedido sistema de marcação por zona/quatro defensores que o antigo treinador do Mainz, Wolfgang Frank, implementara seis anos antes, uma tática que parecia tão moderna e avançada àquela altura para os padrões da Bundesliga que quase ninguém sabia como fazer dar certo.

Heidel: "Disse a todos que queria um treinador que conhecesse o (sistema) quatro defensores. Alguém que pudesse praticá-lo, ensiná-lo aos jogadores. De repente, recebo um telefonema de Krautzun. Preciso ser sincero, seu nome nem havia passado pela minha cabeça. Ele estivera no Kaiserslautern anteriormente, não tinha dado certo e eu tinha a sensação de que não havia por que trazê-lo. Mas ele continuou falando e falando até me convencer a encontrá-lo. Assim, fui vê-lo em Wiesbaden. Ele seguiu explicando tudo sobre os quatro defensores detalhadamente e eu pensei: 'Caralho, no fim, ele realmente sabe das coisas!'. Eu tinha visto tantos treinamentos do Frank que sabia exatamente como eram os exercícios específicos. Foi dessa maneira que o escolhi como treinador. Cerca de duas semanas depois, Klopp veio até mim e disse que Krautzun havia ligado para ele um mês antes: 'Queria saber como o sistema com quatro zagueiros funcionava; conversamos por três horas'. E foi isso que transpareceu no gramado. Ganhamos uma partida no começo e então tudo caiu por terra".

Demitir Krautzun era uma decisão sensata e fácil. Encontrar o sucessor certo mostrou-se bem mais complicado. Heidel vasculhou uma montanha de anuários da revista alemã *Kicker* na esperança de desenterrar um candidato apropriado. "Naquela época, não havia internet. Não se sabia quem era o treinador do Brugge, por exemplo. De qualquer maneira, esses times eram cinco vezes maiores do que o nosso. Outros tempos. Praticamente não havia treinadores estrangeiros na Bundesliga.

Você estava sempre rodeado das mesmas pessoas." Depois de um tempo, Heidel fechou todos os livros e admitiu seu fracasso: "Acreditava que a única chance que nos restava era, de alguma forma, voltar ao ponto em que estávamos quando atuávamos sob o comando de Wolfgang Frank. Mas não conseguia achar ninguém. Não fazia ideia de quem podia fazer esse trabalho".

Talvez Heidel tenha encontrado inspiração nos foliões que desfilavam pelas ruas de Mainz em um dia em que as regras habituais não eram respeitadas. Ele não tinha mais nenhuma resposta sensata. A única atitude lógica que restava era fazer uma escolha completamente absurda. Se não existe nenhum treinador apropriado para ser contratado, talvez a resposta seja... não contratar nenhum?

"Pensei: 'Vamos fazer algo espetacular. Devemos ser nosso próprio treinador'." Havia "um número suficiente de pessoas realmente boas e de jogadores inteligentes na equipe", afirma ele, para fazer com que essa ideia maluca desse certo; eles podiam ensinar àqueles que haviam chegado depois da temporada que Frank passara no Bruchwegstadion. Mas futebol continuava sendo futebol e alguém ainda tinha de estar no comando. Heidel considerou a possibilidade de assumir o cargo ele mesmo. "Eu poderia ter dito a eles como o sistema funcionava depois de participar de tantas sessões de treinamento do Wolfgang, mas nunca havia atuado em sequer uma partida da Bundesliga, nem mesmo da Oberliga (quarta divisão alemã). Aquilo iria parecer idiota. Por isso telefonei para o quarto de hotel de Klopp, em Bad Kreuznach. Ele não fazia ideia do que estava por vir."

Heidel disse ao veterano lateral direito que não podiam seguir com Krautzun, que precisavam mudar. "Falei: 'Acho que vocês são intreináveis. As coisas que colocamos em prática aqui — ou que queremos colocar — para ter sucesso ninguém na Alemanha entende. Você e a equipe entendem. Mas não dá certo com nenhum treinador'. Klopp seguia sem entender para onde minha conversa estava caminhando. Então eu disse: 'O que você acha de nós mesmos nos treinarmos? Alguém precisa liderar e deve ser você'. Houve um silêncio do outro lado da ligação por talvez três, quatro segundos. E veio a resposta: 'Ótima ideia. Vamos fazer isso'."

Heidel ligou para o capitão Dimo Wache, goleiro da equipe. "Kloppo era o verdadeiro capitão, mas Dimo usava a braçadeira. Dietmar Constantini (treinador que precedera Krautzun) tirara a braçadeira de Klopp porque ele sempre reclamava dos aspectos táticos. Ele se interessava por tática como nenhum outro atleta, passava muito tempo pensando sobre o assunto. Constantini também o tirara da equipe por um período. Kloppo na reserva, isso não dá certo de maneira nenhuma. É engraçado vê-lo se queixar das reclamações dos jogadores atualmente, você devia ter visto como ele era naquela época..."

Harald Strutz, o garboso presidente do Mainz, estava ocupado cumprindo suas obrigações carnavalescas como líder do *Ranzengarde*, um grupo de soldados fictícios do século XIX que zombava do militarismo prussiano. "Heidel me ligou e disse: 'Temos de demitir o treinador urgentemente'", conta Strutz, sentado em seu escritório elegante na sede administrativa do Mainz, em uma região corporativa nos arredores da cidade. No lobby há um armário de portas de vidro com produtos do Mainz, incluindo uma edição especial do jogo Banco Imobiliário com Klopp e Heidel na capa. "Kratzun era extremamente correto. Ele queria permanecer no cargo, mas dissemos que não dava mais. Então tirei meu uniforme do *Ranzengarde* e dirigi até Bad Kreuznach. Todos estavam festejando na segunda-feira de carnaval em Mainz, mas isso não queria dizer que todos estivessem bêbados. Bom, eu não estava, caso contrário não teria dirigido até lá. Perguntamos a Kloppo: 'Você acha que está preparado para isso?'. Não houve nem um segundo de hesitação: 'Sim, com certeza. Claro'."

Strutz faz uma pausa por um momento, perplexo com a incongruência da mais importante decisão que já tomou como presidente do Mainz. Ele é um político local do Partido Democrático Liberal e trabalha como advogado; sobre sua mesa de reuniões há uma cópia do *Bürgerliches Gesetzbuch*, o código civil alemão; Strutz, em síntese, é um homem bastante sério, não é o tipo de chefe que se imagina que irá se deixar levar pelas *Schnapsidee* (ideias de jerico) de seu diretor executivo. "É uma história muito especial", ele prossegue. "Aquele foi o começo. Por que devemos mudar isso? Se você soubesse como eram as coisas por aqui naquele tempo... Foi uma proeza extraordinária manter o time inteiro unido. Um início de carreira de treinador extraordinário. A particularidade da situação ainda ferve na minha cabeça."

Os dez jornalistas locais que chegaram para a entrevista coletiva do Mainz em Bad Kreuznach no dia seguinte não ficaram tão eufóricos. Heidel: "Eles já sabiam que Krautzun havia saído. Confirmamos a informação. Então um jornalista, Reinhard Rehberg, que ainda atua nos dias de hoje, disse: 'O que Klopp está fazendo aqui?'. Todos acharam que colocaríamos o auxiliar técnico como treinador interino, mas acho que nem tínhamos um auxiliar técnico àquela altura. Então eu disse: 'Kloppo será o treinador'. Eles caíram na gargalhada, tiveram um ataque de risos; tiraram sarro de nós no dia seguinte nos jornais. As pessoas acham que Klopp é festejado o tempo todo, mas ele não era o Klopp dos dias de hoje, era o Klopp daquele tempo. Era um jogador, não tinha diploma de técnico, havia estudado ciências do esporte".

Klopp sabia que os jornalistas não acreditavam que ele fosse de forma alguma capacitado para salvar o Mainz do rebaixamento, e fez uma piada acerca de sua própria inexperiência, fingindo não saber o roteiro. "Vocês têm de me dizer o que tenho de falar aqui." Ele se impôs perante os jornalistas com um sorriso largo.

"Na sequência, nunca vou me esquecer disso", afirma Heidel, "os jornalistas saíram e Klopp disse: 'Agora vamos treinar'. Subimos em alguns ônibus e nos dirigimos para o Friedrich-Moebus-Stadion. Ao chegar lá, vi uma coisa que me fez pensar 'ah, existe vida aqui'. Havia cones espalhados por todo o gramado. O grupo de jogadores estava treinando movimentações de um lado a outro, em formação novamente. Foi então que soube: havíamos voltado aos tempos de Wolfgang Frank."

A equipe estava tão surpresa quanto os jornalistas com o fato de Klopp ser o novo comandante. "De repente, lá está Kloppo na sala de reuniões se dirigindo a nós como treinador", relembra o ex-meio-campista do Mainz, Sandro Schwarz. "Ele ainda era um de nós, de fato, não era preciso se dirigir a ele de maneira formal ou manter certa distância. Tinha uma autoridade natural, mas ainda éramos íntimos, e ele estava dando continuidade às coisas. O time não se importava porque estávamos em uma árdua luta contra o rebaixamento. Ninguém mais acreditava em nós. Os rapazes que estavam ali havia algum tempo ansiavam por voltar a atuar no 4-4-2, o sistema que nos havia feito fortes. Com essa conduta positiva, ele fez com que adotássemos os antigos padrões de comportamento uma vez mais."

A primeira reunião da equipe deixou uma impressão permanente em Heidel. "Ainda me lembro de como estava aquela sala. Aquele cara nunca havia se dirigido a uma equipe até então. Nunca. Eu era um pouco mais magro na época, mais em forma. Se alguém tivesse me dado um par de chuteiras naquele momento, eu teria saído correndo para jogar contra o Duisburg depois de ouvi-lo falar. Já tinha visto dez, onze técnicos antes. Mas nada como aquilo. Você queria sair e jogar imediatamente. Saí do vestiário e encontrei muitos descrentes que diziam: 'Ele é somente um jogador...'. Eu disse a Strutz e a meus colegas da diretoria que nós iríamos ganhar, com toda certeza. Se a equipe tivesse a mesma certeza que eu tinha, tínhamos de vencer, nós *iríamos* vencer. Não sou capaz de lhe dizer as palavras exatas, mas foi uma mistura de tática e motivação, mais como uma palestra. Podíamos ter jogado imediatamente. Ele falou e falou até o time acreditar que era bom."

"Aceitar o cargo parecia uma missão suicida", admitiu Klopp, uma década depois, para o site Spox.com. "Eu só me perguntava uma única coisa: o que podemos fazer para parar de perder? Vencer o jogo nem me passava pela cabeça. A primeira sessão de treinamento foi dedicada integralmente a correr pelo campo de maneira tática. Espalhei aqueles cones e me perguntei quais eram as distâncias certas entre as linhas, pensando no tempo em que éramos comandados por Wolfgang Frank. A maioria dos jogadores ainda tinha os movimentos corretos armazenados em suas memórias mais antigas, da época em que estavam sob a batuta de Frank e praticavam até ficarem exaustos. Queríamos colocar em prática um estilo de jogo que não dependesse do adversário." Na parte motivacional, Klopp também reproduziu os temas de Frank para incitar os atletas: "dar aqueles últimos 5%" faria diferença.

Klopp fez "escolhas simples", afirma Kramny. "Deixei de atuar do lado direito do meio de campo e passei a jogar mais pelo centro. E mais uma ou outra mudança. Heidel nos disse que tínhamos de juntar forças depois de termos dado aos treinadores anteriores tantos problemas. Nós todos nos sentíamos responsáveis. Não havia muito tempo para fazer muita coisa, então a ideia era injetar um pouco de diversão, treinar nosso esquema e jogadas de bola parada. E então falamos: certo, vamos lá. Correr, correr, correr. No dia do jogo, estava caindo o mundo."

Heidel: "Havia 4.500 pessoas no estádio. Atuar na Quarta-feira de Cinzas é uma coisa especial em Mainz. O Duisburg era um time bem melhor, forte candidato a subir de divisão. Tenho de ser sincero e dizer que não demos nenhuma chance a eles. Vencemos por 1 × 0, mas eles não chegaram nem perto de nosso gol. Não conseguiram de nenhuma maneira enfrentar nosso sistema. As pessoas no estádio ficaram ensandecidas".

Quem estava na arquibancada principal se divertiu de maneira especial. Viram um treinador do Mainz "agindo como o 12º jogador, participando efetivamente do jogo na linha lateral", complementa Heidel. "Naquela época, a arquibancada comportava apenas mil pessoas, e elas estavam morrendo de rir com o cara ali embaixo. Nem sei para onde ele correu quando marcamos. Será que foi expulso pelo árbitro?" (Nessa ocasião, não foi.) "Foi tudo muito, muito especial. Mas é preciso dizer isto: aquilo foi seu nascimento. Klopp tinha dado início à sua jornada."

3.
REVOLUÇÃO 09
Borussia Dortmund, 2008

É uma noite de inverno cortante em Marbella em janeiro de 2017, e o lobby do hotel Don Pepe Gran Meliá é o sonho de um cenógrafo do seriado de TV *Dinastia*: mármore branco, pilares revestidos de ouro, palmeiras em vasos. E um homem tocando saxofone.

Funcionários do Borussia Dortmund vestindo shorts empurram caixas de uniformes sujos do treinamento noturno em frente ao bar vazio do hotel. Sentado em um sofá creme, Hans-Joachim Watzke entra em cena com um meneio de cabeça que demonstra satisfação. Aos 58 anos, o CEO do Borussia Dortmund é um empreendedor de sucesso; sua empresa de uniformes profissionais, Watex, movimenta 250 milhões de euros por ano. Ele é o responsável por ter salvado o clube da falência em 2005, aquele que trouxe de volta o bom futebol, a empolgação e os títulos para o Westfalenstadion ao contratar Jürgen Klopp em 2008. No entanto, como todo torcedor de verdade, ele parece encontrar a felicidade e o orgulho absolutos no fato de simplesmente estar aqui, em uma viagem de férias de inverno de dez dias na Andaluzia com a equipe. Watzke veste um agasalho de treino com suas iniciais no peito.

"Por que Klopp? É uma pergunta simples de ser respondida", diz ele, baixando sua xícara de café. "Em 2007, estava claro que sobreviveríamos como clube, mas também que não tínhamos dinheiro para investir no time."

O Ballspielverein Borussia 09 e. V. Dortmund, campeão da Bundesliga em 1995 e 1996, vencedor da Champions League em 1997, e novamente campeão nacional em 2002, tinha "dado uma de Leeds". Uma injeção financeira de 130 milhões de euros, resultante da abertura do capital do clube na bolsa de valores de Frankfurt no ano 2000, tinha sido gasta na compra de jogadores extremamente caros em uma insustentável disputa "armamentista" travada com o Bayern de Munique. Quando, em 2005, a equipe não conseguiu se classificar para a Champions League pela segunda vez consecutiva, o clube quase faliu sob o peso de 240 milhões de euros em dívidas. "Estávamos na sede do clube e não sabíamos se ainda teríamos emprego no dia seguinte", conta Norbert "Nobby" Dickel, locutor do estádio e ex-atacante do Borussia Dortmund. "Uma época terrível."

"Dortmund é uma cidade que vive com o clube, que vive para o clube", afirma Sebastian Kehl. O ex-capitão se lembra de que a cidade toda estava apreensiva, extremamente preocupada com a possibilidade de o Borussia fechar as portas. "Taxistas, donos de padarias, funcionários de hotéis — todos temiam por sua subsistência. Para nós, jogadores, era muito complicado lidar com aquilo sabendo que vencer ou perder não faria muita diferença."

Foi Watzke, antigo tesoureiro do Borussia (e não a transformação da entidade esportiva em empresa de capital aberto), que salvou o clube ao retomar o controle, que estava nas mãos da dupla, completamente desacreditada, formada por Michael Meier, diretor esportivo, e Gerd Niebaum, presidente. Ele negociou um empréstimo com a Morgan Stanley, empresa de serviços financeiros, e um aumento de capital que permitiu ao Borussia Dortmund readquirir seu estádio e pôr fim a um devastador contrato de arrendamento. Contudo, o plano radical de corte de gastos não deixou recursos para a compra de grandes estrelas.

Watzke: "(O diretor esportivo) Michael Zorc e eu concordamos que queríamos formar uma equipe jovem. (O lateral esquerdo) Marcel Schmelzer já estava lá, assim como (o meio-campista Kevin) Großkreutz. Também queríamos praticar um futebol diferente. Sob o comando de Bert van Marwijk e Thomas Doll, a bola ia de um lado da linha de quatro defensores para o outro e retornava, dez vezes seguidas. Tínhamos 57% de posse de bola, mas não acontecia nada. Não se pode jogar dessa maneira em Dortmund. Queríamos prometer às pessoas um time que correria tanto que pedaços de grama seriam arrancados; e era isso que havíamos encontrado em Mainz quando jogamos lá nos dois anos anteriores. Você sempre tinha a impressão de que eles não eram tão bons, mas, de alguma maneira, tornavam as coisas muito difíceis, e às vezes venciam — tinham mentalidade de assassinos. E uma ótima configuração tática. Aquilo tinha de ser responsabilidade do treinador. Contratar alguém da segunda divisão seria complicado para o Borussia hoje em dia. Mas àquela altura era possível".

Christian Heidel revela que o Borussia Dortmund não tinha certeza de que Klopp conseguiria ser o santo padroeiro responsável por fazer um gigante da Bundesliga, que passara por momentos difíceis, voltar à vida. "Havia dúvidas", afirma ele. Watzke dirigiu-se pela primeira vez ao diretor executivo do Mainz em outubro de 2007, antes da reunião anual da Federação Alemã de Futebol. Heidel: "Ele telefonou e perguntou se podíamos tomar um café. Não o conhecia àquela altura. Nós nos sentamos e a conversa rapidamente passou a ser sobre Jürgen Klopp. Seu contrato acabaria no fim da temporada. Watzke perguntou: 'Klopp é realmente bom?'. E eu falei: 'Se agora eu disser que é, você vai roubá-lo de mim. Eu também poderia mentir e dizer que é péssimo. Mas você contaria ao Kloppo e ele ficaria chateado comigo'. Então eu disse: 'Esse cara é treinador para a Bundesliga'". Watzke indagou mais a fundo, sem mencionar explicitamente o Borussia Dortmund. Klopp era capaz de treinar um grande time da Bundesliga? "Respondi que Kloppo poderia treinar qualquer equipe do mundo", conta Heidel. "Isso porque ele tem uma vantagem (em relação a seus colegas): é muito inteligente. Ele vai se adaptar em uma grande equipe. Se você precisa de alguém de terno e gravata, não contrate Jürgen Klopp. Mas, se quer um treinador de ponta, tem de escolhê-lo. Não era o caso de se tomar uma decisão imediatamente, mas eu sabia que o Borussia estava olhando mais de perto para ele a partir daquele dia. Porém, eles ainda não estavam totalmente convencidos. Watzke continuou a me telefonar, não sei quantas vezes. Eu sempre dizia: 'Vai nessa, vai nessa. Você jamais se arrependerá do dia em que contratou Jürgen Klopp'."

O arrependimento acerca da contratação de Thomas Doll era cada vez mais visível em Strobelallee. O ex-meio-campista da seleção alemã, no cargo desde março de 2007, não conseguia inspirar jogadores ou torcedores com seu estilo de jogo enfadonho. O Borussia Dortmund estava mais perto da zona de rebaixamento do que da parte de cima da tabela e terminou o campeonato na 13ª posição, a pior em vinte anos. Uma boa campanha na DFB Pokal, em que, na final em abril, a equipe só veio a ser batida pelo Bayern de Munique na prorrogação (2 × 1), não podia esconder tantas deficiências. "Talvez seja a derrota mais valiosa em uma final na história do clube", escreveram Sascha Fligge e Frank Fligge no *Echte Liebe*, um relato do ressurgimento do Borussia Dortmund ao longo da última década. "Caso tivessem conquistado a Copa, os diretores do clube teriam tido muita dificuldade para demitir o técnico Thomas Doll, em cuja capacidade eles já haviam deixado de acreditar. Talvez Jürgen Klopp nunca tivesse ido para o Borussia. A história teria tomado um caminho bastante diferente." "A derrota (em Berlim) foi parte do plano estratégico para deixar o caminho livre para Jürgen Klopp", brincou, depois, Watzke. Klopp, coincidentemente, acompanhou a partida em Berlim como comentarista da emissora ZDF e confidenciou ao editor de programação Jan Doehling que "gostaria de um dia estar ali na linha lateral". Quando ele voltou ao hotel em Berlim, torcedores do Borussia Dortmund lhe fizeram uma serenata cantando no lobby: "Jürgen Klopp, você é o melhor". Queriam que ele assumisse a equipe.

Watzke afirma que sempre teve a impressão de que a personalidade de Klopp era suficientemente grande para a gigantesca tarefa. "Seu trabalho na TV nos deixara a impressão de que ele era capaz de implementar (um grande projeto). Não conversamos sobre nenhum outro treinador. Só queríamos Klopp." Uma reunião clandestina na empresa de um dos amigos de Watzke, não muito longe de Mainz, trouxe mais convicção — após a saída de Thomas Doll, em 19 de maio. "Depois que todos os funcionários haviam saído, nós nos reunimos", conta Watzke. "Foi uma conversa fantástica. Expusemos a ele nossa ideia para o clube e ela correspondia à dele. Michael Zorc havia ido, separadamente, encontrá-lo na véspera. Queríamos formar uma opinião de maneira independente. É comum pensarmos parecido, mas ali parecemos estar em total acordo. A química foi muito forte logo de cara."

No entanto, uma química de um tipo um tanto mais sintético também atraiu Klopp. O Bayer Leverkusen, pertencente à empresa farmacêutica homônima, igualmente havia se interessado pelo treinador. Eles não tinham o prestígio dos aurinegros, mas estavam livres de problemas financeiros e ainda possuíam uma equipe respeitável e equilibrada capaz de disputar uma vaga para a Champions League. "A princípio, Kloppo não queria ir para Dortmund, queria ir para Leverkusen", afirma Heidel. "Eu disse a ele que tinha de ir a Dortmund por causa da emoção existente lá, esse tipo de coisa. Ele teve uma conversa com (o CEO do Bayer Leverkusen) Wolfgang Holzhäuser. Não conseguiram se decidir. (...) Então o interesse do Borussia Dortmund passou a ser mais concreto. Mas Klopp, inicialmente, não estava seguro."

Sua remuneração era outro ponto crítico, complementa Heidel, com uma risadinha. "História engraçada. A primeira oferta do Borussia foi menor do que seu salário no Mainz, na segunda divisão. Eles não eram tão ricos àquela altura. Kloppo disse: 'Olhe, eles me ofereceram menos do que eu ganho no Mainz'. Eu respondi: 'Não se preocupe, vou ajudar você'. O Borussia Dortmund não conseguia acreditar que ele já estava ganhando aquilo tudo. Watzke telefonou uma vez mais: 'Quanto ele ganha com vocês?'. 'Ele ganha bem aqui, é a figura mais importante, prefiro economizar com um jogador', respondi. 'Não acredito nisso', falou Watzke. Eles aumentaram a oferta." Klopp assinou um contrato de dois anos no hotel Lennhof, em Dortmund, na manhã de sexta-feira, 23 de maio, e foi apresentado às onze horas, no estádio.

O Borussia, na verdade, tinha mais do que recompensas monetárias para oferecer. Josef Schneck, por exemplo, era o assessor de imprensa do clube e uma pessoa que Klopp estimava muito. "Nos conhecemos em abril de 2004, em um evento em Colônia", conta Schneck, um homem simpático e jovial com seus sessenta e poucos anos. Naquela noite, Klopp recebeu o Prêmio Fair Play da associação de jornalistas esportivos da Alemanha pelo modo como havia lidado com o término desolador das duas temporadas anteriores da Bundesliga 2. Matthias Sammer, então técnico do Borussia Dortmund, foi convidado a fazer um discurso laudatório. "Fomos lá com Mathias e Karin, sua esposa, e nos sentamos com Klopp na mesma mesa. Foi uma noite muito agradável", relembra-se Schneck. É um episódio pequeno, porém significativo, levando-se em conta que Sammer e Klopp brigariam de maneira espetacular alguns anos depois, no auge da rivalidade entre Bayern e Borussia.

"Também conhecia Jürgen das entrevistas coletivas (no período em que o Mainz havia jogado a Bundesliga, entre 2004 e 2007)", complementa Schneck. "Certa vez, o Mainz empatou em 1 × 1 com nosso time, em Dortmund, e o parabenizei pela conquista de um ponto. Empatar em Dortmund era um feito para o Mainz, não era? Mas ele apenas me olhou e disse: 'Parabéns para você também'. Típica atitude de Klopp. E, depois de ter vindo para cá, em suas primeiras semanas no clube, ele brincou com Michael Zorc: 'Não conseguia decidir se fechava ou não com o Borussia. Mas sabia que vocês tinham um assessor de imprensa respeitável, então não tinha como ser um clube ruim'."

RAPHAEL HONIGSTEIN

Ademais, poucos clubes podiam contar com um apoio tão fervoroso. A famosa "muralha amarela" em Signal Iduna Park, maior arquibancada da Europa, com 25 mil lugares em pé, atraía "a paixão pelo futebol que queima dentro de mim", disse Klopp aos repórteres em sua apresentação. "Qualquer um que tenha vindo aqui ao estádio sabe que (a muralha amarela) é uma coisa muito especial, uma das coisas mais impressionantes que se pode encontrar no futebol. Me sinto honrado de poder treinar o Borussia e levar o clube de volta ao sucesso. É uma história maravilhosa. Estou muito empolgado em trabalhar aqui." Alguém perguntou se era um grande salto sair do carnaval de Mainz para um dos tradicionais pesos pesados do campeonato alemão. "Nós não ficávamos pulando de um clube carnavalesco para outro lá em Mainz", sorriu ele. "Trabalhávamos com muita disciplina. Me sinto muito preparado."

Havia rumores na cidade de que alguns patrocinadores e empresas envolvidas na reestruturação da dívida do Borussia Dortmund esperavam um treinador mais refinado, um nome forte com poder de atração internacional.

Klopp, talvez a par dessas apreensões, usava um paletó na sala de imprensa. Mas sem gravata. "Nos últimos meses, de maneira secreta, discreta, ele trabalhou na gentrificação de seu guarda-roupa", observou a edição dominical do *Frankfurter Allgemeine*. Contudo, sua retórica voraz enalteceu o amor pelo futebol, profundamente enraizado naquela região operária, como um entretenimento incontido, uma fonte de identidade e uma experiência quase religiosa.

"Tem a ver com fazer a torcida feliz sempre, disputar partidas com um estilo de jogo reconhecível", ele prometeu. "Quando jogos são enfadonhos, perdem sua razão fundamental. Minhas equipes nunca jogaram xadrez dentro de campo. Espero que possamos testemunhar eventuais momentos em que atuaremos a toda velocidade aqui. O sol não brilhará todos os dias em Dortmund, mas temos a chance de fazê-lo brilhar com maior frequência." Freddie Röckenhaus, repórter que cobria o Borussia para o *Süddeutsche Zeitung*, ficou bastante impressionado com tamanho otimismo solar. "Se Klopp treinar o time tão bem quanto produz frases de efeito, o Borussia em breve estará preparado para a Champions League", escreveu. "Apenas 45 minutos foram necessários para que os torcedores do Borussia ficassem apaixonados por seu brilho e eloquência contagiantes. Se alguma vez a mentalidade de um treinador encaixou-se precisamente com a loucura futebolística da região do Ruhr, foi com Klopp."

A empolgação não se limitou aos torcedores do Borussia. No site pessoal de Klopp, um internauta declarou sua aprovação: "É ótimo que você esteja indo para o Borussia", escreveu ele. "Não sou torcedor do clube, mas possuo muitas de suas ações. Como tenho enorme confiança em você e estou ciente de suas capacidades, já estou ansioso por ganhar mais dinheiro." A confiança do investidor anônimo se mostraria certeira. O preço das ações do Borussia Dortmund subiu 132%: de 1,59 euro em 23 de maio de 2008 para 3,70 euros no dia da saída de Klopp, exatamente sete anos depois.

4.
O CAMINHO PARA ANFIELD
2012-2015

Em 11 de abril de 2014, às dez horas da noite, Jürgen Klopp encontrou-se com Hans-Joachim Watzke para tomar alguma coisa no Park Hilton Hotel, em Munique, e disse-lhe que havia tomado uma decisão — não iria a lugar algum.

Naquele mesmo dia, mais cedo, antes da viagem da equipe para uma partida fora de casa na Allianz Arena, contra o Bayern de Munique, o técnico do Borussia Dortmund ainda estava indeciso. Ele havia recebido uma oferta extremamente vantajosa e tentadora do noroeste da Inglaterra, uma oportunidade para assumir e revolucionar um dos maiores times do mundo. "Primeiro, nos encontramos na minha cozinha", conta Watzke. "Sem entrar em detalhes, foi um diálogo interessante. Acho que fez diferença, porque no avião ele me disse que precisávamos conversar novamente, de noite. Eu havia combinado de jantar com minha filha, que mora em Munique, então só podia encontrá-lo às dez horas. Logo de cara, ele falou: 'Não consigo mais lidar com essa pressão. Recusei a oferta'."

Pouco tempo antes, o vice-presidente executivo do Manchester United, Ed Woodward, havia voado até a Alemanha para se encontrar com Klopp. O curto período de David Moyes em Old Trafford estava chegando ao fim e Klopp era o favorito do United para substituí-lo, a fim de devolver um sentido de atrevimento ao estilo de jogo dos Diabos Vermelhos. Woodward disse a Klopp que o Teatro dos Sonhos era "como uma versão adulta da Disneylândia", um lugar mítico onde, como sugere o apelido, o entretenimento exibido era de primeira e sonhos tornavam-se realidade. Klopp não ficou inteiramente convencido com aquele discurso de vendedor — achou-o pouco "charmoso", disse a um amigo —, mas tampouco descartou prontamente a proposta. Depois de quase seis anos no cargo em Dortmund, talvez estivesse chegando o momento de uma mudança de cenário.

Sabendo do interesse do Manchester United, Watzke tinha a intenção de insistir para que Klopp honrasse seu contrato, que fora prorrogado até 2018 no outono anterior. Percebendo que o treinador de 46 anos estava bastante indeciso, Watzke mudou de tática e optou por uma estratégia muito arriscada. Se Klopp quisesse ir para o Manchester United, não seria ele o empecilho, afirmou, jogando com a confiança existente entre os dois e com uma relação que há muito deixara de ser profissional e passara para o campo da amizade. Após alguma discussão — e a conversa na mesa da cozinha de Watzke —, o treinador do Borussia Dortmund concluiu que seu trabalho em Signal Iduna Park ainda não terminara.

No entanto, o Manchester United sentiu que ainda existia uma possibilidade de atraí-lo. Quando Moyes recebeu o inevitável comunicado de que estava demitido, em 22 de abril, Klopp foi rapidamente listado como favorito pelas casas de apostas para substituir o escocês. A especulação incessante da mídia inglesa motivou o suábio a divulgar uma declaração no *Guardian* no dia seguinte para acabar com os rumores. "O Manchester United é um grande clube e sinto-me bastante próximo de seus maravilhosos torcedores", lia-se, "mas meu comprometimento com o Borussia Dortmund e com as pessoas é inquebrável."

Raphael Honigstein

Não obstante, Klopp continuou a atrair interesse da Premier League. Seis meses após ter recusado a oferta de Woodward, o Manchester City, rival local do United, fez uma sondagem. O Tottenham Hotspur também indagou acerca de seus serviços. Ao mesmo tempo, Klopp valeu-se de uma entrevista para a BT Sport antes de uma partida do Borussia contra o Arsenal, válida pela Champions League, para deixar claras suas intenções de seguir no clube alemão. Perguntado se iria para a Inglaterra quando seu contrato com o Borussia acabasse, a resposta foi cristalina. "É o único país, acho, onde devo trabalhar, de verdade, além da Alemanha", concordou, "porque é o único país cujo idioma eu domino um pouco. E preciso do idioma para fazer meu trabalho. Então, vamos ver. Se alguém me telefonar, discutiremos a possibilidade."

O destino estava selado, comenta Watzke. O Borussia Dortmund vinha tendo sua primeira — e única — campanha doméstica fraca sob o comando de Klopp, e a fuga para climas mais chuvosos de repente passou a ser mais atraente do que antes. Watzke: "Nossa temporada já havia ido por água abaixo e aquela sensação passou a ser mais evidente. (...) Para mim estava claro que ele não iria para nenhum outro lugar na Alemanha depois do Borussia, não seria capaz de fazer isso. Ele sempre afirmou que nunca estudara inglês, mas tenho certeza de que se aprimorou um pouquinho. Pude notar que ele havia feito isso. Era óbvio que tinha de ir para a Premier League. É a praia dele".

Um romântico em relação ao futebol, Klopp havia muito tempo era fã confesso da versão real e sem limites do esporte praticado do outro lado do canal da Mancha. Durante um período de treinamento no inverno espanhol em 2007, como treinador do Mainz, ele havia devorado o livro *Febre de bola*, de Nick Hornby (e caçado um lagarto pelo quarto de hotel com sua escova de dentes em frente a uma equipe de TV); grande parte da inspiração para sua marca de um futebol vigoroso e apaixonado, assim como a ideia de que seus times podiam se alimentar da eletricidade de uma torcida fanática, tinham origem na terra que deu vida ao esporte. Tanto no Mainz quanto no Borussia Dortmund, as torcidas entoavam ferozmente versões satisfatórias de "You'll Never Walk Alone", evocando atmosferas férvidas que deliberadamente se inspiravam nas tradições (idealizadas) inglesas. "Gosto do que chamamos na Alemanha de *Englischer Fußball*: dia chuvoso, campo pesado, todo mundo com a cara suja, e os jogadores vão para casa e não conseguem atuar pelas próximas quatro semanas", disse ele ao *Guardian*, em 2013. Naquele ano, seu Borussia, uma equipe jovem, havia surgido como penetra na principal competição europeia, chegando até a final da Champions League, enquanto ele usava um boné de beisebol que estampava a palavra "Pöhler" — gíria da região do Ruhr para alguém jogando futebol à moda antiga, "em um domingo de manhã, na grama, o básico, a paixão pelo esporte".

Quase exatamente um ano depois de Klopp ter dito não ao Manchester United, seu vínculo com o Borussia Dortmund mostrou-se, no fim das contas, quebrável. Ele anunciou que sairia no fim da temporada 2014-15, certificando-se de acrescentar que não tinha nenhuma intenção de tirar um ano sabático.

Em uma casa de campo art nouveau na frondosa Schwachhausen, em Bremen, o telefone começou a tocar poucas semanas após o início de uma nova temporada da Premier League. Conforme o período de Brendan Rogers em Anfield ia chegando a um fim lento e arrastado, várias pessoas entraram em contato com o agente de Klopp, Marc Kosicke, prometendo colocá-lo em contato com o Liverpool. Uma dessas pessoas, um agente alemão ligado ao futebol, disse que conhecia Kenny Dalglish muito bem. Kosicke preferiu esperar. Em determinado momento, alguém que anunciou ser o CEO do Liverpool, Ian Ayre, telefonou-lhe. Será que eles poderiam ter uma conversa sobre a possibilidade de Klopp ir para Anfield? Podiam, respondeu Kosicke, mas somente por videoconferência, via Skype. Enquanto Ayre desligava, antes de refazer a ligação usando o programa, Kosicke fez uma rápida pesquisa de imagem dos funcionários do Liverpool. Apenas para se certificar. Havia muita gente passando trotes e provocando desperdício de tempo.

RAPHAEL HONIGSTEIN

"Depois de ter treinado o Borussia, para onde um treinador pode ir?", indaga Martin Quast, amigo de Klopp desde o início dos anos 1990. "Na Alemanha, resta somente a seleção como opção para Kloppo, qualquer outra coisa seria um retrocesso, até mesmo o Bayern. Klopp se empolga com emoção, com empatia, com a possibilidade de fazer o público delirar, de fazer parte de alguma coisa realmente grandiosa. Em comparação com o Borussia Dortmund, o Bayern não oferece essas coisas. Eu só podia imaginá-lo assumindo um clube no exterior, um clube como o Liverpool."

Christian Heidel afirma que Klopp tinha apenas uma ressalva: seu inglês. "Conversamos sobre isso por muito tempo. Ele me perguntou: 'Devo aceitar?'. E eu disse: 'O discurso é sua arma, você sabe disso. Você tem de decidir se consegue transmitir o que é importante em inglês. Se deixar que outros falem por você, não vai funcionar. Aí será somente 70% Klopp. Você precisa ter certeza'. E então ele respondeu: 'Vou dar um jeito. Estudarei agora e vou conseguir'. Como ele é muito inteligente, conseguiu muito rapidamente. Acho que naquele momento (da conversa com o Liverpool) nenhum outro clube teria tido chance. Ele sempre foi fã deles, ficava empolgado com a dimensão emocional do cargo. Não acho que teria ido para o Manchester City ou uma equipe assim — embora eles realmente o quisessem."

O nome de Klopp havia surgido pela primeira vez em Anfield na primavera de 2012, conforme possíveis sucessores de Kenny Dalglish eram sondados. Um intermediário entrou em contato com o técnico do Borussia Dortmund, mas foi informado de maneira categórica de que Klopp não tinha intenção de sair. Ele estava a caminho de conquistar o histórico *double*.

Em setembro de 2015, as coisas rapidamente ficaram bem mais sérias. O fraco início de temporada de Brendan Rogers impelira o Fenway Sports Group (FSG), com sede em Boston, proprietário do Liverpool, a vasculhar o mercado em busca de um novo treinador. "Estávamos considerando alguém que tivesse experiência e sucesso nos mais altos níveis", explica Mike Gordon, 52 anos, presidente do FSG. "Jürgen havia conseguido isso em âmbito local, obviamente na Bundesliga. De fato, havia atingido isso, além de talvez um ou dois momentos empolgantes também pela Champions League. Acho que suas credenciais como um dos melhores, se não o melhor, eram evidentes para todos. E gostávamos do tipo de futebol que ele exibia. Tanto a energia como a ênfase no ataque: futebol de alta eletricidade, de grande voltagem, atraente. Desse modo, do ponto de vista futebolístico, foi uma decisão relativamente fácil e simples."

Embora houvesse "razões claras a favor" de Klopp, como afirma Gordon, o responsável do FSG para assuntos ligados ao Liverpool conduziu uma diligência prévia em relação ao alemão para ver se toda publicidade tinha base na realidade. "Procurei colocar de lado sua popularidade no mundo do futebol e seu carisma para realizar uma análise imparcial", afirma o ex-gestor de fundos multimercado, que começou sua carreira vendendo pipoca em partidas de beisebol quando criança. "Fiz uma quantidade razoável de investigação com as pessoas dentro do clube, determinando que ele deveria ser avaliado puramente de maneira analítica e futebolística. O processo era muito parecido com aquele pelo qual uma pessoa passaria no setor de investimentos antes de assumir uma posição importante. Fico satisfeito em dizer — e isso é evidente a esse ponto — que, por mais apreciada e significativa que fosse sua reputação no mundo do futebol, os fatos foram, na verdade, ainda mais atraentes e convincentes."

A pesquisa de Gordon mostrou que Klopp tivera um "efeito decididamente positivo, no sentido quantitativo, em relação àquilo que era esperado dele" no Mainz e no Borussia Dortmund. Colocando de modo mais simples, o suábio havia tido um desempenho que ultrapassara as expectativas. O encanto do Liverpool, cuja estratégia baseia-se no uso dos recursos de modo mais criterioso em comparação a alguns de seus rivais da Premier League, mais poderosos em termos financeiros, era evidente. "Em relação ao futebol, foi muito fácil", conta Gordon. "Mas, claro, eu não sabia se as filosofias e personalidades, do clube e de Jürgen, iriam se encaixar. Tinha de ser uma conexão mútua. Também precisávamos saber se Jürgen queria liderar o programa e o projeto de futebol do Liverpool. Essas eram questões muito importantes que precisavam ser resolvidas."

Uma reunião estava agendada para ocorrer no dia 1º de outubro, em Nova York. Contudo, a tentativa de Klopp e Kosicke de manter aquilo em segredo começou muito mal. No *lounge* da Lufthansa, no aeroporto de Munique, um dos funcionários perguntou a Klopp — cujo boné de beisebol não ajudava muito no disfarce — por que ele estava pegando um voo para o JFK. "Vamos ver uma partida de basquete", foi sua resposta. Uma explicação plausível, exceto pelo fato de que a temporada da NBA só teria início dali a quatro semanas.

Uma hora depois da chegada deles em Manhattan, os dois alemães foram novamente descobertos. Coincidentemente, o recepcionista do Plaza Hotel, na Quinta Avenida, era da cidade onde o treinador nascera para o futebol. "Meu Deus, é o Klopp!", exclamou ele no indefectível dialeto de Mainz. De algum modo, no entanto, as notícias sobre sua viagem clandestina nunca vazaram para a imprensa.

John W. Henry, principal proprietário do FSG, Tom Werner, presidente do Liverpool, e Gordon reuniram-se com Klopp e seu agente no escritório da firma de advocacia Shearman & Sterling, na Lexington Avenue, poucos quarteirões a leste. "Minha primeira impressão foi a de que ele é muito alto, e eu não sou", gargalha Gordon. "Era muito tarde, mas tivemos uma conversa bastante demorada e substancial, e então a interrompemos para retomá-la no dia seguinte, e nos encontramos para mais conversas longas e substanciais no hotel. Quero enfatizar: realmente foram conversas de duas vias. Tinha a ver com Jürgen ser a coisa certa para o Liverpool FC e o Liverpool FC — nós como donos — ser a coisa certa para Jürgen." O carisma de Klopp, como se suspeitaria, era tão grande quanto sua corpulência ("ele usa suas qualidades pessoais e sua maneira de se relacionar com as pessoas para transmitir sua mensagem"), mas o que realmente mais impressionou Gordon foi "a grandiosidade de conteúdo" que ele detectou por trás daquele sorriso dentuço e daquela personalidade gigantesca. "Não era 'nossa, esse cara é realmente charmoso, ele vai se sair maravilhosamente bem nas entrevistas coletivas e como representante do clube'. Muito rapidamente, o que chamou a atenção foi a amplitude de seu talento: não apenas do ponto de vista pessoal, mas o nível de inteligência, o tipo de pensamento analítico, a lógica, a clareza e a honestidade, sua capacidade de se comunicar tão eficazmente, ainda que o inglês não fosse sua língua mãe. Acredito que ele não receba suficiente reconhecimento em relação a isso porque as pessoas ficam muito encantadas com ele pessoalmente."

Klopp disse aos executivos do FSG que futebol era "mais do que um sistema", que "também era chuva, tentativas de roubadas de bola acontecendo em todos os lados, o barulho no estádio". Mais do que tudo, disse ele, a multidão em Anfield tinha de ser "acionada" pelo estilo do desempenho, para encorajar a equipe e vice-versa, em um ciclo de exuberância autoamplificado.

Gordon: "Era muito difícil encontrar qualquer coisa que fosse de algum modo deficiente, e essa é a pura verdade. O que estou dizendo é: estava claro que Jürgen, como técnico de futebol, realmente se encontrava no mesmo nível de um líder corporativo ou alguém que se escolheria para conduzir sua empresa. Digo isso como alguém que passou 27 anos como investidor, relacionando-se com alguns dos melhores CEOs e líderes de negócios dos Estados Unidos e da Europa. Àquela altura, estava claro para mim que ele era a pessoa certa. Por isso decidimos discutir os detalhes do contrato, e foi aí que Jürgen pediu licença e se ausentou".

Enquanto Kosicke seguia discutindo sua remuneração, Klopp caminhava pelo Central Park. A caminhada duraria mais do que o esperado. Os dois lados estavam, no início, um tanto quanto distantes financeiramente, mas o caminho para um acordo acabou por ser encontrado.

Depois de Klopp ter regressado à Alemanha, Gordon enviou-lhe uma mensagem de texto em que se lia: "Não consigo colocar em palavras o tamanho de nosso entusiasmo". Em sua resposta, Klopp desculpou-se por também não ter o vocabulário correto. Mas ele sabia uma palavra que resumia o que estava sentindo: "Uaaaauuuuuuuu!!!".

Raphael Honigstein

5.
EM NOME DO PAI

No verão de 1940, a escola havia terminado para Norbert Klopp. Seu pai, Karl, empregado das fazendas e vinhedos nos arredores da cidade de Kirn, na Renânia-Palatinado, precisava que o garoto de seis anos de idade — único filho homem entre as quatro crianças — passasse a trabalhar com ele.

Tomar conta dos campos férteis do Sudoeste manteve a família Klopp viva durante os tempos mais obscuros vividos pela Alemanha. O time de futebol mais famoso da região, o Kaiserslautern, também se valia da produção local para seu sustento, quando, em 1945, o sol voltou a brilhar. Os Diabos Vermelhos, em cuja esquadra encontrava-se a superestrela e prisioneiro de guerra recém-libertado Fritz Walter, fizeram dezenas de amistosos contra equipes locais em troca de batatas e cebolas.

Norbert Klopp queria ser jogador de futebol. Quem não queria? Ele havia espichado e atingido 1,91 metro de altura durante a adolescência, e se transformara em um goleiro forte e ágil. Atuava para um time local, o VfR Kirn, uma das melhores equipes da região, e seu talento precoce era tamanho que foi convidado para um teste no Kaiserslautern em 1952.

"Fiquei boquiaberto", disse, depois, o garoto de dezoito anos a Ulrich Rath, um amigo da família. "Eu estava no gramado com todos aqueles jogadores lendários." O Kaiserslautern era a nata. A equipe havia conquistado o campeonato alemão na temporada anterior e o venceria novamente em 1953. Quatro de seus jogadores — Fritz Walter, Ottmar Walter, Werner Liebrich e Werner Kohlmeyer — acabariam levantando a taça da Copa do Mundo, em Berna, em 1954.

Apesar de todo seu talento, Norbert Klopp não estava exatamente no mesmo patamar. De volta ao VfR Kirn, que havia sido promovido para a primeira divisão (segmentada regionalmente) e enfrentava times como o Kaiserslautern e o Mainz, ele não conseguiu superar Alfred Hettfleisch, o titular sob as balizas do clube. Como goleiro do time reserva do Kirn, Norbert Klopp foi brevemente agraciado com o recém-instituído status de *Vertragsamateur* (amador sob contrato), que promovia o profissionalismo em todos os aspectos, à exceção do nome, na Alemanha Ocidental. Mas rendimentos mensais de quarenta a 75 marcos alemães tornavam os atletas altamente dependentes dos bônus por pontos (entre dez e quarenta marcos alemães). Norbert Klopp tinha pouca chance de conquistá-los: como substituições não eram permitidas, ele nunca conseguiu fazer parte da equipe principal, e seguiu no time reserva atuando contra outras equipes amadoras, apenas para se divertir.

Karl Klopp insistia com o garoto para que ele arrumasse um "trabalho de verdade". Norbert começou como aprendiz na Müller & Meirer, uma fabricante de produtos de couro de pequeno porte. Cerca de metade da população de Kirn, 5 mil pessoas, trabalhava no curtume e na indústria de couro no início dos anos 1950, conforme o milagre econômico alemão rapidamente elevava os padrões de vida. "Um artesão do couro ganhava entre 250 e trezentos marcos alemães por mês; era um bom trabalho na época", conta Horst Dietz, de oitenta anos, que trabalhou na mesma seção de Norbert Klopp, sentado na fileira atrás dele. Uma fileira contava com três pessoas: um aprendiz, um "colador" (normalmente uma jovem garota) e um artesão, e cada sala de trabalho possuía por volta de vinte fileiras, tendo, à frente, um perito na supervisão. Era um trabalho realizado em lotes: uma fileira produzia até cem carteiras ou produtos similares por dia, trabalhando das sete da manhã às cinco da tarde, com uma hora de almoço.

O sótão da casa de Dietz, em Kirn, assemelha-se a um pub. Camisas de futebol enquadradas e taças do tempo em que ele atuava no VfR Kirn forram as paredes; há também uma foto dele com Franz Beckenbauer, uma enorme televisão para mostrar jogos de futebol ao vivo e um bar de fato. Quando criança, ele vivia na zona rural, ao passo que a família Klopp morava no centro da cidade. Norbert frequentemente o levava para casa para almoçar durante a semana de trabalho. "Para mim, ele era como um irmão mais velho. Os Klopp eram muito conhecidos, mas levavam uma vida normal", conta Dietz. "Trabalhar duro era um de seus princípios." Se algum produto ainda não tivesse sido concluído ao término do horário de expediente, esperava-se que fosse finalizado na casa do funcionário. "Tentávamos dá-los para nossas avós fazerem, pois, aos catorze, quinze anos, estávamos interessados em garotas e em sair à noite", sorri ele. Diferentemente de Norbert Klopp, que era três anos mais velho, Dietz chegou a fazer parte do grupo de titulares da equipe principal, atuando por alguns anos na segunda divisão antes de aceitar uma oferta para trabalhar na Coca-Cola. "Norbert era bastante ambicioso, queria sempre chegar ao ponto mais alto", recorda-se. "Era arrojado, e não apenas em relação a esportes. Uma figura carismática que chegava a qualquer lugar e logo dominava o ambiente. Era cheio de energia e charme. Um galanteador, pode-se dizer. Com frequência passávamos o dia todo falando sobre futebol."

Em 1959, Norbert Klopp mudou-se em direção ao sul, para a cidade de Dornhan, na Floresta Negra, a fim de trabalhar na Sola, uma fábrica de couro na vizinhança. Ele passou a fazer parte do TSF Dornhan como técnico e jogador, atuando em diversas posições. Seus chutes da entrada da área eram muito temidos, afirma Rath. O homem elegante, que pouco tempo antes tornara-se um septuagenário — cabelo grisalho lustroso, olhos radiantes —, fora um atleta promissor na juventude, jogando pelo time regional de Württemberg antes de uma fratura tripla na perna colocar fim a sua carreira nos gramados. Atualmente, Rath é presidente honorário do sv Glatten.

Em um casamento em Dornhan — "naqueles tempos, esses eventos eram abertos ao público, não era preciso convite", conta Dietz —, Norbert Klopp conheceu Elisabeth "Lisbeth" Reich. A filha de um dono de cervejaria era vista como "um bom partido", nas palavras dele. Após o casamento com Lisbeth, no outono de 1960, Norbert Klopp ajudou na empresa da família, Schwanen-Bräu, administrada por sua sogra, Helene Reich. O pai de Elisabeth voltara da guerra com estilhaços de bomba alojados na cabeça e falecera pouco tempo depois. A função de Norbert Klopp na Schwanen--Bräu incluía ser um *Festzeltmeister*, a pessoa responsável por montar barracas de cerveja para festividades. O irmão de Elisabeth, Eugen, assumiu o controle da empresa até seu fechamento, em 1992.

Aos trinta e poucos anos, Norbert Klopp se qualificou para se tornar um mercador, estudando à noite na cidade vizinha de Freundenstadt. Em seu novo trabalho, como representante de vendas da Fischer, fábrica de sistemas de fixação, tinha de viajar por todo o sul da Alemanha durante a semana. Alto, educado e bonito, Norbert Klopp "nasceu para ser vendedor", afirma Rath. "Ele era agradável, sociável. Alguém divertido e que sabia contar as melhores histórias. Era capaz de falar no dialeto suábio com alguém à sua direita e em alemão padrão com a pessoa à sua esquerda." Seu marido era um orador por natureza, relata a mãe de Klopp, Elisabeth — "Ele simplesmente saía falando". Isolde Reich descreve o pai como "um craque da retórica".

O pai de Martin Quast, também oriundo de Kirn, conhecia bem Norbert Klopp. Ambos jogaram handebol juntos. "Ele me contou que Norbert sempre estava no centro de tudo. 'Onde estivesse Norbert, havia risada.' Qualquer um que apresentasse o mais remoto interesse por esportes em Kirn o conhecia e gostava dele. Parece familiar, não?"

Raphael Honigstein

Norbert Klopp era alguém que se importava bastante com o visual. "Ele precisava de mais tempo no banheiro pela manhã do que as três mulheres", sorri Isolde. "Estava sempre usando roupa de missa. Calças de moletom eram consideradas apropriadas para esportes, mas não eram aceitáveis dentro de casa; e, nas ruas, em hipótese alguma!" Certo dia, recorda-se ela, Norbert levou um de seus genros e um amigo para ver Jürgen atuar pelo Mainz; vestiu uma camisa branca, gravata e um suéter com gola em V, "um tanto parecido com (o então ministro do Exterior Hans-Dietrich) Genscher". Eles pararam em um posto de gasolina e Norbert aproveitou a oportunidade para dar um sermão em seus companheiros, vestidos de maneira extremamente inapropriada, sobre "o traje certo para se assistir a uma partida em Mainz". Mesmo no carnaval, regras de vestimenta eram rigorosamente impostas: toda a família se fantasiava de palhaço, com Jürgen sendo levado em um carrinho de mão como uma criança. O chefe da família Klopp passava suas próprias camisas e cortava o cabelo das crianças. As sobrancelhas de seus filhos formavam, na parte de baixo, uma fronteira natural que nenhum fio podia cruzar. Barba por fazer também era estritamente *verboten*. "Norbert, que sempre se vestia impecavelmente, e o filho algumas vezes brigavam devido ao estilo informal e esportivo de Jürgen", afirma Rath. Uma das primeiras coisas que seu irmão fez ao sair de casa foi "jogar fora o barbeador e as escovas de cabelo", complementa Isolde.

Era extremamente importante para Norbert que as crianças testemunhassem eventos históricos, como a chegada do homem à Lua ou as lutas de Muhammad Ali. A família aconchegava-se em frente a uma pequena televisão em preto e branco na sala de estar, com chás e lanches. Se uma das crianças dormia, Norbert a cutucava para acordá-la.

Poucos anos depois de ter se estabelecido em Glatten, Norbert Klopp havia se tornado um dos principais homens do esporte na cidade: defendeu a equipe de futebol de veteranos do sv Glatten até os quarenta anos (enquanto seus filhos apanhavam garrafas vazias na beira do campo para ganhar alguns trocados); treinou o time principal por uma temporada; e atuou como membro da diretoria. À medida que suas pernas se cansavam, sua paixão por jogar tênis aumentava. Norbert foi peça fundamental no estabelecimento do grupo de tênis do sv Glatten e na construção de uma quadra de saibro. Inicialmente, o clube havia arrendado uma quadra de concreto em uma antiga pedreira em Dorhan, depois de Norbert Klopp ter pago ao relutante dono cinquenta marcos alemães para que o povo de Glatten pudesse usá-la. No inverno, ele costumava ir esquiar com Ulrich Rath. O nome de Isolde foi uma homenagem à irmã de Rath.

Todo sábado, para festejar o retorno do pai ao lar, a casa era arrumada. No entanto, o pequeno Jürgen fazia o possível para escapar dessas atividades, dizendo a suas irmãs mais velhas que precisava estudar. "Na verdade, ele ficava deitado confortavelmente na cama com a cabeça enfiada em um livro", relata Isolde. Seu jeito jocoso fazia com que ela se lembrasse de Emílio de Lonneberga, o personagem traquinas loiro e de olhos azuis do livro infantil de Astrid Lindgren.

Uma foto de seu primeiro dia na escola o mostra com um curativo no joelho. Ele havia corrido para o lado de fora da casa, tendo seu tradicional *Schultüte*[1] à mão, e tropeçara. "Está vendo", repreendera seu pai, gentilmente, "se você não tivesse corrido tanto, não estaria com um curativo na foto." Em outras ocasiões, caiu de sua carteira, abrindo o supercílio, e trombou com uma motoneta, cortando o nariz.

"O nascimento de Jürgen foi um grande momento para Norbert", conta Rath. "Ele finalmente tinha um verdadeiro esportista com quem compartilhar sua paixão." A pressão em cima das meninas para que se sobressaíssem nos esportes cessou quase que imediatamente após a chegada de Jürgen. Elas podiam dedicar seu tempo aos próprios hobbies, como balé e música. Elisabeth, mãe amorosa e tranquila que decidira que as crianças deveriam tornar-se protestantes como ela (Norbert era católico), enfrentava dificuldades para administrar todas as atividades diárias dos filhos.

---

[1] Espécie de sacola em formato de cone contendo guloseimas e artigos escolares tradicionalmente distribuída para as crianças no primeiro dia de aula na Alemanha. (N. do T.)

Norbert era o professor particular de Jürgen, ensinando futebol, tênis e esqui sob um regime ultracompetitivo. "Logo cedo, pela manhã, fizesse chuva ou sol, ele me colocava na lateral do gramado, deixava que eu começasse a correr por um tempo e então também corria, me ultrapassando", contou Jürgen Klopp ao jornal *Abendblatt*, em 2009. "Estava longe de ser divertido." O exercício foi repetido, semana após semana, até Klopp se tornar mais rápido que o pai. Norbert também o matriculou no clube de atletismo para melhorar sua velocidade. Além de tudo isso, Jürgen ainda tinha de passar horas praticando cabeçadas, assim como fizera Isolde, anteriormente.

Aos seis anos, ele entrou para a equipe infantil "E" (menores de onze anos) do SV Glatten, recém-formada pelo técnico Ulrich Rath, em 1973. Em seu primeiro jogo, Jürgen sofreu uma entrada e, sem querer, deu uma cambalhota, quebrando a clavícula com o impacto. "Já na semana seguinte estava de volta, braço na tipoia, olhando ansiosamente para seus colegas da lateral do campo, correndo atrás das bolas que saíam para, de algum modo, manter-se envolvido", afirma Rath. "Aquilo mostrava como ele era obstinado."

Rath conduz seu visitante um pouco mais para baixo, mais fundo na história local. Seu porão é um santuário para tudo ligado ao SV Glatten. Obviamente, o lugar de honra está reservado ao time de jovens, que inclui seus dois filhos e Jürgen Klopp, seu terceiro, o filho de toda a cidade. Rath ainda se chateia quando a imprensa chama Klopp de *Stuttgarter*.[2] "Ele ficou lá apenas uma semana, nos primeiros dias após seu nascimento!" Rath balança a cabeça e pega uma foto. Nela, estão todos os garotos comemorando a conquista de um campeonato regional disputado no *Pfingsten*, o dia de Pentecostes. Klopp, o atacante da equipe, brincou dizendo, anos depois, tirando sarro de si mesmo, que esse foi o único título que conquistou como jogador de futebol. Centenas de jogadores de fim de semana conquistaram, desde então, *o troféu* Klopp, mas apenas

---

[2] Aquele que nasceu em Stuttgart ou de lá provém. (N. do T.)

alguns conhecem essa parte da história. Tinha sido de Norbert Klopp, recorda-se Rath, a ideia de improvisar um prêmio para os vencedores do primeiro torneio aberto de Glatten, em 1977. Ele pegou uma das chuteiras do filho, pintou-a de dourado com spray e prendeu-a ao topo de uma caixa de madeira.

Naquele mesmo ano, a equipe sub-11 do Stuttgarter Kickers foi a Glatten para uma partida amistosa. Os garotos da capital de Baden-Württemberg chegaram trazendo barracas e dormiram nas florestas da região, onde leitões foram assados em fogueiras. A ocasião é lembrada afetuosamente pela prática do *rafting* na confluência dos rios Glatt e Lauter. Muitos dos jogadores do Kickers caíram na água, e entre eles estava um futuro campeão europeu. Robert Prosinečki, meia que viria a defender o Estrela Vermelha de Belgrado e as seleções da Iugoslávia e da Croácia, jogava pelos suábios naquele tempo, mas, no fim, acabou não sendo considerado suficientemente bom e voltou para Zagreb dois anos depois, aos dez anos.

Jürgen, como a maioria dos garotos da região, torcia pelos maiores e mais bem-sucedidos rivais do Kickers, o Stuttgart. Uma peneira realizada quando criança não deu em nada, mas ele ganhou um agasalho vermelho, que orgulhosamente vestiu até que Stefanie o arruinasse em um acidente com um ferro quente. Talvez para compensar aquela trágica perda, sua avó Anna costurou para ele uma blusa branca com uma faixa horizontal vermelha e um "4" nas costas, o número de seu jogador favorito, Karl-Heinz Förster, da seleção da Alemanha Ocidental. Ele a usava para ir ao Neckarstadion com amigos e familiares.

Klopp admirava a tranquilidade obstinada demonstrada pelo zagueiro quando se encontrava sob pressão, bem como sua dedicação absoluta. "Depois descobrimos que tínhamos os mesmos ídolos esportivos", comenta Martin Quast. "Förster, um homem de visão estratégica, e Boris Becker, que vivia à base de impulsos e emoções. Kloppo me disse certa vez que estaria em pé nas arquibancadas como membro de uma torcida organizada se não tivesse dado certo no futebol, e que tinha a faixa horizontal vermelha cravada em seu peito." Seu amor pelo Stuttgart talvez tenha diminuído nos anos subsequentes. Ulrich Rath se emociona ao lembrar-se do dia em que Klopp, então treinador do Mainz 05, escapou dos funcionários do estádio e pulou uma placa de publicidade no estádio do Stuttgart para procurar um grupo de antigos amigos de Glatten que estava sentado na *Untertürckheimer Kurve*.[3] "Eu disse a ele: 'Jürgen, estou enfrentando um dilema: dois corações estão batendo em meu peito. Um pelo Stuttgart, um por você'. Ele disse: 'Ulrich, não pode ser verdade. Um homem tem apenas um coração — e o seu está batendo por mim'. Nós demos risada, mas acho que ele estava falando muito sério."

Norbert Klopp era um daqueles pais de atletas que mal podiam conter sua paixão do lado de fora do campo. "Jürgen tem o temperamento do pai e o sossego de espírito da mãe", afirma Isolde Reich. Ele sentia a força dos padrões intransigentes e rigorosos do pai de modo mais intenso quando o assunto eram as disputas individuais. Partidas entre os dois Klopp eram eventos unilaterais nos desfechos, com Norbert relutante em conceder um único ponto. Jürgen ficava frustrado, nervoso, era arrasado nos jogos por um pai incapaz de oferecer qualquer palavra de apoio, ou que relutava em fazê-lo. Nenhum dos dois gostava muito dessas primeiras atividades competitivas, mas Klopp pai as considerava um aspecto fundamental da educação esportiva de Jürgen. Tempos depois, eles formaram uma dupla no clube de tênis de Glatten. Seu pai era tão obcecado por vitórias que certa vez se recusou a sair da quadra mesmo sofrendo com uma insolação severa e violentos calafrios. Klopp filho paralisou o jogo por vontade própria e levou o pai para descansar.

Na pista de esqui, Norbert simplesmente descia montanha abaixo, na expectativa de que o garoto o alcançasse. *Nix gschwätzt isch Lob gnuag* — nada dizer já é elogiar o suficiente —, diz o provérbio suábio. Norbert Klopp era a personificação desse ditado. "Era a maneira dele de fazer com que eu me aprimorasse", relatou Klopp em uma entrevista para o *Der Tagesspiegel*.

---

[3] Arquibancada do estádio do Stuttgart localizada atrás de um dos gols, do lado direito da tribuna de honra. (N. do T.)

"Quando eu corria e saltava, ele me dizia que não era suficientemente alto, que ainda havia espaço para uma folha inteira de papel! Ele não sabia os termos apropriados e logo notei que sua tática era bastante óbvia." Klopp teve de aprender a "ler nas entrelinhas" para descobrir vestígios de satisfação em seu pai, acrescentou; as críticas ininterruptas sufocavam as apreciações. "Quando eu marcava quatro gols, ele dizia que eu havia perdido outras sete oportunidades, ou falava sobre como um de meus companheiros havia jogado bem. Contudo, eu sabia que, no fundo, ele estava orgulhoso de mim."

Podendo ficar à vontade depois da escola, Klopp jogava mais futebol com os filhos de Rath, Harmut e Ingo. Qualquer pedaço de grama era transformado em um campo; depois do pôr do sol, Klopp continuava jogando na sala de estar, atirando-se em um sofá para defender os chutes ou chutando a bola em direção a um pequeno gol que Norbert havia feito para ele. "A casa estava sempre cheia de crianças. Nossa mãe mimava Jürgen; qualquer coisa para fazê-lo feliz", conta Isolde. Foi preciso que alguns vidros do armário se quebrassem para que a bola de couro fosse trocada por uma de espuma. "Ele jogava e jogava até dormir, exausto, sob a mesa de jantar", conta Ulrich Rath, dando risada.

No ginásio esportivo da cidade, colchonetes azuis serviam de gols, em vez de realizarem seu verdadeiro propósito. Nos anos 1970, Rath introduzira a "hora do esporte", um evento semanal para os garotos. "Nós planejávamos fazer ginástica, mas os rapazes sempre queriam jogar futebol", diz ele. Jürgen Klopp, apelidado de "Klopple" (pequeno Klopp), muitas vezes era escolhido para interceder junto a Herr Rath em nome dos amigos. "Jürgen se virava bem como tenista, mas em sua cabeça ele sempre fora um jogador de futebol. Era rápido, dinâmico e explosivo. Tinha de chutar qualquer bola, mesmo que uma ou outra voasse para longe do gol. Cabeçadas eram sua especialidade. Por alguns jogos, eu o coloquei como líbero, mas aquela não era sua posição. O ataque era sua vocação."

"Era completamente idílico", contou Klopp para a SWR, em 2005. "Havia apenas cinco ou seis meninos (da nossa idade) naquela pequena cidade e éramos a equipe de futebol, de tênis e de esqui. Era maravilhoso; tive uma ótima infância."

Para Jürgen, ir à escola era fácil. Ao menos no sentido literal; precisava apenas atravessar a rua de sua casa para chegar à escola primária de Glatten. No terceiro e quarto anos, os irmãos Rath e ele tomavam um ônibus para Neuneck, na direção sul. Uma lenda local dizia que, naquele tempo, havia ali um bordel ilegal que funcionava secretamente no fundo de um bar. Porém, todas as tentativas realizadas pelos curiosos estudantes na busca por encontrar aquele reduto secreto do pecado interiorano mostraram-se inúteis.

"Jürgen não era alguém 100% pontual, mas se podia confiar que ele seria um amigo 1000%", afirma Hartmut Rath, padrinho de Marc, filho de Klopp, nascido em 1988. Quando os garotos não estavam jogando bola, praticavam modelismo e resolviam quebra-cabeças. Klopp possuía uma "veia artística", ele acrescenta. "Jürgen tinha um interesse enorme por cultura e ouvia inúmeros discos e fitas de artistas de *Kabarett*." Seu favorito era Fips Asmussen, um comediante que disparava uma centena de piadas por minuto e que no início da carreira fazia um trabalho mais político e satírico (e, sem dúvida alguma, mais engraçado também). "Jürgen era genial contando piadas, fazia todos na classe darem risada. Era extremamente popular; a alma da turma", conta Hartmut Rath.

Jürgen Klopp atribui a "Hardy" a ajuda em fazê-lo passar em seu *Abitur* (exame que permite ao aluno cursar o ensino superior). Pode haver aí um certo exagero, mas Hartmut admite que o amigo — que se sobressaía em idiomas e esportes, mas era um pouco menos proficiente em ciências — beneficiou-se do fato de sentar-se perto dele na sala durante os exames. "Colar era mais fácil naquele tempo", conta, dando risada, o mais jovem dos irmãos Rath. Ambos foram para o *Pro Gymnasium* (ensino médio) em Dorfstetten, onde estudaram na mesma sala do oitavo ano em diante. Klopp estivera na mesma turma de Ingo Rath nos primeiros dois anos, mas "levou bomba" — repetiu um ano, no linguajar dos estudantes alemães — por recomendação dos professores. "Para ele, a escola não era a coisa mais importante", conta, sorrindo, Hartmut Rath. "Ele estava mais interessado em futebol e garotas." Mas era um bom menino, alguém que respeitava os professores e raramente se metia em confusão. Pelo que "Hardy" se lembra, os dois só eram suspensos das aulas umas duas vezes por ano.

Outras transgressões vinham com suas próprias, e imediatas, punições. Aos catorze anos, Klopp e seus amigos participaram de um campeonato de futebol. Os competidores tinham de ter pelo menos dezesseis anos, mas, como Norbert Klopp era um dos organizadores, fez vista grossa. Os garotos jogaram mal, mas ainda assim levaram consigo o troféu do primeiro lugar — uma garrafa de uísque —, uma vez que a equipe vitoriosa não apareceu para a cerimônia de premiação. Jürgen e os Raths beberam o produto injustamente conquistado do lado de fora de uma marquise e chegaram em casa passando muito mal.

O apelido "Klopple" logo foi trocado por "Der Lange", o alto, conforme ele ficava cada vez maior que seus colegas de classe e companheiros de equipe. Depois do *Pro Gymnasium*, Hardy e Klopp foram para o Eduard-Spranger *Wirtschaftsgymnasium* em Freudenstadt, a fim de se prepararem para o *Abitur*. Jürgen tinha uma vespa desde os quinze anos, depois dirigiu um par de automóveis Citroën 2CVs — que os alemães chamavam de *Ente*, ou "pato" —, sendo que um deles era bordô. Roberto Mongiatti, um dos melhores amigos de Norbert Klopp, fazia reparos nos carros do lado de fora da residência da família. Jürgen, depois, herdaria o Golf amarelo brilhante de sua irmã Stefanie.

Um amigo de escola frequentemente convidava colegas para estudar em um galpão no jardim. O currículo escolar, de modo algum, era seguido à risca. No porão de Rath e na garagem de Norbert Klopp, os adolescentes davam festas e faziam o jogo da garrafa. Se os pais estivessem ausentes, os quartos eram liberados para os casais. Embora os detalhes sejam poucos, beijos de língua (conhecidos, em inglês, como *french kisses*) provavelmente faziam parte da pauta: a turma de Klopp foi para a cidade de Port-sur-Saône em um programa de intercâmbio entre escolas, onde falaram somente francês por duas semanas. Os garotos gostaram tanto do período na Borgonha que voltaram para um acampamento de férias no verão seguinte.

"Jürgen era o líder dos eventos sociais", afirma Hartmut Rath. "Ele era extrovertido, fazia parte do grupo de teatro da escola. Interessava-se por várias coisas diferentes, as pessoas diziam que tinha uma visão abrangente." Com frequência, aconteciam também discussões políticas intensas entre Jürgen e seu pai, de mentalidade mais conservadora.

Em 1998, três semanas antes da data programada para sua aposentadoria, Norbert Klopp adoeceu. Câncer no fígado. Os médicos deram-lhe de três semanas a três meses de vida. O diagnóstico foi um choque completo para a família. Norbert levara uma vida saudável, praticando esportes, não fumava. "O câncer não vai me derrubar", prometeu. Decidiu manter-se otimista e encontrou força no livro de Lance Armstrong sobre a superação de um câncer no testículo. Os filhos levaram-no para inúmeras clínicas diferentes. Em uma cirurgia, seu fígado foi removido, congelado e reimplantado. Norbert Klopp viveu mais dois anos, determinado a aproveitar cada dia. "Sua visão tradicional acerca dos homens e das mulheres mudou, ele ficou mais compreensivo em relação à minha veia rebelde e à minha busca por liberdade", conta Isolde Reich. Pouco antes de sua morte, em 2000, um debilitado Norbert chegou ao próprio limite, e foi além, para voltar a disputar uma partida de tênis no clube. Um jogo especial, uma vitória particular. Os Klopps encontraram conforto no fato de Norbert ter realizado seu último desejo.

Nas últimas duas semanas de vida, a família levou-o para casa, em Glatten. A seu lado estavam as duas filhas, revezando-se para segurar sua mão dia e noite. Jürgen sofreu muito, relata Isolde, por não poder estar com o pai tanto quanto gostaria devido a seus compromissos futebolísticos com o Mainz. Certa noite, ele voltou para casa após uma partida e passou a noite no quarto de Norbert; depois dirigiu de volta a Mainz para treinar, não tendo dormido praticamente nada.

"Foi a primeira grande felicidade da minha vida, ter podido fazer exatamente aquilo que meu pai gostaria de ter feito", disse, depois, Jürgen Klopp. "Vivi a vida que ele sonhara; acho que qualquer outra profissão (para mim) teria causado conflito. Meu pai não teria entendido se eu tivesse vontade de me tornar, digamos, um floricultor. Não teria dito: 'Não tem problema, comprarei o primeiro buquê'. Não, ele acharia que eu estava louco."

Após a morte de Norbert, Jürgen sentiu a necessidade de encontrar respostas, mas, com o tempo, concluiu que "alguém lá em cima certamente tinha um plano". A tristeza que Klopp sente por seu pai não ter vivido o suficiente para testemunhar seu sucesso como treinador é mitigada por sua visão religiosa. "Tenho certeza — ou ao menos acredito fervorosamente — de que ele pode me ver, olhando lá de cima de um modo relaxado", afirmou.

Ser chamado constantemente a melhorar o desempenho nos gramados, nas quadras, nas pistas de esqui talvez não fosse a ideia mais bem-acabada de devoção paterna na visão de um jovem. No entanto, quarenta anos depois, Jürgen Klopp certamente acabou percebendo que passar todos aqueles finais de semana instigando o filho a se superar em um cronograma extremamente rigoroso era o "modo de demonstrar afeição" de Norbert. O amor de um pai não se mede em palavras, nem em beijos, mas em tempo.

Raphael Honigstein

6.
WOLFGANG FRANK:
O MESTRE

"Nosso pai era cruelmente autodisciplinado, alguns podem dizer que era obcecado", afirma Benjamin Frank, 36 anos, sentado ao lado do irmão mais velho, Sebastian, 39, durante um almoço regado a macarrão e memórias ambivalentes em um hotel de Mainz.

Os Frank trabalham como agentes e olheiros para o Liverpool FC, de Jürgen Klopp. Antes disso, eram consultores do Leicester City, o surpreendente campeão da Premier League na temporada 2015-16. Eles cresceram em Glarona, cidade tranquila em um vale suíço com 12 mil habitantes que reverenciava seu pai, Wolfgang, como um herói. O ex-atacante de nível Bundesliga (215 jogos, 89 gols por Stuttgart, Eintracht Braunschweig, Borussia Dortmund e 1. FC Nuremberg) levou a pequena equipe local, o FC Glarus, para a Nationalliga B, a segunda divisão suíça, pela primeira vez em sua história, em 1988, atuando como jogador-treinador.

Frank pai, recordam-se os irmãos, não via diferença entre ser treinador e pai. Ambas as funções resumiam-se a um mesmo dever: o de educar. "Ele era um maluco, no bom sentido", comenta Sebastian, "um homem incrivelmente ambicioso para quem o futebol não era somente os jogos e os sistemas táticos, mas simplesmente tudo. Uma escola para a vida."

Durante sua última temporada como profissional, Wolfgang Frank formou-se como professor, especializando-se em esporte e religião. Os dois assuntos incutiram nele a crença de que "não existem coincidências, de que tudo — contusões, derrotas — acontece por um motivo", afirma Benjamin Frank. Ele era obcecado por passar adiante essa única e fundamental profissão de fé a qualquer um que estivesse disposto a escutá-lo.

Os dois irmãos, quando garotos, tinham de participar regularmente de corridas de resistência no gelo e na neve ao redor da cidade. Alguns anos depois, na Grécia, em uma das poucas férias familiares permitidas pelo cronograma intenso de Wolfgang, os irmãos, já adolescentes, eram acordados às cinco da manhã todos os dias para uma corrida pela praia, seguida de um café da manhã com complexos vitamínicos, e então partiam para uma segunda sessão de treinos, com pesos, antes do almoço.

Tarde da noite ou logo pela manhã, a máquina de fax na casa da família em Glarona começava a apitar. Era Frank enviando páginas com frases e conselhos motivacionais, ou complexos programas de treinamentos, junto de saudações e felicitações, a centenas de quilômetros de distância, para uma das quinze equipes que treinou em sua carreira. "Sempre que tínhamos um problema na escola ou no esporte, um longo fax chegava para nós também, nos animando e nos mostrando que ele havia pensado muito e com afinco sobre a questão, de longe, a seu modo", conta Benjamin.

Como atleta, Wolfgang era fascinado pelo estilo de jogo do Milan de Arrigo Sacchi, um time que dominou o futebol europeu no final dos anos 1980 e início dos 1990 graças às suas táticas coletivas revolucionárias, um sincronismo de movimentos que sufocava os adversários, privando-os de espaço e tempo. Ele estudava as ações conjuntas dos jogadores em vídeos, tarde da noite, e também refletia sobre a importância da regeneração, da nutrição e do treinamento mental em uma época em que tais assuntos eram considerados extravagantes na Alemanha. Na Suíça, por sua vez, a falta de recursos e uma gama muito menor de atletas facilitavam uma abordagem mais liberal. A marcação por zona, por exemplo, sistema que fez com que a preocupação do time que estava defendendo deixasse de ser com os atacantes adversários e passasse a ser primordialmente proteger o espaço à frente do gol e atacar a bola, havia sido adotada já em 1986, sob os auspícios do técnico da seleção Suíça, Daniel Jeandupeux. Jogadores que defenderam a seleção trouxeram para seus clubes o conhecimento do sistema, onde alguns continuaram a trabalhar nele por iniciativa própria, como se recorda o zagueiro Andy Egli. Jeandupeaux, acreditava Egli, vira o estilo de jogo pela primeira vez na França, como atleta profissional e treinador.

Frank compreendia que uma inovação tática poderia ser a arma de uma equipe pequena em sua luta contra oponentes maiores e melhores; que as ideias certas podiam aumentar consideravelmente a qualidade de seu próprio desempenho.

Seu sucesso milagroso com o FC Glarus fez com que fosse nomeado treinador do FC Aarau, uma equipe interiorana da primeira divisão que tinha vivenciado conquistas inesperadas sob o comando do técnico alemão Ottmar Hitzfeld. Hitzfeld, que viria a ser campeão da Champions League com o Borussia Dortmund e com o Bayern de Munique, havia ido tão bem no desprestigiado clube que sua equipe, em 1985, passou a ser conhecida na imprensa como "FC Wunder" (Prodígio FC). Eles foram vice-campeões do campeonato nacional e conquistaram a Copa da Suíça.

Frank também conduziu o Aarau até a final da Copa da Suíça em sua primeira temporada no comando da equipe (1989-90), depois de ter assumido o time já com o torneio em andamento, mas o milagre durou pouco. O time da Argóvia perdeu por 2 × 1 para o Grasshoppers Zürich, de Hitzfeld, em Berna; Frank deixou a equipe um ano depois. Na sequência, não conseguiu ter destaque em equipes que lutavam contra o rebaixamento como o FC Wettingen (1991-92) e o FC Winterthur (1992-93), da segunda divisão. (O principal jogador e capitão do FC Winterthur, coincidentemente, era um veterano atacante alemão chamado Joachim Löw. O treinador da seleção alemã, então com trinta e poucos anos, certa vez levantou-se no vestiário para defender seu time contra as críticas de Frank. Löw também se arriscava no mundo da moda: vendia gravatas novas que trazia no porta-malas do carro para seus companheiros do Winterthur.)

Por fim, Frank teve a chance, de certo modo, de mostrar seu valor em seu país natal, em janeiro de 1994. O Rot-Weiss Essen, time de grande torcida da segunda divisão localizado no coração da indústria e do futebol alemães, a região do Ruhr, precisava de um novo treinador após Jürgen Röber ter sido levado pelo Stuttgart durante a parada de inverno. No entanto, antes de ter a oportunidade de passar a dar as ordens no Georg-Melches-Stadion, Frank e a equipe já estavam condenados ao rebaixamento. A federação alemã cassara a licença profissional do clube como consequência de irregularidades financeiras. Além disso, Frank teve de lidar com uma revolta no vestiário no primeiro dia de trabalho: o capitão Ingo Pickenäcker e o vice-capitão Frank Kurth haviam se demitido em protesto por não terem sido consultados sobre o sucessor de Röber, apesar de promessa feita pela diretoria.

O RWE tinha esperança de que a federação alemã demonstrasse alguma leniência na apelação. O astuto advogado do clube, Reinhard Rauball (atual presidente do Borussia Dortmund), descobrira vários erros processuais cometidos pela autoridade que comandava o futebol alemão. De maneira sensacional, a esquadra de Frank venceu a semifinal da Copa da Alemanha contra o Tennis Borussia (2 × 0) em março, chegando à final em Berlim, mas a punição que condenava o time a ser rebaixado para a terceira divisão nacional foi confirmada por um comitê disciplinar alguns dias depois. Todos os gols e pontos marcados pela equipe ao longo da segunda divisão foram anulados.

Em maio, 35 mil torcedores do Essen viajaram para a capital da Alemanha em clima de revolta. Havia uma porção de cartazes criticando a injustiça da decisão da federação alemã. "Se existe justiça divina, nós vamos vencer", disse Frank. Porém, no gramado do estádio Olímpico, o Werder Bremen, grande favorito, treinado por Otto Rehhagel, não estava nem aí para a possibilidade de retribuição divina. A equipe do norte, que levantara a taça da Recopa Europeia graças a uma vitória por 2 × 0 sobre o AS Mônaco de Arsène Wenger dois anos antes, sairia de Berlim vencedora com facilidade. Placar final: 3 × 1.

Décadas depois, ficou-se sabendo que uma intriga política feia teve seu papel naquela derrota. Frank Kontny, do RWE, ainda hesita em revelar a história que descreve como "o momento mais obscuro de minha carreira de jogador". Atualmente com 52 anos, ele era, àquela altura, o capitão da equipe e certamente começaria a final atuando na defesa. "Mas, na manhã da partida, Frank me disse que eu estava fora do time e que deveria procurar um novo clube se quisesse voltar a atuar", conta. "Naquele dia, meu mundo desabou. Fui tirado do maior jogo de todos."

Como a maioria dos jogadores do RWE, Kontny vinha trabalhando meio período longe do futebol para sustentar a família durante o processo de falência do clube. Wolfgang Thulius, membro da diretoria, havia lhe arranjado um emprego como corretor imobiliário. Após o time ter chegado à final da Copa da Alemanha, em março, outras pessoas acabaram se envolvendo com o clube e assumindo a diretoria. Eles pareciam pressionar Frank a cortar qualquer vínculo com o antigo regime. Kontny: "Eu estava do lado errado da disputa e infelizmente Frank tomou uma decisão que não tinha nada a ver com futebol". No lugar de Kontny, o treinador começou a partida com Pickenäcker, que sofrera uma contusão séria na virilha apenas algumas semanas antes e não estava totalmente em forma. Pickenäcker foi o responsável pelos primeiros dois gols do Werder Bremen e acabou substituído a sete minutos do fim do primeiro tempo. O Essen recuperou-se depois do intervalo, marcou um gol com Daoud Bangoura, mas Wynton Rufer garantiu a vitória do Werder Bremen por 3 × 1 cobrando pênalti já nos minutos finais. "Tenho certeza de que teria sido um jogo diferente comigo em campo", afirma Kontny, pesaroso. "Fiquei muito decepcionado com Frank, eu o xinguei. Ele era um bom treinador — sempre dizia que devíamos continuar a aprender e expandir nossos horizontes, os treinamentos duravam duas horas —, mas acho que hoje ele também admitiria que cometeu um grande equívoco."

Três semanas depois da final, o Rot-Weiss foi a Mainz para a penúltima partida da temporada. Um jogo tumultuado no Bruchwegstadion (público: 3 mil pagantes), com três cartões vermelhos, dois para a equipe visitante, terminou com um gol de empate no último minuto do jogo marcado pelo meio-campista do Mainz, Željko Buvač, deixando o placar em 1 × 1 e confirmando, matematicamente, que o time da casa estava livre do risco de rebaixamento.

Em setembro de 1995, era o próprio Mainz, equipe que recorrentemente enfrentava dificuldades na tabela de classificação e vinha mais uma vez na última posição da Bundesliga 2, quem estava atrás de um novo treinador. O diretor executivo Christian Heidel entrou em contato com Frank. O jornal *Rhein-Zeitung* o chamou de "a última esperança".

"Frank chegou e disse uma porção de coisas que soavam muito bonitas e agradáveis", conta Heidel, com ar de ironia. "Ele tinha a conduta de um professor; sou sempre cuidadoso com os que se comportam como professores, algumas vezes não é fácil lidar com eles. Mas, depois de um tempo, eu disse: 'Tudo bem, por que você não assume o cargo?'. Em retrospectiva, aquele foi um dia histórico para o Mainz. Gostaria de dizer a você que eu soube logo de cara que ele era um bom treinador. Mas a verdade é que ninguém mais queria nos comandar."

Os jogadores ficaram impressionados com os novos métodos de treinamento, vistos por eles como "bastante sofisticados" (Heidel), mas, ainda assim, continuaram a perder as partidas. O Mainz foi para a parada de inverno como o pior time do campeonato, doze pontos conquistados, a cinco de uma posição que evitaria o rebaixamento. Heidel: "A revista *Kicker* escreveu: 'Chance de rebaixamento do Mainz: 100%'. Não escreveram 99%, mas 100%. Nunca vou me esquecer daquilo".

Frank bateu na porta de Heidel. "Ele disse: 'Precisamos fazer uma mudança'. Pensei comigo, sim, sem dúvida alguma. Frank me contou que pensara bastante e decidira que faríamos um período de treinamento no inverno e que atuaríamos sem o líbero a partir de então. Pensei comigo: 'O quê? Ele não pode estar falando sério'."

Uma equipe de futebol profissional sem um líbero, o "último homem" atrás da defesa, era completamente inconcebível em meados dos anos 1990 na Alemanha. Os clubes e a seleção nacional haviam conquistado todos os seus grandes troféus com um líbero desde o auge de Franz Beckenbauer, nos anos 1970. "Todos nós acreditávamos que era preciso alguém como protetor caso o time adversário avançasse até atrás de nossas linhas", diz Heidel. "Como era possível se desfazer do líbero? Impossível. Eu mesmo havia atuado como líbero, então parecia que ele estava tentando, de certa forma, se livrar de mim também."

Hanz Bongartz, ex-jogador da seleção alemã, implementara uma versão da linha de quatro defensores sem o líbero já em 1986, no Kaiserslautern — sua inspiração viera de uma derrota para o IFK Göteborg, de Sven-Göran Eriksson, time que estava na vanguarda em relação aos aspectos táticos, na semifinal da Copa da Uefa, em 1982 —, mas sua inovação não causara uma impressão muito longeva na elite do futebol alemão. Como presidente do Bayern, Beckenbauer proibiu expressamente Erich Ribbeck de continuar com seus experimentos (de fato, um tanto amadores) com quatro na defesa na temporada 1993-94. Poucas semanas depois de Frank assumir o Mainz, o técnico da seleção, Berti Vogts, disse ao tabloide suíço *Blick* que um sistema sem líbero "era, no fundo, destrutivo" e por isso não viria a ter aceitação na Bundesliga.

Heidel: "Eu achava que seríamos motivo de chacota; era muito fatalista. Prometi que, durante o período de treinamento, iria dar uma olhada mais de perto. Havia todos aqueles cones no campo. E os jogadores pensavam: 'Esse cara enlouqueceu'. Durante horas eles corriam sem a bola, treinando como se mover de um lado a outro em conjunto. Atualmente, é óbvio que um flanco fica exposto conforme os quatro jogadores da defesa se movimentam em direção ao lado do campo onde está a bola. Mas quando jogamos nossa primeira partida em casa naquele esquema, o estádio inteiro estava gritando conosco. Um atacante da equipe adversária estava sozinho do lado esquerdo e nossa equipe inteira estava do lado direito. Ninguém percebia que a bola não tinha como chegar até o outro lado tão rapidamente, que a defesa tinha tempo suficiente para se recompor. Marcação por zona de acordo com o local onde a bola se encontra, esse era o nome do esquema, e algo completamente novo na Alemanha. Bruxaria, basicamente. Então nós treinamos, treinamos e treinamos. E eu tinha certeza de que seríamos rebaixados".

Em meados dos anos 1990, as sessões de treinamento aconteciam essencialmente de duas maneiras. Havia trabalho (muitas corridas) e havia diversão (jogar). Exercícios de movimentos coletivos ou estudos teóricos eram desconhecidos. Frank, em compensação, era "obcecado por táticas". Nas palavras de Heidel: "Nunca havia visto nada parecido". O técnico passava horas assistindo a jogos de futebol, principalmente futebol italiano. E Sacchi seguia sendo seu ídolo. "Ele nos mostrava todos os jogos em fitas de vídeo, e eu estava sempre presente. 'O diretor executivo tem de estar presente', dizia Frank. Então eu também tinha de assistir a toda aquela merda. Naquele tempo não havia edição. Ele pausava o vídeo, rebobinava, tocava e rebobinava de novo, por horas a fio. Era maluco pelas táticas do Sacchi."

Frank também viajava para a Itália a fim de ver os treinamentos de seu mestre pessoalmente. "Sacchi não o levava a sério, mas deixava que ele visse os treinamentos na lateral do campo", afirma Heidel. "Era dali que tirava suas ideias. Na Alemanha, não estávamos nem perto daqueles avanços."

Na figura do dr. Dieter Augustin, professor de ciências do esporte pela Universidade de Mainz, localizada a poucos metros do estádio, Frank encontrara um parceiro para discutir teorias sobre futebol. Augustin preferia um jogo mais intensamente estruturado em relação ao posicionamento, em vez do estilo mais vertical do Mainz, mas, não obstante as diferenças de preferências, ambos concordavam que os jogadores precisavam de recursos visuais para aprofundar sua educação futebolística.

Aos alunos do curso de Augustin era pedido que montassem videoclipes do Mainz e de seus adversários para auxiliar na preparação. Uma ideia simples, mas original — os times alemães àquela altura não tinham nem funcionários nem conhecimento para trabalhar com a análise de vídeos. Um dos jovens cientistas esportivos que se voluntariaram para participar do experimento foi Peter Krawietz; ele viria a se tornar, tempos depois, chefe dos olheiros do Mainz e fiel assistente de Klopp.

"As sessões de vídeo de Frank às 7h30 da manhã eram extremamente temidas", conta o ex-jogador do Mainz, Torsten Lieberknecht. "Nós nos sentávamos naquelas cadeiras de jardim feitas de aço em uma sala minúscula e tomávamos café da manhã enquanto Wolfgang Frank apertava botões no videocassete. Aquilo levava uma eternidade."

Frank também usava seus dias de jogador como fonte de inspiração. Um ano defendendo o AZ Alkmaar na primeira divisão holandesa em 1973-74 fez com que ele admirasse o "futebol total" empregado pelo Ajax. Ao regressar à Alemanha, o esguio atacante, apelidado de "Floh" (pulga), juntara-se a seu ex-treinador no Stuttgart, Branko Zebec, no recém-promovido Eintracht Braunschweig. Zebec, um iugoslavo que conduzira o Bayern de Munique à primeira conquista da Bundesliga, em 1969, valendo-se de um rigoroso regime de preparação física e de disciplina tática sólida, foi o primeiro treinador a experimentar a marcação por zona na elite do futebol alemão em meados dos anos 1970. Naquele tempo, todos usavam estritamente marcação homem a homem. "Sob o comando de Zebec, não corríamos mais feito idiotas atrás de nossos adversários (individualmente), ele estava à frente de seu tempo", comentou Frank, tempos depois.

Vinte e um anos mais tarde, o Mainz sonhava com impulsos futuristas similares. "Estávamos praticamente acabados como time durante a parada de inverno", disse Klopp, defensor do Mainz, ao *Süddeutsche Zeitung*, em 1999. "Nós estávamos abertos a novas ideias. Teríamos subido em uma árvore quinze vezes se nos prometessem alguns pontos." Frank estimava que seriam necessárias 150 horas de treinamento teórico para que o novo sistema fosse internalizado. Em vez dos habituais exercícios divertidos com os quais os profissionais alemães estavam acostumados, eles passaram dias inteiros sem usar a bola. "Mas pensamos: se Gullit e Van Basten tiveram de aprender isso no Milan, também podemos tolerar essa chateação", disse Klopp, anos depois, em uma entrevista ao lado de seu mentor para o *Frankfurter Rundschau*, em 2007. "É preciso compreender como aquilo foi audacioso. No futebol, leva-se muito tempo para que algo novo seja implementado. Wolfgang passou a usar quatro jogadores na linha de defesa em meio a uma batalha feroz contra o rebaixamento. Antes de sua chegada, nossa equipe era uma bagunça; corríamos atrás de qualquer um que estivesse usando o uniforme adversário." Ele se lembra de ter pensado que teria dado no mesmo se Frank nos tivesse pedido para "fazer um teste de física quântica ou atuar com uma linha com quatro defensores, tamanho era nosso conhecimento sobre aquele assunto".

"O futebol em Mainz era muito conservador, mas alguma coisa tinha de ser feita. O momento para isso era propício", explicou Frank. De acordo com Heidel, o time, no início, não estava totalmente convencido. "Eles não sabiam o que estava acontecendo. Todas aquelas corridas sem a bola ora para a esquerda, ora para a direita. Frank me explicou por horas, em um restaurante italiano, que um atleta a menos na defesa significaria um a mais no meio de campo. E eu respondi: 'Sim, mas e se um jogador simplesmente passar pela defesa em direção ao gol?'. E então ele falou: 'Isso não vai acontecer mais, não pode acontecer'. Na frente, pressionávamos para forçar o adversário a fazer lançamentos longos. Na defesa, tínhamos gigantes como Klopp, 1,93 metro, que ganhavam todas as cabeçadas. Esse era nosso novo jogo. Foi assim que voltamos daquele período de treinamento."

O primeiro jogo amistoso com a nova configuração os colocou frente a frente com o 1. FC Saarbrücken, da terceira divisão; "uma 'equipe rica' que liderava sua divisão com muita vantagem e que tinha certeza de que conseguiria o acesso", recorda-se Heidel. "Foi em Frauenlautern, perto da fronteira com a França, e eu estava seguro de que tomaríamos cinco gols. Porém, no intervalo, ganhávamos por 6 × 0. Achei que estivesse sonhando. Eles estavam com seus onze melhores atletas, mas não faziam ideia de como nos enfrentar, foram completamente dominados. Esse foi o nascimento (...), o renascimento do Mainz e o nascimento da linha de quatro defensores (na segunda divisão). Fomos os primeiros a jogar assim, fazendo uso de uma marcação por zona de acordo com o local onde estava a bola. Ralf Rangnick (no Ulm) e Uwe Rapolder (no Waldhof Mannheim) vieram na sequência."

O ex-defensor do Mainz, Jürgen Kramny, atuou pelo Saarbrücken naquela partida. "Eu estava lá quando a linha de quatro defensores do Mainz surgiu", conta ele. "Éramos uma equipe boa da terceira divisão e o Mainz lutava contra o rebaixamento na segunda, mas não tivemos nenhuma chance. Eles acabaram com a gente. Levamos um chocolate."

Jürgen Klopp, Peter Neustädter, Michael Müller e Uwe Stöver eram os quatro defensores naquele dia. "Deu tão certo que não fizemos nenhuma mudança nos dezoito meses subsequentes", disse Klopp.

Frank descrevia suas táticas como uma versão sofisticada de um futebol infantil: "Todos tinham de ir para onde estava a bola e então se espalhar, como uma mão se abrindo". Esse novo sistema fez do Mainz o melhor time da Bundesliga 2 no *Rückrunde* (segundo turno). A equipe conquistou 32 pontos, mais do que qualquer outra equipe das duas principais divisões do futebol alemão. "Foi inacreditável, algo sem precedentes no futebol alemão profissional", relata Heidel, sorrindo.

Para Klopp, foi "uma epifania: eu percebi que nosso sistema de jogo nos fazia vencer times que tinham jogadores melhores. Fazia nossos resultados independerem, até certo ponto, do nosso talento. Até então, achávamos que sendo uma equipe inferior, iríamos perder. A grande qualidade de Frank era ter um plano de jogo conciso". Era amplamente aceito que trabalhar mais arduamente ou "querer mais" do que o adversário poderia compensar, um pouco, a qualidade inferior. Mas um conceito coletivo baseado na ocupação de espaço? Ninguém na Alemanha tinha pensado que isso fosse possível e que faria tamanha diferença. "Me apaixonei por táticas pela primeira vez", diz Heidel. "De repente, podíamos vencer equipes que eram melhores do que nós em termos individuais simplesmente porque tínhamos uma ideia que funcionava." O time treinava "até não aguentar mais", complementa ele. "Com o tempo, todos entenderam. Atualmente, é lugar-comum ter jogadores inteligentes, versáteis; mas, naquele tempo, você precisava de algumas mentes que liderassem os demais. Klopp, claro, era o cérebro tático do time, mesmo que seu jogo não mostrasse isso. Ele se valia de sua força, de suas emoções, de seu vigor como jogador — jogar bonito não era a dele. Mas era o cérebro do time."

"No Mainz, foi a primeira vez que tive contato com táticas", conta Christian Hock, ex-meio-campista do Mainz que atuara pelo Eintracht Frankfurt quando juvenil e depois pela equipe principal do Borussia Mönchengladbach. "Táticas nunca eram treinadas no Borussia. Demorou muito para que o sistema fosse aprendido, era bastante diferente; era preciso olhar a bola e o adversário ao mesmo tempo, constantemente. Anos depois, quando eu estava fazendo curso para ser treinador, muitos ex-jogadores tinham grande dificuldade para entender, na teoria, a linha de quatro defensores. Graças a Wolfgang Frank, eu já estava bastante acostumado com aquilo."

"O objetivo de Wolfgang sempre foi fazer com que nós, jogadores, aprendêssemos coisas novas", afirma Klopp. "Não deveríamos somente nos reunir e jogar futebol no final de semana. Claro que, às vezes, reclamávamos quando passávamos quatro horas trabalhando formações no gramado, mas sempre entendemos o motivo de estarmos fazendo aquilo." Klopp recorda-se de Frank pedindo para os jornalistas locais não escreverem muito a respeito da linha de quatro defensores porque ele teria muitas explicações a dar caso perdêssemos os jogos. A quebra de tradição era vista com muitas ressalvas.

Apesar da melhora visível nos resultados, a campanha desastrosa na primeira metade da temporada 1995-96 ainda deixara sérias dúvidas acerca da sobrevivência do clube na segunda divisão antes da última partida da temporada, em casa, contra o vfL Bochum. O Mainz tinha de vencer.

Martin Quast, repórter de televisão, lembra-se da cobertura do jogo. "Havia 12 mil pessoas em Bruchweg, quase a lotação máxima naquele tempo. Marco Wießhaupt marcou logo de início. E, depois de 83 minutos de tensão, o Mainz havia se salvado. Todos foram à loucura comemorando com as mãos para cima, mas Wolfgang Frank mantinha a expressão séria, andando de um lado a outro, como um leão enjaulado. Ele não sabia o que fazer. A situação lhe era totalmente desconhecida. Milhares estavam festejando como se não houvesse amanhã; e Wolfgang Frank perambulava pelo gramado, completamente ausente, como se alguém o estivesse controlando de longe."

"Todos celebravam, mas meu pai estava inteiramente exausto, incapaz de dizer uma única palavra e com uma dor de cabeça horrível", conta Sebastian Frank. Ele havia se entregado completamente. Wolfgang Frank era daqueles treinadores que chegavam a cem quilômetros por hora sem sair do lugar na linha lateral do campo, em chamas por dentro, mas incapaz de encontrar uma forma de dar vazão a toda aquela energia. "Ele não queria ser o centro das atenções", diz Sebastian, "cobrir-se de elogios não era sua praia."

"Na temporada seguinte, continuamos todos juntos. E ninguém sabia como lidar com nosso time", recorda-se Heidel. "Pela primeira vez na história do Mainz estávamos, de repente, lutando para subir para a Bundesliga." "Ninguém nunca havia levado a sério esse clube, que fora abandonado à própria sorte durante anos", escreveu o *Süddeutsche Zeitung*, em outubro de 1996. "Agora, eles são a única equipe da segunda divisão a jogar com (e entender) uma linha de quatro defensores." O time "carnavalesco" de repente passou a impor respeito e admiração por seus métodos radicais. "Inesperadamente, fomos tomados pela euforia", foi a frase atribuída a Harald Strutz, presidente do Mainz. A cidade toda se sentiu empolgada como nunca havia acontecido.

KLOPP

E o Mainz continuou a vencer. O time de Frank chegou à parada de inverno da temporada 1996-97 na segunda posição na tabela, atrás apenas do Kaiserslautern, de Otto Rehhagel, que conquistaria o *Meisterschaft* (campeonato alemão) um ano depois.

Ainda assim, para Frank, o progresso não estava acontecendo rápido o bastante. Ao mesmo tempo que introduzia mudanças táticas fundamentais na equipe, ele surpreendeu a diretoria, em janeiro de 1996, exigindo um estádio maior e mais moderno, além de melhores instalações para os treinos. Poucos meses antes, refletores e um placar eletrônico haviam sido instalados no Bruchwegstadion.

"Ele nos ensinou que precisávamos ter 'visão' se quiséssemos conquistar alguma coisa; isso era fundamental", conta Strutz. "Frank nos perguntou de maneira direta: 'Vocês querem jogar na Bundesliga um dia?'. Não acredito que alguém tenha realmente pensado sobre isso antes. Ainda estávamos lá embaixo na tabela de classificação àquela altura." A ideia de Frank era renovar Bruchweg — o nome (tradução literal: caminho interrompido) "era bastante adequado naquele tempo", admite Strutz — e ele exigia a instalação de uma piscina e de uma sauna, bem como melhores campos de treinamento. "Wolfgang Frank era uma pessoa singular, muito característica. Um homem maravilhoso, mas excessivamente intelectual, místico. Ele deixou a diretoria do Mainz maluca com suas exigências para tornar sustentável o sucesso do clube. Recordo-me dele insistindo na história da piscina. Tudo o que o Mainz possuía àquela altura era uma banheira imunda onde, às vezes, o roupeiro lavava as chuteiras. Depois de uma partida, o capitão da equipe a usava, então ninguém mais podia usá-la para fazer o trabalho de regeneração. Frank estava irredutível. Novos campos, novos vestiários, 'a sala de imprensa não pode ficar aqui, no meio do prédio, onde estão os jogadores', dizia. Para ele, progresso lento era o mesmo que regresso. Tudo precisava mudar em alta velocidade."

A pequena área VIP em um dos contêineres que abrigava também a administração foi convertida em uma sala de relaxamento repleta de espreguiçadeiras para serem usadas pelos jogadores durante a semana; e falava-se em contratar um nutricionista. "Ele queria mostrar aos possíveis novos jogadores que tínhamos instalações para que pudessem treinar adequadamente. Isso era muito importante para ele", comenta Strutz. "E sempre se surpreendia com o fato de as escavadeiras não começarem a chegar no dia seguinte para dar início às reformas." Frank admitiu, anos depois: "A diretoria deve ter achado que eu era louco".

Na antologia do clube, *Karneval am Bruchweg*, Reinhard Rehberg e Christian Karn, repórteres esportivos locais, escrevem que as negociações com os donos do estádio, a prefeitura de Mainz, foram tensas. Os políticos não encontravam razão para gastar tanto dinheiro em um clube que via apenas de 3 a 5 mil torcedores passarem por suas catracas.

Sem se deixar intimidar por esses detalhes, Frank continuou a exercer pressão internamente até o Mainz conseguir recursos para uma modesta ampliação do estádio. "Ele não era um treinador fácil, nem uma pessoa fácil", relata Strutz. "Tinha uma personalidade com a qual era complicado lidar; muita energia; queria que o clube se desenvolvesse rapidamente."

Em janeiro de 1997, os improváveis concorrentes ao acesso foram para o Chipre se preparar para a segunda metade da temporada. Os irmãos Frank também estavam lá, como atletas juniores. "Alguns dos jogadores profissionais choravam de rir de nós porque tínhamos de participar dos exercícios de estabilidade do *core* no campo ao lado", recorda-se Benjamin. "Nosso pai nos falava: 'Não se preocupe com o que os outros dizem, apenas faça sua parte'." (Sete anos depois, tabloides alemães e especialistas também deram risada quando Jürgen Klinsmann fez a seleção nacional praticar exercícios parecidos sob as ordens de preparadores físicos americanos. Esses treinamentos tornaram-se prática corrente em clubes do mundo todo depois da Copa do Mundo de 2006.)

Quando relatos de uma nevasca em Mainz chegaram ao Chipre ao final dos dez dias de treinamento, Frank decretou que ele e a equipe deveriam permanecer ali por mais duas semanas a fim de aproveitar as perfeitas condições de treinamento na ilha. Os jogadores não ficaram nem um pouco satisfeitos. Queriam ir para casa e rever seus familiares. No entanto, o clube estava tão seduzido pelo primeiro treinador na história a levá-los a algo parecido com o sucesso que se dobrou aos seus desejos. "Éramos os segundos na tabela. O Mainz em *segundo*", exclama Heidel, adicionando dramaticidade. "Se Frank tivesse dito: 'Amanhã a torre da igreja deve ser derrubada', teríamos ido lá em cima e derrubado a torre da igreja. Nunca havíamos chegado ao topo antes. Tudo o que ele dissesse seria imediatamente colocado em prática."

Depois do que deve ter sido o período de treinamento mais longo na história do futebol profissional alemão, o Mainz voltou e perdeu o primeiro jogo em casa para o Hertha Berlin por 1 × 0. Também perdeu o segundo, 3 × 0, fora de casa, para o Leipzig. E então perdeu seu treinador.

Heidel: "Fiquei um tempo a mais em Leipzig devido a um evento. No dia seguinte, estou sentado em um táxi e Frank me telefona. 'Christian', ele diz, 'só quero avisar que você precisa encontrar um novo treinador.' E eu pensando que fosse para o verão, uma vez que seu contrato acabaria no final da temporada. Mas então me dei conta de que ele queria dizer naquele instante, imediatamente. Voltei para Mainz e quatro jornalistas me esperavam no estádio. Aquilo era muito para os nossos padrões. Ele já havia dito a todos que estava de saída".

Frank passara toda a viagem de volta de Leipzig remoendo as razões das duas derrotas. De algum modo, concluíra que ele era o motivo. Heidel descreve a demissão de Frank como um *Kurzschlussreaktion*, uma atitude impulsiva. Nem mesmo Jürgen Klopp, o homem de confiança do treinador no vestiário, foi capaz de fazê-lo mudar de ideia.

O sucessor de Frank foi um homem chamado Reinhard Saftig. Um condutor experiente e bigodudo com passagem pela Bundesliga (Borussia Dortmund, Bayer Leverkusen) e pela Turquia (Kocaelispor, Galatasaray), uma escolha segura. Ou assim achava Heidel. "Contratá-lo foi, de fato, um de meus grandes momentos", ele diz, fazendo uma careta. "Tenho de ser honesto: Saftig não tinha a menor ideia; não fazia nenhuma ideia de como era o sistema de jogo. Claro que não conseguimos o acesso. Estragamos tudo na última rodada do campeonato, em Wolfsburg; perdemos lá por 5 × 4 e o Wolfsburg ficou com o acesso. Um jogo épico, com um Jürgen Klopp grandioso." Atuando como lateral direito, Klopp marcou o gol de empate do time visitante, que lutava para recuperar-se de um placar adverso, 3 × 1, e do fato de estar com um jogador a menos; mas o mesmo Klopp também cometeu um erro catastrófico que decretou, no fim, a derrota do Mainz. O jogo tinha sido, na prática, uma final que valia o acesso.

Frank, nesse meio-tempo, assumira o Áustria Viena. Benjamin lembra-se de estar no carro com o pai a caminho do aeroporto. "Ele mal disse uma palavra. Tudo o que fez foi decorar os nomes dos jogadores do Áustria Viena; queria conhecer todos antes da primeira sessão de treinamento."

A equipe vienense, um grupo modesto de jogadores esforçados que contava com o barbudo Trifon Ivanov, da seleção da Bulgária, ficou desnorteada com o sistema de jogo de Frank, assim como ocorria com Saftig no Mainz, onde o time ainda acreditava no sistema de seu predecessor. Tentativas de voltar para um esquema com três defensores com o recém-contratado Kramny atuando como líbero mostraram-se desastrosas.

Aparentemente, Saftig gostava de sentar para beber um pouco com os jogadores nas noites que antecediam os jogos. "Figuras importantes como Jürgen Klopp temiam esses convites; Saftig tinha sede e resistência."

Depois de cinco meses em Bruchweg, Saftig foi substituído pelo austríaco Dietmar Constantini, que trabalhara como assistente do lendário Ernst Happel e disse aos perplexos jornalistas locais que o estilo de pressão executado pelo Mainz tinha o formato de uma "gaita de foles". Na prática, isso significava o uso da linha de quatro defensores de Frank com uma diferença importante: existia também um líbero atrás dela — Kramny. Heidel: "Nós tínhamos quatro formando uma linha na defesa mais um líbero atrás deles. Kloppo ficou louco com aquilo. Nossa relação sempre se baseou na confiança, e ele vinha ao meu escritório dizer: 'O treinador não entende nada de tática. Não podemos jogar dessa maneira. Quatro atrás com um líbero (...)'. Foi quando percebi que ele poderia, um dia, se tornar treinador".

Constantini não perdeu muitas partidas, mas venceu pouco também, apenas quatro vezes em dezoito jogos. "O rei dos empates", decretou o *Allgemeine Zeitung*. O último jogo de Constantini, uma derrota por 3 × 1 para o SG Wattenscheid 09 (com Souleyman Sané, pai do atacante da seleção alemã Leroy Sané, no ataque), no início de abril de 1998, levou o Mainz outra vez para a zona de rebaixamento. "Os caras que vieram depois de Frank não acreditavam no sistema com quatro defensores", afirma Kramny. "Eles diziam que os jogadores eram muito lentos para atuar naquele sistema e, assim, vinham com todos os tipos de esquemas malucos. Mas o time não comprava a ideia; no fundo, os jogadores ainda acreditavam na formação de Frank e por isso nenhum dos outros esquemas táticos funcionava com nossa equipe."

Constantini confessou a Heidel que não conseguia se relacionar com os atletas. O diretor executivo do Mainz deixou o orgulho de lado e chamou o único treinador que acreditava poder levar o time de volta às vitórias: Frank. Seu vínculo com o Áustria Viena já não era tão forte, as duas partes tinham concordado em seguir caminhos distintos quando a temporada terminasse. Após receber um telefonema de Heidel, que o bajulara até as três horas da manhã, Frank abandonou seu cargo imediatamente para voltar no tempo e salvar o Mainz do rebaixamento pela segunda vez. Em seu primeiro jogo, vitória por 2 × 1, fora de casa, contra o Stuttgarter Kickers, graças a uma rápida injeção de esperança. "Esse cara arde intensamente de emoção", disse Klopp para as câmeras depois do apito final. "Se alguém pode promover mudanças em apenas três dias, esse alguém é ele." O Mainz terminou na décima colocação.

O time estava novamente satisfeito ao atuar no sistema em que os jogadores sentiam-se mais confortáveis. Depois de recolocá-los para jogar com quatro defensores em linha e marcação por zona, Frank se empenhou buscando conquistar um espaço inteiramente diferente: aquele entre as orelhas dos atletas.

"Passou a ser sua missão trabalhar a força mental da equipe", relata Strutz. "Ele foi bem longe com aquilo, introduzindo treinamentos psicológicos e autógenos, este último sendo um tipo de técnica de relaxamento. Também contratou um instrutor autógeno que — como viemos a descobrir depois — era um ex-maquinista de trem que havia mudado de profissão."

Strutz, antigo atleta de salto triplo e medalha de prata nos campeonatos alemães de 1969 e 1970, sente-se, em parte, culpado pela jornada de Frank em direção à toca do coelho dos segredos da mente. "Eu dei a ele um livro de presente, *Die Macht der Motivation* (*O poder da motivação*), de Nikolaus B. Enkelmann, que eu mesmo me dera de presente de Natal, pois achei que ele talvez gostasse. Mas Frank adotou aquela abordagem psicológica em uma escala que mudou sua vida completamente, chegando ao ponto de fazer exercícios de respiração e de repetir mantras. Ficou bastante esotérico."

A casa de Frank era cheia de livros e vídeos de Enkelmann, contam seus filhos. Toda manhã ele acordava e fazia exercícios de elocução. Pequenos lembretes com frases de autossugestão eram colados no espelho do banheiro: "Ficarei mais forte a cada novo dia" e coisas assim. "Aqueles que não o conheciam bem achavam, às vezes, que ele era um pouco estranho ou excêntrico", admite Benjamin. No período dos treinos de inverno de 1998, realizado mais uma vez no Chipre, os jogadores do Mainz fizeram fonoaudiologia, exercitando as cordas vocais ao gritar repetidamente sons vocálicos, para a diversão dos atletas do Greuther Fürth, que por acaso estavam hospedados no mesmo hotel e os ouviam, do refeitório, gritar "aaaaaa" e "ooooo". O goleiro austríaco Herbert Ilsanker certa vez notou que Frank estava dando uma entrevista na sauna reservada para a equipe. Um lugar estranho para aquilo, pensou ele. Mais estranho ainda era o fato de Frank estar sentado sozinho na sauna, entrevistando a si mesmo — para praticar a maneira de se dirigir aos seus atletas. "Seu tom de voz nunca era monótono. Quando ele lhe dirigia a palavra, você ficava alerta", contou Ilsanker ao *Allgemeine Zeitung*. E Frank falava muito. Reuniões de equipe duravam, em média, uma hora e eram realizadas diariamente. De acordo com Klopp, "alguns jogadores acharam que as coisas haviam saído um pouco do controle. Atletas que tinham abandonado a escola relativamente cedo estavam lendo livros cujos títulos nem eu entendia".

Strutz: "Nossas prioridades mudaram um pouco. Frank queria aprimorar os jogadores dando a eles uma 'estabilidade emocional', desejava mostrar aos atletas que existiam mais coisas do que táticas e correria, que era possível vencer o adversário por meio do poder da mente". Tempos depois, no Kickers Offenbach, Frank colocaria uma bola de tênis de mesa no gargalo de uma garrafa e pediria para seus jogadores concentrarem-se em dar um peteleco na bolinha passando por ela a toda velocidade. "Como posso maximizar meu potencial mental? Essa será uma das perguntas determinantes", disse ao *Frankfurter Rundschau*. (Naquele tempo, poucos acreditaram nele, mas muitos treinadores de ponta estão, atualmente, convencidos de que treinamentos cognitivos e práticas para reduzir o tempo de reação são fundamentais para as mentes dos jogadores que quiserem acompanhar um jogo cada vez mais veloz. "Melhorar significa assimilar as coisas mais rapidamente, avaliando-as mais rapidamente, decidindo mais rapidamente, agindo mais rapidamente", afirma Ralf Rangnick.)

Ele era um disciplinador e, também, um comunicador, recorda-se Sebastian, muito diferente dos treinadores despóticos que dominavam o esporte àquela altura. "O modo como lidava com a gente, os jogadores, nos fazia dizer: olha só, existe um outro jeito", contou Klopp para o *Frankfurter Rundschau* em 2007. "Ele também colocava o ser humano no centro de tudo. Nós realmente gostávamos dele. Havia dois problemas quando perdíamos: primeiro, tínhamos perdido; depois, havíamos decepcionado Wolfgang. Aquilo era muito importante para nós. Era impressionante como ele tinha conquistado o apoio de todo o time."

Klopp e Frank discutiram algumas vezes, mas só se desentenderam realmente em uma ocasião. Klopp confessou ao técnico, ao longo de outra temporada especial de treinamentos, que tinha a sensação de que o chefe estava "sobrecarregando um grupo que já estava totalmente extenuado", e que muitos jogadores também pensavam a mesma coisa. Frank sentiu-se ofendido e Klopp ficou preocupado, achando que seria demitido ("Não preguei os olhos naquela noite"); mas no dia seguinte as coisas seguiram seu curso normalmente. "Eu conversava com os jogadores do modo como gostaria que os treinadores tivessem falado comigo", relatou Frank, acerca de seu estilo de comando.

Mas talvez ele não tenha conseguido cativar seu público-alvo o tempo todo. De acordo com Strutz, "Frank tinha uma personalidade muito especial e poderia ter sido um treinador fantástico se fosse um pouco mais descontraído. Diferente do que viria a ser, depois, Jürgen Klopp, ele era simplesmente sério demais. E realmente não entendia por que jogadores jovens queriam, às vezes, se divertir e tomar, vez ou outra, uma cerveja, ou por que não queriam ser reprimidos".

Seus filhos fazem um relato com mais nuances, afirmando que, em casa, Frank podia ser bem engraçado e bastante afetuoso. Mas ele, de fato, não gostava de notoriedade; não era o tipo de pessoa que subia no alambrado junto à torcida da casa. "Meu pai", diz Sebastian Frank, "se entregou completamente à vida de treinador de futebol. Não sei se sabia o preço do pão. De vez em quando, achava difícil lidar com a vida cotidiana. Seus dias de trabalho começavam às sete horas com o café da manhã no clube e terminavam depois da meia-noite. Papai se esforçava até seu limite máximo; queria demonstrar esse nível de comprometimento aos jogadores."

Frank guardava tudo o que achava ser útil para seu trabalho: recortava artigos e mantinha esquemas de seu regime de treinamentos e cronograma em pastas enormes. "Ele absorvia tudo", conta Benjamin Frank. "Como muitos obcecados, sentia imensa dificuldade em delegar; queria controle absoluto ou ao menos precisava saber tudo o que se passava, nos mínimos detalhes. Muitas vezes, aconteciam brigas em casa porque ele tinha doado os bônus recebidos pelas vitórias, que deveriam ser utilizados para complementar seu salário modesto, para o jardineiro ou alguma outra pessoa do clube, insistindo que eram tão importantes quanto os atacantes ou defensores. Frank via o clube de futebol como um amplo organismo, não uma empresa feita de diferentes departamentos que tinham pouco a ver uns com os outros."

Suas emoções como treinador eram internalizadas. Houve uma vez em que ele ficou tão decepcionado e irritado que removeu toda a mobília de seu escritório no clube. O Mainz fingiu para todos que estava reformando e pintando a sala. O motivo de sua raiva nada tinha a ver com alguma discussão com funcionários do clube ou com os jogadores. Não, seu time simplesmente havia perdido uma partida válida pela Copa, fora de casa, para o Bayern de Munique. "Ele era assim", conta Sebastian Frank. "Tinha certeza de que o pequeno e velho Mainz podia vencer em Munique se jogasse no seu limite máximo e talvez pegasse o Bayern em um dia ruim." (Klopp, coincidentemente, assistira ao jogo na arquibancada do estádio Olímpico, pois fora expulso na partida anterior por uma entrada dura no atacante iraniano do Hertha Berlin, Ali Daei. Depois da perda de Klopp, ainda no jogo contra o Hertha, outro atleta do Mainz, Márcio Rodriguez, recebeu cartão vermelho por comemorar de maneira excessiva um gol. O brasileiro, algum tempo mais tarde, não percebeu que Klopp estava em um dos banheiros do vestiário e acidentalmente deixou o companheiro de equipe trancado assim que a partida se encerrou.)

Sob o comando de Frank, o Mainz novamente conseguiu resultados acima dos esperados por uma equipe com seu orçamento minúsculo. O time terminou em sétimo na temporada 1998-99 e em nono no ano seguinte. Mas o homem que "acordara o Mainz de seu sono profundo", como reconheceu, anos depois, o *Süddeutsche Zeitung,* estava outra vez impaciente. Ele queria treinar na Bundesliga e acreditava que o MSV Duisburg lhe oferecia melhor chance de provar que merecia trabalhar na elite. No entanto, a mudança para o clube tradicional e mediano da região do Ruhr não foi positiva. Frank acabou demitido quatro meses depois do início da temporada da Bundesliga 2, com o time rondando a zona de rebaixamento. "Seus métodos foram recebidos com rejeição por grande parte da equipe desde o início", observou o *Rhein-Post*. Entre outras coisas, ele tinha orientado seus jogadores a abraçarem árvores durante uma prova de resistência pelo bosque.

Seu trabalho seguinte, no SpVgg Unterhaching, foi mais bem-sucedido. Frank levou a ex-equipe da elite alemã, localizada em um subúrbio de Munique, da terceira divisão para a Bundesliga 2, mas foi demitido no ano seguinte. A campanha com o Farul Constanța SSC, da Romênia, tampouco rendeu frutos. A lista de seus empregos subsequentes parece uma edição da *Who's Who*[1] com equipes precárias de divisões inferiores e clubes especializados em acumular sonhos frustrados e falsas alvoradas em vez de pontos: Sachsen Leipzig FC (atualmente extinto), Kickers Offenbach, Wuppertaler SV, SV Wehen Wiesbaden, FC Carl Zeiss Jena, KAS Eupen (da Bélgica). Em nenhum deles seu trabalho deu certo.

Tempos depois, Frank admitiu que talvez tenha trabalhado em clubes demais durante a carreira. "Teria sido muito melhor esperar a oferta mais adequada; mas estar desempregado, sem dar tudo de si em seu trabalho, o assustava", conta Sebastian Frank. "Havia ainda o medo de ser esquecido e ignorado se permanecesse fora do radar por muito tempo. Nosso pai muitas vezes pensava sobre o que poderia ter acontecido, qual direção sua trajetória poderia ter tomado." Certa vez, o Werder Bremen entrou em contato com ele, mas Frank estava certo de que, naquele momento, encontrara a felicidade na Áustria. O mesmo aconteceu com o Hansa Rostock, alguns anos depois.

"Nosso pai possuía uma base de conhecimento gigantesca e ideias visionárias", complementa Benjamin Frank. "Ele se mostrava confiante, mas, secretamente, também duvidava de si o tempo todo, no que dizia respeito ao seu trabalho e em relação ao efeito que provocava no time. Como treinador, seguia insatisfeito."

"Nunca conseguiu atingir o estrelato porque tinha uma personalidade difícil", afirma Heidel. "Eu era o único com quem ele se dava bem. Éramos

---

[1] Publicação que é a principal fonte de dados autobiográficos a respeito de milhares de pessoas importantes de todo o mundo. (N. do T.)

bastante íntimos até termos uma discussão muito feia. Depois de nos deixar pela segunda vez, para assumir o Duisburg, ficamos dois anos sem conversar. Ele sempre achava que podia encontrar algo melhor."

Mas não foi assim para nenhuma das partes. Na virada do milênio, o sistema inovador de Frank ainda era tão avançado para os padrões do futebol alemão que os treinadores subsequentes do Mainz praticamente não tinham ideia de como colocá-lo em prática. "Taticamente, a equipe era melhor do que seus treinadores", comentou Klopp. A seleção nacional e a grande maioria das equipes seguiam sendo devotas fiéis do sistema com o líbero. Heidel: "No Mainz, metade dos jogadores sabia como jogar com quatro defensores; a outra metade, não. E os treinadores não tinham a mínima ideia. Colocávamos no banco qualquer um que por acaso tivesse um agasalho de treino no guarda-roupa. Mas ninguém era capaz de explicar aos atletas o que já haviam aprendido com Frank. Estávamos, em essência, destroçados no inverno de 2001. Acabados. Eu disse a Kloppo: 'Você é inteligente, eloquente, entende o jogo. Quer ver se consegue fazer a coisa funcionar? Em duas semanas ele havia resolvido'".

Klopp e Frank tiveram longas discussões sobre futebol e a arte de treinar, conta Benjamin Frank. "Klopp sempre fazia perguntas, queria saber o motivo de um exercício específico. Meu pai o aconselhava a anotar tudo: conversas com o time, táticas, sessões de treinamento, ideias de jogo. Ele tinha a sensação de que Klopp viria a aproveitar aquilo um dia. Nosso pai certamente foi a inspiração que o levou a se tornar treinador."

No dia em que o esguio defensor foi promovido a jogador-treinador, o Mainz tornou-se o primeiro time de expressão na Alemanha a pôr em prática uma ideia que parecia óbvia. A partir de Klopp, os técnicos passariam a ser escolhidos para se adequarem ao clube e a um determinado estilo de jogo, não o oposto. "Não queremos um treinador que nos explique seu conceito, queremos formular um conceito e então encontrar a pessoa certa para ele", explica Heidel. "Desde então e até minha saída, em 2016, essa foi a maneira de fazermos as coisas. E tudo remonta àquele primeiro ano com Wolfgang Frank, nosso primeiro ano de sucesso. Naquele momento, nós entendemos que táticas poderiam nos levar a algum lugar, ainda que com jogadores de qualidade individual inferior. É assim no Mainz atualmente."

O que é razoável para o Mainz, complementa ele, também deve ser adequado para equipes financeiramente mais poderosas. "Não se pode mudar toda a configuração e o time sempre que se muda o treinador; dessa maneira, nunca se encontrará estabilidade." Ele menciona o Hamburgo, gigante da Bundesliga nos anos 1970 e 1980, que ficou preso a uma rotina de resultados insatisfatórios por falta de ideias elaboradas e coerentes.

Assim como ocorrera a outro profeta impaciente e muito nervoso anterior a ele, só foi permitido a Frank relances da terra prometida: a impaciência também obstruiu sua entrada. Ao menos, ele teve a oportunidade de observar aqueles que um dia foram os seus atletas — seu *protégé* Jürgen Klopp e um bando de outros ex-jogadores, como Joachim Löw, Torsten Lieberknecht, Jürgen Kramny, Peter Neustädter, Christian Hock, Stephan Kuhnert, Lars Schmidt, Sandro Schwarz, Sven Demandt e Uwe Stöver — tirando as táticas do futebol alemão do deserto quando passaram a atuar como treinadores.

"Ele nos dizia: 'Quando todos vocês tiverem se tornado treinadores, por favor, voltem para cá e me contem todas as suas façanhas heroicas'", conta Klopp. No dia da final da Champions League, em maio de 2013, o treinador do Borussia Dortmund enviou uma mensagem a seu velho amigo. "Sem você eu não estaria aqui hoje, em Londres, em Wembley." Klopp também manteve contato com os filhos de Frank, convidando-os para visitar os treinos do Borussia durante o verão, em Bad Ragaz, na Áustria.

O aprendiz mais proeminente de Frank, ao lado de outro suábio obcecado por táticas, Ralf Rangnick, foi quem conseguiu estabelecer o projeto visionário de marcação por zona elaborado pelo "Pulga", com uma linha de quatro defensores e marcação alta e por pressão, como a nova ortodoxia na Bundesliga a partir do final da década de 2000. Mas seriam necessários mais alguns anos para que a grandiosidade do impacto causado por Frank fosse apreciada de maneira mais ampla. "Quando grandes coisas acontecem, as recompensas normalmente chegam tarde demais", afirmou Klopp, alguns dias depois da morte de Frank, em 7 de setembro de 2013. Ele fora diagnosticado com um tumor maligno no cérebro apenas quatro meses antes.

Em seu último ano de vida, Frank trabalhou no Mainz como analista de desempenho dos adversários. Ele se cuidava e era prudente com a alimentação. Tanto o diagnóstico como a velocidade com que o câncer o dominou foram um grande choque para todos. "Uma semana antes da cirurgia, quando já estava bastante evidente que não viveria muito mais tempo, ele me disse mais uma vez que deixar o Mainz havia sido o grande erro de sua vida", conta Heidel. "Foi muito complicado lidar com sua morte…"

"Mas talvez fosse coisa do destino ele adoecer", reflete Sebastian. Seus filhos estiveram a seu lado até o fim. Os torcedores do Mainz homenagearam Frank com um tributo antes da partida contra o Schalke 04, poucos dias após sua morte. *Mainz ist deins*, "Mainz é sua", lia-se na faixa. Inúmeros técnicos conquistam troféus, mas apenas alguns poucos podem ter para si um clube e uma cidade. E são menos ainda os que deixam para trás um legado que em muito supera o tempo em que permaneceram no banco de reservas.

"Não existe uma única pessoa ligada ao futebol no Mainz que não tenha 100% de certeza de que tudo começou com Wolfgang Frank", disse Klopp, a respeito de seu *Lehrmeister*, seu professor e exemplo.

Klopp também se assegurou de que muitos dos ex-jogadores fossem homenagear Frank em seu funeral, realizado em 19 de setembro no principal cemitério de Mainz. "Todos vieram", relata Martin Quast. "Jogadores dos times que ele treinou, representantes da federação alemã, da Bundesliga, da academia de treinadores. Fico arrepiado ao pensar nisso. A maior parte das pessoas não faz ideia, mas aqueles que trabalham no futebol, o pessoal que vive isso de perto, todos sabem — sabem que Wolfgang Frank não está apenas imensamente envolvido no desenvolvimento do futebol em Mainz, mas no de todo o futebol moderno, e de maneira fundamental. Ele pensava a respeito de coisas que ninguém nunca havia pensado."

"Você foi um treinador da Bundesliga, mesmo que não tenha trabalhado lá", disse Klopp, segurando as lágrimas. "Contei a milhares de jogadores que Wolfgang influenciou toda uma geração de jogadores de futebol e ainda continua a influenciar. Ele é o treinador que mais me influenciou. Foi um ser humano extraordinário."

Quast conhece Klopp há 25 anos, mas no funeral de Frank foi a primeira vez que viu o amigo enfrentar dificuldades para achar as palavras. "Ele falou, claro, mas provavelmente diria que foi a coisa mais difícil que já fez: um discurso em homenagem a seu grande mentor. Tenho a impressão de que não foi apenas uma despedida; muitos apareceram para pegar uma mensagem espiritual, ou passar uma. Foi mais do que um funeral; foi um reconhecimento."

É por meio do trabalho de Klopp, o discípulo mais estudioso de Frank, que a importância fundamental desse homem introvertido e complicado no renascimento do futebol alemão vem sendo mais amplamente notada. Não há honra maior que um aprendiz possa conferir a seu mestre.

7.
SCHÖNEN GUTEN TAG. HIER IST JÜRGEN KLOPP

Borussia Dortmund, 2008–2010

Estranhamente, não há equivalente em alemão para a expressão *sell the sizzle, not the sausage*.[1] Mas foi essa a clássica jogada de marketing empregada pelo Borussia em junho de 2008, um mês depois de Jürgen Klopp ter assinado seu contrato. Seis semanas antes de a bola começar a rolar, painéis enormes com o rosto de Jürgen Klopp estavam expostos ao lado da autoestrada B1, que passa pelo Signal Iduna Park e pelos quarteirões mais elegantes do sul da cidade. Sua cara era a mensagem, uma promessa: o novo homem no comando transformaria o "o sonolento trem-leito" (*Tagesspiegel*) que era o Borussia das temporadas anteriores em uma veloz e estrondosa locomotiva.

"O pessoal do Borussia não era idiota", conta o ex-assessor de imprensa Josef Schneck, entre copos de água mineral em um hotel executivo a poucos metros do estádio do Borussia Dortmund. "Eles o usaram

---

[1] Algo como "venda o barulhinho da linguiça quando está sendo preparada, não a linguiça em si". Essa é uma frase usada em marketing para enfatizar que se deve vender uma ideia e não apenas um produto. (N. do T.)

para impulsionar as vendas dos carnês de ingresso para a temporada; e a procura foi gigantesca. As pessoas acamparam do lado de fora da sede do clube na noite anterior ao início das vendas." Freddie Röckenhaus, do *Süddeutsche Zeitung*, um dos dois repórteres que, no início dos anos 2000, revelaram os níveis chocantes de dívida e a má administração financeira do clube, compara os painéis às propagandas feitas por políticos. "Eles poderiam ter dito: 'Vote em Merkel'; mas diziam: 'Vote em Klopp!'. E as pessoas toparam." O Borussia precisou bloquear as vendas quando chegaram a 49.300 unidades para assegurar que alguns milhares de ingressos ficassem disponíveis para empregados e fã-clubes especiais.

Desde o princípio, afirma Schneck, Klopp estava disposto a conversar com todo mundo: "Ele queria se encontrar com os torcedores organizados e com representantes de fã-clubes para tê-los a seu lado". Jan-Henrik Gruszecki, um dos membros fundadores da torcida organizada do Borussia Dortmund chamada *The Unity*, lembra-se de ter ficado, no início, extremamente decepcionado com a escolha de seu clube para o cargo de treinador. "Nós pensamos: o Mainz, aquele clube do 'oba, oba', sempre de bom humor — a ideia não é legal. E Klopp foi um dos rostos da Copa do Mundo de 2006 — isso também não era legal. E o que ele tinha feito como treinador? Não muito. Nossa preocupação era que ele não conseguisse segurar a onda. O futebol do time era maçante. Não havia dinheiro. Aki Watzke precisava obter aprovação para toda contratação acima de 500 mil euros. Estávamos bem encaminhados para nos tornarmos uma equipe sem importância de meio da tabela. Mas Klopp... Acho que nunca fiquei tão impressionado com alguém na vida. Nós o ensinamos a jogar *Schotten*, um jogo de cartas, e ele conversou conosco. Estava muito claro que Klopp e sua mulher, Ulla, que tinha vindo com ele, estavam 100% comprometidos com o Borussia: queriam saber tudo sobre o clube e seu pessoal. Ele nos disse como estava empolgado para dar início ao trabalho e que tínhamos um papel fundamental a desempenhar como 12º ou 13º jogador, que tínhamos de desenvolver esse sentimento de unidade. Ele nos conquistou a partir dali. Nenhum treinador jamais havia feito aquilo tudo."

Schneck: "Quando alguém do marketing disse a Klopp que alguns poucos clientes corporativos haviam aberto mão de seus assentos VIP, ele disse que ligaria para cada um deles para ver se os fazia mudar de ideia. Então se dirigiu à sua sala, pegou o telefone e disse: *Schönen guten Tag, hier ist Jürgen Klopp*,[2] sou o novo treinador do Borussia Dortmund. Ouvi dizer que você quer desistir de seus ingressos. Não acha que deve rever sua decisão?'. Alguns deles ficaram tão perplexos que disseram: 'Tudo bem, vamos pensar melhor'. Ele os convenceu a voltar. Você consegue imaginar algum outro treinador fazendo isso? Esse era o Jürgen. Ele conquistou o coração de todos".

"Tivemos treinadores de sucesso no Borussia que, anteriormente, também demonstraram qualidades extraordinárias no trato com as pessoas", comenta Fritz Lünschermann, um homem de sessenta e poucos anos, alegre, de óculos, e parecido com um urso, que tomava conta das necessidades organizacionais do time principal do Borussia como "gerente esportivo da equipe" desde 1988. "Ottmar Hitzfeld, Matthias Sammer. Mas Jürgen Klopp é incomparável. Ele levava todos os funcionários a comerem em sua mão ao tratá-los de modo sério e valorizar seus esforços. Jürgen perguntava às pessoas como estavam se sentindo, se tinham algum problema e assim por diante. Eu me recordo de estar vestindo camisas muito coloridas numa época. Jürgen chegou em mim e disse: 'Ei, escuta, por que você está sempre usando esses papéis de parede?'. Eu disse: 'Vou ter de ver se tenho alguma coisa sobrando no meu armário'. E então joguei aquelas camisas no lixo. Escutei seu conselho. Era impossível ficar chateado com ele."

Independentemente do trabalho freelance como consultor de moda, Klopp usou as férias de verão para mergulhar nas tradições e na história do clube. Lünschermann, "um dicionário ambulante" (Schneck), expli-

---

[2] "Muito bom dia, aqui é Jürgen Klopp." (N. do T.)

cou-lhe a relevância dos "Drei Alfredos", o trio de atacantes formado por Alfred "Ady" Preißler, Alfred Kelbassa e Alfred Niepieklo que conquistou campeonatos em sequência em meados dos anos 1950. Lünschermann conta que ele e o treinador se deram bem logo de cara. "Klopp é uma pessoa que está sempre se divertindo, e eu também tenho um temperamento afável. Eu tinha de organizar o calendário do futebol com ele para a temporada, mas havia outro assunto naquelas primeiras semanas. Todos os anos, nosso Conselho de Veteranos, formado por ex-jogadores e antigos membros, realiza sua festividade de verão. Eu disse a Jürgen: 'Seria legal se você comparecesse'. Eles então se reuniram em um restaurante em Wickede e imediatamente ficaram encantados com Jürgen, que se sentou e conversou com todos aqueles senhores idosos e suas esposas, que não tinham nenhum conhecimento sobre futebol. Fez com que todos se sentissem importantes e levou a sério suas ideias. Ele ficou muito mais do que inicialmente planejara, algumas horas, e deixou uma impressão permanente naquela geração. Ainda hoje eles dirão: 'Jürgen foi único'." Jogadores lendários como Aki Schmidt e Hoppy Kurrat amaram Klopp, complementa Schneck. "Outros treinadores trataram essas reuniões como uma incumbência importuna. Jürgen, por outro lado, reconheceu que o clube não existiria sem eles. Seu interesse era genuíno. Ele valorizava a história."

Klopp encantava o clube mesmo quando perdia, e perdia feio. Alguns anos depois, num dia dedicado aos funcionários, empregados foram postos em grupos misturados para uma competição de atividades físicas e um teste de conhecimentos. Schneck: "Eu estava no grupo com Jürgen, um jardineiro e uma moça da contabilidade. Participamos de uma corrida em que tínhamos de equilibrar um ovo em uma colher e de outras atividades desse tipo, e também foram feitas perguntas sobre a história do Borussia. Tínhamos certeza de que estávamos na liderança da competição, mas, na verdade, fomos os últimos. Todos os demais estavam festejando! Por termos perdido, nossa tarefa seria lavar o ônibus da equipe. Você conseguia fazer esse tipo de coisas com Jürgen.

Ele estava sempre lá, era acessível. Você tinha a sensação de que ele era perfeito para aquele lugar".

A força da personalidade de Klopp, Schnek conta, pôs fim aos limites entre vida profissional e privada. "Certo dia, mencionei de passagem que minha mãe faria noventa anos em breve, e que ela ainda estava muito lúcida. Klopp respondeu: 'Será que não devo aparecer e dar os parabéns a ela?'. Aquilo, claro, seria espetacular, mas, em princípio, não o levei a sério. Nunca mais falei sobre o assunto. Algumas semanas depois, no entanto, ele me perguntou: 'Me diz uma coisa, o aniversário da sua mãe não está chegando? Por favor, me passe o endereço, vou fazer uma visita'. E então ele tocou a campainha. Eles tomaram café e comeram bolo, e todos os convidados que vieram para a festa não acreditavam que Klopp estava sentado ali, conversando com minha mãe. Para ele, era a coisa mais natural do mundo."

A pré-temporada começou com um período de treinamentos em Donaueschingen, na Floresta Negra, e um passeio de canoa por um rio. "Foi a primeira coisa que fizemos: todos nós nos reunimos e nos divertimos", conta Neven Subotić, ex-zagueiro do Borussia. "Kloppo é o tipo de pessoa que se estica todo e vira a canoa de alguém. É aí que a diversão começa. Você percebe: Ah, então isso aqui não é para ele mostrar que manda e para a gente encarar como uma competição séria. Acho que Klopp nunca pensa: 'O que posso fazer para ser engraçado?'. Para ele, é algo natural."

"Jürgen é naturalmente divertido. Logo de imediato, em Donaueschingen, mostrou ter uma enorme presença, uma aura", conta Watzke. "Os atletas, de cara, se entrosaram com ele." Claro que não tinham muita opção. "Ele sabia o que queria; para ele, só havia uma forma de jogar", explica Subotić. "Sua estratégia consistia basicamente em correr mais que o adversário e esgotá-lo. Isso não é para qualquer um. Muitos pensavam: 'Só quero jogar. Me dá a bola'. Alguns dos jogadores mais velhos, mais experientes, em especial, tinham suas próprias ideias. Convencê-los a adotar um modelo de jogo tão intenso foi um desafio que ele superou com maestria. Era uma situação nova para ele, pois no Mainz a equipe toda tinha sido montada para jogar a seu modo. No Borussia, ele precisava descobrir quem estava e quem não estava a seu lado."

Durante os treinamentos de pré-temporada, Sebastian Kehl, 28 anos àquela altura, foi escolhido por Klopp para ser o capitão do time. Kehl faz questão de afirmar que conseguir que os jogadores corressem intensamente durante aquele período era somente metade do trabalho. O novo sistema, uma ruptura radical em relação ao jogo metódico e baseado na posse de bola do Borussia sob o comando de Thomas Doll e também de Van Marwijk, não precisava apenas de mais correria, mas de uma maneira diferente de se pensar o esporte.

"Klopp trabalhou arduamente para incutir sua filosofia em nossas cabeças", afirma Kehl. "Lembro que ele me ligou durante as férias para conversar longamente sobre suas ideias e conceitos. Estávamos nos aventurando por um caminho totalmente novo." Algumas equipes menores da Bundesliga, especialmente o Mainz de Klopp, já haviam adotado antes esse estilo tão vigoroso; porém, existia um consenso velado de que times melhores, com mais qualidade, não precisavam trabalhar e pensar tanto. "Tática é para jogadores ruins" era uma frase célebre de autoria de Felix Magath, ex-treinador do Stuttgart e do Bayern, alguns anos antes.

O tipo de jogo com pressão e contrapressão (*Gegenpressing*) de Klopp exigia tanto uma forte base teórica quanto uma boa dose de abnegação. Os fundamentos da primeira eram construídos por meio de "muitas, muitas sessões de vídeo" (Kehl). Alguns dos clipes eram de outros campeonatos ou times, incluindo o Barcelona, mas a análise centrava-se em jogos do Borussia. Klopp desenhava setas na tela, mostrando onde os jogadores deveriam estar ou para onde tinham de se mover a fim de congestionar a região perto da bola. Kehl: "Tudo isso era combinado com um trabalho incrivelmente intenso no gramado, com muitas interrupções, correções e movimentações. É bom ver vídeos, mas você tem de sentir aquilo no gramado. É preciso ter uma percepção do momento certo, começar a entender o jogo de uma maneira nova. Você precisa alternar entre ataque e defesa muito mais rapidamente, tem de se adaptar a um impulso diferente em sua cabeça. Essas coisas não acontecem da noite para o dia".

Meio-campista defensivo, Kehl estava acostumado a proteger a defesa e tranquilamente distribuir a bola para os jogadores a sua frente. Na prática, atuava como uma espécie de "redutor da velocidade do adversário". Mas o modo Klopp de ser tinha mais a ver com a autoestrada, o futebol *Autobahn*. O jogo de Kehl teve que mudar mais do que o dos demais para se ajustar a toda aceleração ao seu redor. Em vez de recuar instantaneamente para seu campo assim que o Borussia perdia a bola no campo de ataque, foi pedido a ele e a seus companheiros que nesse momento logo ocupassem o espaço à frente deles, em um esforço para recuperar a bola imediatamente. "Outros treinadores diziam: 'Deixem o adversário com a bola no campo deles. Marcaremos somente quando se aproximarem'", conta Kehl. "As instruções de Jürgen eram para que pressionássemos e nos adiantássemos uniformemente caso perdêssemos a bola no ataque ou se eles nos dessem as costas. Também criávamos armadilhas no campo ao não irmos para a disputa da primeira bola, de forma a garantir que nossos rivais ocupassem a região do gramado onde queríamos que eles estivessem; nos flancos, por exemplo, onde podíamos dobrar a marcação. Esse era o plano de jogo, em conjunto com uma firme determinação de correr e suportar a dor. 'Mesmo que pareça idiota' — esse era um de seus lemas. Se o primeiro jogador pressionasse e não tivesse sucesso, o próximo tinha de estar pronto para auxiliar. Era uma correria muito, mas muito frenética (em direção à bola). 'Frenético' era uma das palavras usadas por Klopp. Ele queria fazer um jogo frenético, criar problemas para os adversários e os colocar em situações difíceis o tempo todo. Muitos jogadores da Bundesliga estavam acostumados a controlar a bola tranquilamente até terem uma boa ideia. Com tempo e espaço, todos os jogadores são bons, mas se você os pressiona assim que pegam a bola, mesmo os melhores enfrentam dificuldades. Se você duplica ou triplica a marcação, fica ainda mais difícil."

Subotić estava acostumado àquele treinamento devido às duas temporadas anteriores no Mainz sob o comando de Klopp, mas no Borussia o treinador foi obrigado a voltar ao básico. "O time era muito melhor, mas o sistema era totalmente novo para eles. Houve inúmeros treinamentos que realmente não foram divertidos: Klopp dando explicações para vinte jogadores em pé ao seu redor; ou corridas sincronizadas, táticas. Nem um pouco divertido; mas era importante. Com o tempo, Željko (Buvač) passou a se envolver cada vez mais. Ele é muito calado fora do centro de treinamento — ninguém fala com o assistente, não é mesmo? —, mas desenvolveu um ótimo relacionamento com os jogadores. Ele também jogava com a gente. Isso fez com que fosse respeitado. Os jogadores perceberam: 'ah, ele sabe jogar'."

O mesmo pôde, em pouco tempo, ser dito a respeito da nova dupla de zagueiros do Borussia, composta por Subotić e Mats Hummels, emprestado do Bayern de Munique, ambos com dezenove anos. Chamados de *Kinderriegel* pelo *Bild* — algo como "ferrolho juvenil" —, os dois adolescentes inexperientes (na Bundesliga) foram escolhidos, para a surpresa de muitos comentaristas, em detrimento do selecionável croata Robert Kovač, bem mais rodado. A configuração da defesa do Borussia ficou ainda mais jovem quando o lateral esquerdo Dedê, grande ídolo da torcida, rompeu o ligamento cruzado na primeira partida da temporada, uma vitória por 3 × 2 sobre o Bayer Leverkusen. Klopp descrevera o brasileiro a um amigo, apenas duas semanas antes, como sendo o "melhor jogador com que já trabalhei", e estava desolado. Felizmente, Marcel Schmelzer, 21 anos, vindo das categorias de base do Borussia Dortmund, acabou sendo um substituto muito competente. "Ele era uma máquina", disse Klopp a Sascha Fligge e Frank Fligge para o *Echte Liebe*.

"No início, nenhum dos quatro zagueiros do elenco havia sido confirmado como titular, e isso ajudou muito a mim e a Neven", afirma Hummels, que fora visto como excedente negociável por outro Jürgen — Klinsmann, novo treinador do Bayern na época. "Rapidamente nos colocamos na briga e Jürgen pôde ver que tínhamos personalidade. Sim, tínhamos somente dezenove anos, mas Klopp confiava inteiramente em nós, talvez porque tivesse visto que, graças à nossa origem, éramos mentalmente um pouco mais fortes do que normalmente são os garotos de dezenove anos." Hummels fora sempre um atleta de ótimo desempenho e muito seguro na base do Bayern, ao passo que a história pessoal de Subotić se refletia em seu ar de determinação e maturidade. Filho de refugiados sérvio-bósnios que deixaram a Floresta Negra rumo aos Estados Unidos para não serem deportados, ele se juntara ao Mainz aos dezessete anos vindo da Universidade do Sul da Flórida, no verão de 2006 (ele e Conor Casey, atacante do FSV Frankfurt, tinham o mesmo agente, Steve Kelly. Havia sido Kelly quem arranjara o teste para o jovem).

Por ter feito carreira como defensor, era de se esperar que o técnico gerenciasse a jovem dupla mais de perto; no entanto, para certa surpresa de Hummels, Klopp era honesto com seus pupilos a respeito de suas próprias limitações. "Ele disse: 'Nunca atuei no seu nível e, por isso, jamais vou fingir para você que sei tudo. Mas vou sempre procurar ajudá-lo'." A óbvia falta de experiência dos quatro defensores do time, complementa Hummels, foi mitigada por uma estratégia que fez com que uma grande parcela da responsabilidade defensiva avançasse quarenta metros no gramado em direção ao campo adversário, recaindo sobre atacantes e meios-campistas. "Raramente os adversários conseguiam tocar a bola sem serem pressionados, e isso levava a inúmeros lançamentos longos, sem precisão nem direção. Esses passes, realizados sob pressão, muitas vezes eram muito fortes ou não eram dominados pelo receptor. E tornou-se mais fácil jogar na defesa; algo novo, mas extremamente prazeroso. Éramos tão jovens que ainda não havíamos desenvolvido nossa própria forma rotineira de atuar, podíamos nos dedicar completamente àquela maneira de jogo." Tudo se resumia ao tamanho da pressão que podia ser feita "sobre a bola", como Klopp deixava claro a seus jogadores insistentemente. Um missionário trajando um abrigo esportivo, pregando a boa-nova para aqueles que ainda não haviam sido batizados taticamente.

Nem todos eram devotos de seus dogmas. O atacante croata Mladen Petrić, artilheiro da temporada anterior (treze gols) e possivelmente o mais talentoso jogador da equipe, tinha dificuldades para aceitar o novo regime. No dia seguinte ao jogo contra o Bayer Leverkusen, ele foi vendido para o Hamburgo por 5 milhões de euros em uma negociação que envolveu a vinda para Signal Iduna Park de um dos jogadores preferidos de Klopp em seus tempos de Mainz, o egípcio Mohamed Zidan.

Livrar-se de Petrić, atleta extremamente popular, foi visto como uma manobra altamente arriscada, uma estratégia de um treinador obstinado e ávido por implementar suas novas regras. Mas Watzke sugere que existiam razões futebolísticas e financeiras consistentes para que aquela transação fosse aconselhável também sob a perspectiva do clube. "Nós todos queríamos", diz ele, fazendo uma pequena careta conforme o saxofonista do hotel aproxima-se de seu assento. "Jürgen estava muito empolgado com a possibilidade de contar com Zidan, isso era o mais importante. E a oferta (do Hamburgo) era boa. Petrić e (Alexander) Frei não tinham uma sintonia das melhores lá na frente." Frei, centroavante suíço e goleador ortodoxo, tampouco era um típico jogador ao estilo Klopp, mas o Borussia acreditava que ele se daria bem tendo atrás de si Zidan, um atleta mais elétrico. A parceria de Frei e Petrić, meia de estilo mais elegante, não teria produzido o vigor necessário.

"A estratégia era jogar um futebol enérgico com a presença do *Gegenpressing*", afirma Watzke. "Eles eram bons jogadores, mas não eram adequados para aquilo." Por conta disso, o estilo de alta pressão do Borussia funcionou ainda melhor. "Rapidamente se pôde notar que o time estava mais estável na defesa", explica Watzke a respeito do início de campanha promissor que contou com uma vitória na Supercopa, contra o Bayern (2 × 1), outra pela DFB Pokal (3 × 1 contra o RW Essen), e a conquista de sete pontos nos primeiros três jogos do campeonato. "Jürgen trouxe um equilíbrio defensivo para a equipe, e o *Gegenpressing* era sua marca registrada. Hoje, todos fazem isso, por assim dizer. Naquele tempo, podia-se ver desde o início que alguma coisa estava acontecendo. Mas, sinceramente, não imaginávamos que se tornaria algo tão grande."

Raphael Honigstein

Quis o destino que o quarto jogo de Klopp na Bundesliga comandando o Borussia fosse o mais importante da temporada: o Revierderby (clássico da região do Ruhr), em casa, contra os odiados vizinhos, o Schalke 04. Os azuis — torcedores do Borussia jamais mencionam o nome oficial de seu rival — venciam por 3 × 0 aos 21 minutos do segundo tempo da partida. O jovem time do Borussia parecia completamente perdido, os jogadores do Schalke desfilavam arrogantemente pelo gramado sabendo que a fortaleza do Signal Iduna Park tombara. Kevin Kuranyi quase marcou o quarto gol, acertando o travessão em uma cabeçada à queima-roupa. Klopp estava horrorizado. "(Minha mulher) Ulla estava sentada na arquibancada pensando em arrumar nossas malas", ele contou depois. Mas, de alguma maneira, o impossível aconteceu. Motivado pelo excesso de confiança do Schalke, Subotić marcou um gol que incendiou o estádio. A capacidade de controlar as próprias ações, tanto por parte dos jogadores visitantes, como do árbitro, derreteu naquela fornalha. Alex Frei, que entrara no decorrer do jogo, marcou o segundo, ainda que em posição de impedimento. Então, no penúltimo minuto do jogo, foi assinalado um pênalti extremamente duvidoso para o Borussia. Klopp não conseguiu olhar; deu as costas para Frei, que, calmamente, dirigiu-se até a bola e converteu: 3 × 3. "Provavelmente o melhor dérbi de todos os tempos. Épico, digno de um romance de mil páginas. Uma ressurreição", aclamou o *Frankfurter Rundschau*. "Se sentirem um cheiro ruim de suor por aqui, sou eu", disse Klopp, aliviado, exausto e maravilhado, na sala de imprensa. "O jogo foi muito emocionante. Há vitórias que não são tão saborosas assim."

O melhor início de temporada do Borussia em cinco anos deixou toda a cidade empolgada. "Aonde quer que fôssemos, as pessoas nos davam seu voto de confiança, eu nunca havia visto nada assim em dez anos de profissão", conta Schneck. "Se você me perguntar como ele conseguiu acordar o gigante adormecido, eu diria: com um beijo; e uma atitude em consonância com a região do Ruhr. Ele é assim. Não fez um curso, não perguntou a ninguém como as pessoas daqui eram; percebeu tudo isso, instintivamente, e se comportou de uma maneira que as tocava. Empolgou as pessoas. Todos perguntavam: 'Você tem certeza de que não tem nenhum ancestral daqui? Um avô que trabalhasse nas minas ou nas fábricas de aço?'. Estavam certos de que Klopp era um deles. Ninguém acreditava que ele vinha da Floresta Negra, que era um suábio. Ele mesmo não se via assim. Sempre disse: 'Desde pequeno, eu sabia que tinha de sair dali. Não me imaginava varrendo a entrada da casa para me certificar de que meu vizinho estava vendo e pudesse dizer: Ah, que bom, ele está varrendo a entrada'. Nunca teve esse tipo de atitude provinciana pela qual os suábios são conhecidos. É sua franqueza. Ele se aproxima das pessoas. Meu Deus, no começo, ele realizava o desejo de qualquer torcedor. Se alguém pedisse para ele ir a algum lugar só para dar um 'oi', ele ia. Nunca vi isso como algo feito de maneira calculada. Simplesmente é assim: ele gosta das pessoas. Acho que o ouvi dizer certa vez: 'Um treinador que não ama seus jogadores não pode ser um bom treinador'."

Mario Basler, do *Bild*, chamou Klopp de "Barack Obama branco". Ambos possuem "uma quantidade excessiva de inteligência e de conhecimento", escreveu o ex-meio-campista do Bayern de Munique, "ambos são arautos da esperança, ambos são ídolos. No Borussia, a excitação é tamanha que o limpar de óculos de Klopp no banco, de uma maneira minimamente competente, faz a arquibancada sul gritar".

Klopp avisou que "não era um messias, somente um treinador", e que era muito cedo para imaginar o Borussia entre os três primeiros colocados: "Se formos capazes de mostrar comprometimento e prontidão para lutar por noventa minutos, alguma coisa pode acontecer aqui".

Seu ceticismo mostrou-se correto, muito mais do que ele teria desejado, quando o Borussia perdeu em casa por 2 × 0 para a Udinese, em partida válida pela primeira rodada da Copa da Uefa (eles haviam se classificado ao chegar à final da DFB Pokal sob o comando de seu predecessor, Thomas Doll). A primeira partida europeia do Borussia Dortmund em cinco anos mostrou o longo caminho que a jovem equipe e seu sistema de jogo ainda incipiente tinham de percorrer até que pudessem competir com a elite. Os italianos, inabalados com toda a correria, tranquilamente passaram por cima do estilo de jogo de pressão do Borussia e machucaram o adversário apostando nos contra-ataques. "Eu nunca tinha visto um time com o qual estivesse envolvido jogar tão mal assim; de certo modo, foi vergonhoso", disse Klopp, decepcionado. Duas substituições forçadas, no início da partida — Zidan e Hummels, ambos machucados —, apenas haviam aumentado ainda mais a confusão. Os donos da casa ficaram "indefesos como uma baleia encalhada na praia", descreveu jocosamente a *Gazzetta dello Sport*. Pior ainda: o modo como o time perdeu fez com que surgissem dúvidas acerca da política de contratações do clube. "Esse time, montado por Michael Zorc (diretor esportivo) ao longo dos anos, é suficientemente bom para enfrentar equipes de ponta a longo prazo?", ponderou o *Süddeutsche*.

Essas dúvidas aumentaram ainda mais depois da derrota por 4 × 1 contra o Hoffenheim, equipe recém-promovida e surpreendente postulante ao título daquele ano. "Foi uma surra", conta Wazke. O time de Ralf Rangnick estava jogando em um estilo muito parecido com o do Borussia, mas muito melhor. "Esse é o futebol sistemático, da maneira como deve ser", admitiu Klopp. "Precisamos chegar ao nível em que eles se encontram hoje. Infelizmente, apresentar um comportamento tático não é como andar de bicicleta. É preciso praticar de maneira incessante."

Reprogramar o sistema operacional da equipe levou tempo, enfatiza Subotić. "Três contra três, cinco contra cinco é bem fácil; mas durante uma partida você está cansado e diz para si mesmo: 'Tenho mesmo de pressionar novamente?'. Então você pressiona e o cara simplesmente passa a bola, porque seu companheiro não fez pressão junto com você e tudo foi uma perda de tempo. Acostumar-se a isso não era fácil. É algo que exige muito em termos mentais e físicos. Você estava acostumado a correr 105 quilômetros por partida como time. De repente, está em 115 quilômetros e o objetivo é atingir 120 ou mais. Klopp sabia que isso não podia acontecer da noite para o dia. Sabia que todos jogavam futebol fazia vinte anos e nunca havia sido pedido que trabalhassem sob tal sistema antes. Mais trabalho e mais tempo era a resposta."

Se, nas primeiras semanas, reinara um *Aufbruchsstimmung* — sentimento de arrancada em direção a um futuro aurinegro glorioso —, na chegada do outono, o caminho escolhido parecia estar levando o Borussia a um destino indesejado. O momento era de crise, com a mistura altamente problemática de uma defesa vulnerável ("um estande de tiro ao alvo", comentou sarcasticamente o *Süddeutsche*), uma ideia de jogo ainda pouco elaborada e um treinador enfrentando dificuldades para encontrar os melhores titulares. Tinham sido feitas seis alterações na escalação para a partida contra o Hoffenheim e outras seis para o jogo subsequente contra o Hertha Berlin, pela Copa da Alemanha, um embate que Klopp não podia se dar ao luxo de perder. "São dias negros, uma semana negra", lamentou ele.

"Você pode ser a pessoa mais legal como treinador, mas tudo depende de seu sucesso", afirma Schneck, levantando uma sobrancelha. Subotić insinua que a tal "confiança de vestiário" no novo treinador e em suas ideias esteve fragilizada naquele período. "Eu o conhecia, confiava nele", conta Subotić, "mas para toda equipe é realmente importante ver que tudo aquilo que o cara ali na frente está dizendo de fato funciona. Os jogadores podem gostar muito dele, mas a melhor referência é o fato de seus métodos darem certo."

"Ele precisou convencer o pessoal; as coisas não aconteceram logo de cara", relata Kehl. "Passamos por momentos difíceis no início, pensando: 'Será que isso vai dar certo algum dia?'. Houve algumas discussões. No entanto, ele deixou claro desde o começo que só existia o seu modo de atuar, pois tinha certeza absoluta de que era a maneira correta."

Contra o Hertha a sorte veio em socorro de Klopp. O Borussia conseguiu uma vitória por 2 × 1 nos acréscimos, atuando com uma formação em losango um pouco mais defensiva no meio de campo para dar segurança extra. Na sequência, o Stuttgart foi surrado por 3 × 0 na Mercedes Benz-Arena, com o Borussia mostrando como seu plano de jogo podia ser bom quando executado corretamente.

"A essa altura, acho que todos em Dortmund devem ter percebido que estamos no caminho certo", disse Watzke depois da partida de volta contra a Udinese. Sua equipe perdera nos pênaltis, após ter vencido os italianos por 2 × 0 no estádio Friuli no tempo normal. Mas a qualidade e a coragem da atuação fizeram com que essa fosse uma eliminação com resultado inverso: ela colocou o time de pé, com solidez. O progresso do Borussia sob o novo comandante tornara-se evidente. Visto por alguns como um treinador meramente motivacional, participante de uma luta de boxe imaginária, pulando sem parar na linha lateral como uma criança de seis anos hiperativa na Disneylândia depois de ter consumido doces em excesso, Klopp mostrou que não só conseguia ler bem uma partida; também era capaz de escrever sua história.

Klopp ainda conquistou os membros da imprensa local ao intervir em favor deles em uma altercação ocorrida naquela noite. Funcionários do estádio da Udinese bloquearam o acesso dos jornalistas ao time do Borussia depois do apito final, até que o treinador do time pessoalmente intercedeu pelo grupo e liberou o caminho. Um dos italianos xingou Klopp, gritando *cazzo* para ele — tradução educada: cacete —, mas ele simplesmente sorriu e manteve-se firme. "Não se preocupe, não falo italiano", disse.

O Borussia perdeu apenas mais uma partida antes do Natal — contra o Hamburgo, uma equipe que inexplicavelmente se tornaria a pedra no sapato de Klopp na Bundesliga — e hibernou durante a pausa de inverno na sexta colocação, à frente do Schalke. A melhora era real.

"Todos sabemos que dinheiro compra gols no futebol", diz Norbert Dickel, empoleirado em uma mesa de plástico bamba do lado de fora de uma cafeteria simples em Marbella, em janeiro de 2017. Do outro lado da rua, dentro do Estádio Municipal de Marbella, construído com tijolo vermelho, o time principal do Borussia realiza seu treinamento. "Mas, naquele tempo, não tínhamos dinheiro. Foi uma bênção divina ter contratado Jürgen. Nossa equipe começou a jogar muito bem naquele primeiro ano, todos vimos isso. O estilo de jogo como um todo se alterou. Deixando de lado o fato de que passamos por um desenvolvimento incrível em relação ao nosso futebol, Jürgen também fez com que a popularidade do clube aumentasse além do imaginado. Simplesmente porque ele estava ali, 24 horas por dia, unindo as pessoas. Nunca reclamou de ter jogadores machucados ou doentes. Dizia: 'Temos um número suficiente de bons jogadores'. Não era um reclamão, achava que não fazia sentido se preocupar com aquilo que não podia ser modificado. Todos percebemos que as coisas estavam andando, mexendo-se em direção a um ponto em que se podia acreditar no sucesso." Lünschermann: "Foi uma transformação. Havíamos testemunhado vários jogos que eram difíceis de se assistir. De repente, esses jovens atletas estavam correndo como cavalos puro-sangue, sempre atrás da bola. Eles também começaram, depois de um tempo, a se agrupar. Era fantástico. Todos nós dissemos: 'Rapaz, isso pode vir a ser uma era'. E assim aconteceu — uma era inesquecível. Foi o que ele conseguiu fazer".

A primeira metade da temporada de estreia de Klopp na Bundesliga na Renânia do Norte-Vestfália mostrava o Borussia bem, com sete vitórias, oito empates e duas derrotas. Uma campanha quase idêntica (oito vitórias, seis empates e três derrotas) depois da parada de inverno, apesar da grave lesão no tornozelo de Hummels e um começo ruim no início do novo ano, colocou a equipe no caminho da classificação para a Copa da Uefa. O contrato de Klopp foi logo ampliado até 2012. "Ninguém no clube é contra Jürgen Klopp, todos apoiam a decisão", declarou Watzke, em março daquele ano.

No entanto, a equipe perdeu a chance de ir para o torneio europeu bem ao estilo Klopp, dolorosamente dramático: no último minuto do último dia da temporada. O Hamburgo, quinto colocado, que perdia por 2 × 0 para o Eintracth Frankfurt depois de uma hora de partida, recuperou-se e venceu o jogo por 3 × 2, graças ao gol marcado em posição irregular por Piotr Trochowski. O Dortmund, que empatara em 1 × 1 sua partida contra o outro Borussia (de Mönchengladbach), ficou sem nada. Perder a chance de ganhar entre 5 e 7 milhões de euros jogando a fase de grupos da repaginada Europa League deixou um buraco no orçamento do clube.

"Vai haver menos dinheiro", disse Klopp, depois de atenuada a frustração. "Mas vivemos experiências incríveis e nos unimos muito mais ao nosso torcedor. Tenho esperança de que os patrocinadores digam: 'Alguma coisa está acontecendo aqui, isso é legal e queremos fazer parte disso'. Todos podem passar a fazer parte de algo que já é um sucesso, mas é bem mais gratificante fazer parte disso desde o início."

"No geral, foi uma ótima temporada", diz Watzke. "Infelizmente não conseguimos a cereja do bolo. A maneira como terminou foi extremamente decepcionante para todos nós. Não é que estivéssemos reclamando até então; uma melhora de sete posições na tabela já era algo muito bom. Houve outras decepções ao longo do ano, e elas sempre fizeram com que nos aproximássemos ainda mais. No fim das contas, é fato que nós três — Jürgen, Michael Zorc e eu — formávamos uma ótima equipe. Isso era o principal."

Em algum lugar, semienterrado sob o otimismo incansável e contagiante projetado por Klopp, existia também ansiedade e temor em relação a um técnico que só trabalhara na periferia do futebol alemão. Muitos treinadores tinham vindo e fracassado desde a saída de Matthias Sammer, em 2004. "Havia um certo receio lá dentro devido à história recente do clube. Pensavam: 'Por favor, mais um fracasso, não'", relata Subotić. "Conseguimos atenuar esses receios na primeira temporada. Terminar em sexto depois de ter chegado em 13º na temporada anterior foi um sucesso. Vencemos partidas, empatamos alguns jogos, claro que também perdemos, mas, no geral, podia-se ver que o esquema estava dando certo. Aprendemos que podíamos confiar nele e também uns nos outros. O clube todo podia respirar", diz Kehl, concordando. "Era palpável que o clima tinha mudado completamente."

Contudo, nem todos foram considerados aptos para seguir a jornada. O atacante suíço Alex Frei foi despachado para o Basel FC por 4,25 milhões de euros antes do início da nova temporada. O Borussia gastou todo o dinheiro para contratar um substituto, o atacante argentino naturalizado paraguaio Lucas "Pantera" Barrios, mais disposto a dedicar-se exaustiva e abnegadamente na linha de ataque, como exigia o sistema de jogo de Klopp. O empréstimo de Hummels transformou-se em aquisição definitiva num negócio de 4,2 milhões de euros do qual o Bayern de Munique viria a se arrepender. Duas outras contratações cruciais praticamente não tiveram custo. Os polivalentes Sven Bender (21 anos, do Munique 1860, 1,5 milhão de euros) e Kevin Großkreutz (21 anos, do Rot Weiss Ahlen, de graça) trouxeram dinamismo juvenil para o meio de campo.

Nascido em Munique, Bender lembra-se de Klopp lhe telefonando para persuadi-lo a ir jogar no Borussia durante aquele verão. "Eu estava no carro. A ligação caiu quatro vezes, mas ele continuou tentando. Eu sabia do interesse do Borussia, mas, quando um treinador liga para você e diz por que e quanto o deseja, isso é realmente decisivo. Antes de mais nada, foi legal falar com ele. Só o conhecia da televisão, então receber um telefonema dele foi muito bacana. Ele soava exatamente como o cara da TV. A conversa foi bastante agradável: ele me contou sobre tudo o que havia encontrado em sua primeira temporada lá, que o Borussia era um clube fantástico e que podia honestamente recomendá-lo a mim e que eu deveria ir. E disse que ficaria 'incrivelmente' feliz se eu o escolhesse para ser meu treinador e o Borussia para ser minha equipe. Claro que eu queria ir. O Borussia era um clube grande, com uma aura enorme, e Klopp era a pessoa perfeita para estar no comando." Bender ficou ainda mais impressionado ao conhecer seu novo treinador pessoalmente. "O cara era enorme! Impressionante. Não parecia tão alto na TV; tive de olhar de novo para ter certeza. Era um motivador fantástico. Para um jovem atleta como eu, realmente era perfeito."

Klopp tinha o talento de ser perfeito para qualquer um, diz Lünschermann. "Ele não tinha uma rotina no vestiário antes de uma partida, ou uma superstição em especial, mas longe de casa sempre procurava um lugar tranquilo, secreto, para fumar. Isso fazia com que fosse extremamente digno de estima, sob meu ponto de vista. Não fingia ser um sujeito idealizado; tomava uma cerveja ou outra, era desavergonhadamente humano — diferente de muitos treinadores que tentam esconder qualquer coisa que os outros possam perceber como fraqueza. Era seu lado humano, sobretudo, que empolgava o clube todo."

RAPHAEL HONIGSTEIN

Em Dortmund, Michael Zorc, o diretor esportivo, e Sven Mislintat, chefe dos olheiros, eram os responsáveis por encontrar jogadores que fossem soluções e estivessem em sintonia com o relativamente limitado orçamento do Borussia, com exceção de alguns atletas do Mainz (Zidan, Subotić, Markus Feulner), colocados na lista de compras por Klopp pessoalmente. Havia poucas opções, a não ser escolher jogadores incógnitos e exóticos como Barrios e o desconhecido atacante polonês Robert Lewandowski, contratado junto ao Lech Poznań, em 2010. O gasto de 4,25 milhões de euros era tão significativo que Lewandowski foi observado umas trinta vezes. O próprio Klopp viajou até a Polônia para dar uma olhada no atacante, disfarçando-se com um moletom e um boné.

Cofres vazios fizeram com que a utilização de jovens talentos fosse uma necessidade. Felizmente para o Borussia, Klopp desenvolveu um apetite que excedia o papel de treinador, como observou Subotić. Ele gostava de construir uma nova equipe. "Em Dortmund, teve a chance de mudar o time, quase que do zero, de colocar em prática seu ponto de vista. Acho que isso o atraiu muito. E acredito que foi o mesmo com o Liverpool."

Klopp frequentemente proclamava que seu jovem time "ardia como gordura na brasa", mas sua segunda temporada começou um tanto quanto morna. Duas retumbantes goleadas sofridas, para o Hamburgo (1 × 4) e para o Bayern (1 × 5), três empates e uma preocupante derrota em casa no clássico contra o Schalke nos primeiros sete jogos marcaram o pior início de temporada da equipe em 24 anos. A uma semana do centenário do clube, o time despencara para a 15ª posição. "Os torcedores ficaram um pouco irritados", afirma Watzke. Uma centena de torcedores organizados foi ao centro de treinamento após a derrota para o Schalke exigindo explicações dos jogadores e dos dirigentes. Klopp atenuou a situação lidando diretamente com os descontentes. Schneck: "Ele desceu do ônibus da equipe e disse: 'Tudo bem, podem falar'. Eles reclamaram que o time não havia lutado o suficiente, que não eram o verdadeiro Borussia, esse tipo de coisa. Jürgen explicou-lhes durante quinze ou vinte minutos por que aquela impressão não era correta, em hipótese alguma, e garantiu que iria levar bastante a sério suas preocupações e ideias. Eles foram para casa pacificamente, agradecendo a Klopp por seu tempo. Aquilo não foi uma coisa fácil. Outros treinadores não querem se envolver nesse tipo de situação".

Klopp tinha grande aptidão para se comunicar com os torcedores, falava a língua deles, relata Dickel. "Tivemos vários treinadores que diziam: 'Hoje nosso jogo entre as linhas, entre defesa e meio de campo e entre meio de campo e ataque, não funcionou bem'. Ou: 'O jogo de transição não deu muito certo'. Ninguém quer ouvir isso na região do Ruhr. Jürgen dizia: 'Não jogamos porcaria nenhuma hoje e por isso merecemos perder'. Todos podem sobreviver a isso."

Mas apaziguar a imprensa não era tão fácil. Quando, em novembro, o Borussia foi eliminado da DFB Pokal pelo VfL Osnabrück, time da terceira divisão, o *Berliner Zeitung* questionou, fundamentalmente, a capacidade de Klopp de conduzir com sucesso a equipe. "É um retrocesso", escreveu o jornal. "Klopp mostrou no Mainz, de maneira impressionante, que é capaz de transformar um time pequeno em uma equipe maior; se consegue fazer um ex-grande clube voltar a ser grande continua sendo um mistério. Nesse aspecto, esta temporada já pode ser dada como perdida."

O treinador do Borussia declarou-se decepcionado com a repentina mudança de percepção ("tudo é uma crise, nos dias de hoje; a competência das pessoas é muito rapidamente posta em dúvida") e prometeu melhoras. "Nós vamos sair dessa, tenho certeza." Watzke sustenta que o clube "não tinha dúvida de que ele se recuperaria e teria sucesso. Nenhuma dúvida".

A aptidão de Klopp para manter o clima interno positivo foi vital àquela altura, afirma Bender. Alguns treinadores descontam suas frustrações nos jogadores ou perdem a confiança em seus próprios princípios futebolísticos. Não é o caso de Klopp. "Evidentemente, ele dizia a algum jogador, em termos inequívocos, se ele não tinha corrido na direção certa ou se havia parado na hora errada", conta Bender. "Mas nunca fez um jogador achar que não tinha mais chance, que havia estragado tudo. Pelo contrário, sempre garantia aos atletas uma nova oportunidade, caso quisessem aproveitá-la. Era possível provar para ele que você ainda estava lá, pronto para dar tudo o que tinha."

O comandante do Borussia também tratava cada jogo como uma nova chance de acertar as coisas. A má campanha do time no outono de 2009, achava ele, nada mais era do que consequência inevitável de uma equipe extremamente jovem adaptando-se a um sistema que precisava de comprometimento ferrenho e execução detalhada para funcionar. Ossos do ofício.

A resposta para isso era simples: mais trabalho. "Realizamos um curto período de treinamento intensivo e dissemos aos rapazes que ganhariam três dias extras de descanso durantes as festas de final de ano se cobrissem — de forma conjunta — mais de 118 quilômetros em cada um daqueles dez jogos", disse ele para a revista *FourFourTwo*, anos depois. Eles não conseguiram, mas Klopp concedeu-lhes os dias a mais de folga mesmo assim. "Fiz isso porque o esforço extra que o time demonstrou traduziu-se imediatamente em mais disposição dentro de campo. Passamos a ser instantaneamente mais assertivos, criando superioridade numérica com mais frequência — coisas que podem ser associadas a um esforço adicional."

"Ele ficava em pé na linha lateral e gritava a plenos pulmões que devíamos avançar", conta Subotić. "Como jogador, principalmente da defesa, você com frequência pensa: 'Em primeiro lugar, a segurança, vamos ficar aqui atrás'. Ele teve de fazer muitos ajustes durante os jogos naquele início. Ainda era um sistema totalmente novo para quase todo mundo. O Hoffenheim havia jogado daquela maneira, mas somente na primeira metade (da temporada 2008-09). Eles não conseguiram continuar com aquilo. Para nós, era um processo contínuo, e não podíamos olhar para nenhuma outra equipe do campeonato para usar como modelo para o que queríamos fazer."

O Borussia teve de estabelecer seu próprio paradigma. Com o passar de cada semana, um "time absurdamente jovem" (*Süddeutsche Zeitung*), muitas vezes com uma média de idade inferior a 23 anos, ficava mais perto de harmonizar seu "frenesi" de alta velocidade com o equilíbrio necessário. Em meados de dezembro, o time estava na quinta colocação. Os gols de Lucas Barrios, dezenove no total, mantiveram o clube perto da vaga para a Champions League desde a virada do ano até o penúltimo jogo da temporada. O Wolfsburg, campeão em 2009, e que acabara de perder o título para o Bayern, de Louis van Gaal, foi o adversário no dia que terminou numa festa que deixou até o ex-treinador do Mainz desnorteado. "Nunca vivenciei tamanho apoio em toda a minha vida", disse Klopp, após a muralha amarela e o resto do estádio terem saudado o time com cantos e aplausos intermináveis. Vendo aquela exaltação geral, era impossível dizer que o Borussia havia apenas empatado o jogo, 1 × 1. O resultado, combinado com a vitória do Werder Bremen por 2 × 0 contra o Schalke fora de casa, significava que o clube não conseguiria mais terminar entre os três primeiros colocados e se classificar para a competição de futebol mais lucrativa da Europa. Mas os torcedores não estavam nem aí. Sua alegria vinha da derrota de seus vizinhos, o Schalke — que garantira que os Azuis Reais não iriam, graças a Deus, conquistar o campeonato —, e se concentrava no fato de o Borussia, quinto colocado, estar se classificando diretamente para a Europa League pela primeira vez em sete anos. A torcida mais apaixonada e conhecida da Alemanha estava plenamente consciente de como o clube chegara longe em suas duas primeiras temporadas sob o comando de Klopp para lamentar o fato de ter ficado a apenas alguns pontos da classificação para a Champions League. "Uma festa bombástica: o time foi saudado como se tivesse conseguido a maior façanha imaginável", relatou, incrédulo, o *Frankfurter Allgemeine Zeitung*.

Nos primeiros dias de Klopp como treinador da equipe, Watzke e Zorc presentearam-no com um pequeno boneco de um rinoceronte alado — um amuleto. Concebido como a mascote da recém-inaugurada sala de concertos de Dortmund em 2002, a quimera tornara-se um símbolo para a cidade, a encarnação de seu orgulho e de suas aspirações. Em maio, o Signal Iduna Park se permitiu acreditar que essa fera fantasmagórica realmente podia... voar? O rinoceronte Borussia Dortmund roçava os cascos no chão, preparando-se para bater asas.

8.
AUMENTEM O VOLUME

Liverpool, 2015-2016

É um lindo dia de início de verão em Liverpool, mais bem aproveitado na sacada dos jogadores, que se estende por toda a extensão do centro de treinamento Melwood, da equipe do Liverpool, indo da sala de comando de Jürgen Klopp, com múltiplas janelas, passando pelo refeitório, até a outra extremidade, onde a nutricionista do clube, Mona Nemmer, e Andreas Kornmayer, chefe de preparação física, mantêm seus escritórios com janelas transparentes.

Nada naquele ambiente, considerando a energia preguiçosa da tarde, o silêncio que paira sobre os campos de treinamento desertos e as risadas de Jordan Henderson na mesa ao lado, indicaria que o Liverpool estava prestes a enfrentar, dali a três dias, o Southampton numa partida em que a vitória seria crucial — e que a pressão era GIGANTESCA para que o clube terminasse o campeonato em quarto lugar. Adam Lallana, sorrindo e fechando um pouco os olhos devido à luz do sol, como um turista no primeiro dia de férias, não conseguiria se mostrar mais relaxado se estivesse bebericando um coquetel rosa com um guarda-chuva de papel em vez de água mineral.

A conversa toda gira em torno de como é complicado atuar sob a marca do futebol de Klopp, mas o meio-campista inglês não está sendo convincente na propagação do sofrimento que ele e seus companheiros toleram. Há uma razão simples para isso: ele acha a dor prazerosa.

"Eu estava com a seleção nacional (quando Klopp foi anunciado treinador, em 9 de outubro de 2015) e lembro que não via a hora de voltar", conta. "Pesquisei sua história e a maneira como seus times atuam. Vi a palavra *Gegenpressing* em todo lugar, estilo *Gegenpressing*. Estilo heavy metal. Realmente, desde o primeiro dia, no nosso primeiro jogo, contra o Tottenham, esse estilo mostrou que exige muito fisicamente. Mas você aceita; é um desafio para ficar mais bem preparado fisicamente. Você se condiciona melhor e consegue fazer tudo aquilo. Às vezes, olho para (Philippe) Coutinho e como ele trabalha duro; ele quer recuperar a bola e ainda tem habilidade e força para enganar um adversário e colocar a bola no ângulo."

As palavras "movimento" e "motivação" têm a mesma raiz latina. Uma coisa não pode existir sem a outra. A primeira mensagem de Klopp para os torcedores do Liverpool, que afirmava que eles tinham de se transformar de "céticos em crentes", foi repetida aos jogadores em Melwood antes da primeira sessão de treinamento. "Ele falou muito sobre o time confiar em si mesmo, sobre acreditar, e não temer nenhuma outra equipe", relata Lallana. "Ele definitivamente tinha aquela confiança, aquela aura e crença de alguém que é um treinador de ponta; passava pela porta e você podia sentir isso. E acho que isso se reflete automaticamente nos jogadores."

Antes que o alemão pudesse conquistar as pernas dos jogadores, era preciso conquistar suas mentes. Não havia sentido em aderir ao lamento generalizado a respeito das debilidades dos defensores do time e da falta de qualidade em comparação aos candidatos ao título; Klopp tinha de trabalhar com o plantel à sua disposição e valorizar seus pontos fortes. Seu truque foi ressaltar a ligação entre o desempenho e o esforço, em vez de associar o primeiro diretamente ao talento. Lallana: "Ele disse: 'Trabalhem duro por mim'. Isso é tudo o que deseja; pode lidar com os erros, com os jogos ruins. 'Trabalhem duro para mim e me deem tudo.' Ele está convencido de que a capacidade técnica e a qualidade virão como consequência. Foi isso o que o chefe fez por mim desde o jogo contra o Tottenham".

Com dois meses já decorridos da temporada 2015-16 quando da chegada de Klopp ao clube, não havia tempo para treinar em campo o novo estilo de pressão, nem a tabela de jogos permitia exercícios físicos adicionais. As famosas sessões de treinamento em dois períodos do técnico, criticadas como excessivas e contraprodutivas por alguns comentaristas e especialistas, conforme lesões musculares ocasionais passaram a assolar o time depois do Natal, nunca foram realizadas. A introdução imediata da pressão e do *Gegenpressing* precisou, na realidade, de um comprometimento coletivo sólido. "É um acordo que um time faz consigo mesmo", comenta Peter Krawietz, auxiliar técnico e chefe dos olheiros. "Um contrato social. 'Sim, queremos fazer isso juntos.' Um jogador só, fazendo isso sozinho, não significa nada. Ele vai tentar uma vez, vai tentar de novo, e então vai se virar e dizer: 'Cadê todo mundo? Vamos lá. Estou me esforçando ao máximo e vocês aí parados só observando o espetáculo'. Por isso é preciso haver um acordo firmado por todos. 'Faremos isso juntos; assim que perdermos a bola no último terço do campo, vamos tentar recuperá-la.' E fazer isso traz inúmeras vantagens: você atrapalha o ataque rival; pode forçar o erro adversário bem na hora em que eles estão preparando um ataque, levando-os a mudar de posicionamento em conformidade a isso — o lateral esquerdo podia já ter começado a correr em direção ao ataque; e também se economiza energia assim. Se você corre de volta para se proteger de uma jogada de contra-ataque com oito homens, então oito jogadores têm de correr, combinados, oitenta metros, 640 no total. Ou você pode executar o *Gegenpressing* adequadamente, com a reação e a intensidade corretas, e então corre cinco ou dez metros com três ou quatro jogadores. Por isso que não tem tanto a ver com suas pernas, mas com sua mentalidade. Há aquele momento em que você tem de superar a inércia, não se desligar, não se decepcionar. O ataque não acabou ainda. É preciso trabalho para inculcar isso nos jogadores. Existem treinamentos especiais e maneiras de se treinar para fazer com que isso aconteça, análises de vídeos. Mostramos ao time: 'Veja, esses caras estão muito compactos, é incrivelmente difícil (passar por suas linhas), mas, ao recuperar a bola deles, você os pega no momento em que estão vulneráveis'. Procuramos fazer com que essa ideia seja interiorizada. Uma vez que isso é feito, e feito de modo organizado, também se economiza uma grande quantidade de metros (em relação à recomposição)."

Lallana, que havia sido exposto a um regime similar sob o comando de Mauricio Pochettino, no Southampton, revela que a ação coordenada traz consigo um fator de satisfação que compensa qualquer queixa: "Em termos mentais, é extremamente desgastante, mas, quando você tem outros dez caras fazendo a mesma coisa, é fácil. Você quer dar sequência àquilo pelo seu companheiro. Ele está sentindo dores, você está sentindo dores, mas tudo bem. É disso que o treinador gosta, é assim que ele é. Às vezes, ele comemora um desarme como um gol, pois sabe que aquilo dói". Lallana complementa dizendo que as táticas de Klopp realmente não podem acomodar dissidentes e egoístas que não se submetem às ordens coletivas. "Talvez você consiga trabalhar 'carregando' um jogador, mas não é assim que ele quer atuar. Não se pode operar dessa forma."

Até que ponto foi complicado para Klopp e sua comissão técnica fazer seus jogadores pensarem e atuarem dessa maneira? Krawietz reflete um pouco sobre a pergunta. "Acho que o time que encontramos tem se mostrado extremamente preparado para aceitar as coisas", diz. "Eles estavam prontos e dispostos a tentar alguma coisa diferente; sabiam por que motivos as coisas não tinham dado certo antes e por que estávamos ali agora, vestindo o agasalho rubro-negro. Sentimos isso desde o primeiro dia. Os atletas queriam entender o que estávamos tentando passar para eles." As complicações surgidas não tiveram origem na falta de disposição, mas, sim, na barreira linguística que se criou no início do processo. Željko Buvač, considerado o cérebro por trás dos aspectos táticos da equipe, mostrou-se relutante em falar sempre inglês num primeiro momento, e Klopp fazia as traduções para ele. "Muitas vezes, principalmente quando está nervoso, Klopp diz: 'Porra, eu queria poder falar em alemão com vocês!'.", conta Lallana, dando risada. "O inglês dele é fabuloso, na verdade. Entendo tudo o que ele precisa e quer dizer. Mas ele não deixa de ficar frustrado de vez em quando."

"Estou me virando com meu inglês de nível rudimentar e o time escuta", afirmou Klopp, com sua clássica autodepreciação, em uma entrevista para a revista alemã *Focus*, um mês depois do início do trabalho na Inglaterra. "Todos no clube são legais e ávidos por se desenvolver, e nós procuramos fazer isso da maneira correta." Ele contou que estava se divertindo tanto e trabalhando com tanto afinco que quase não encontrou tempo para pensar na sorte que vinha tendo. "As coisas estão acontecendo pouco a pouco e às vezes nem nos damos conta, mas, claro, houve sim um momento em que pensei: 'É muito espetacular ser treinador do Liverpool'. Nunca achei que estaria aqui um dia."

No entanto, demorou um pouco até que as diferenças de cultura futebolística se ajustassem totalmente dentro de campo. De acordo com Krawietz, "os eventuais mal-entendidos eram inevitáveis. Todos trazem consigo seus vinte anos de experiência no futebol; você acha que todo mundo está falando sobre as mesmas coisas, mas no fim percebe que são coisas completamente diferentes".

O conceito de pressionar e desarmar, do modo como a comissão técnica o entende, veda expressamente que se faça falta no adversário. Uma falta nesse momento faz com que as tentativas de recuperar a bola se tornem inúteis. No entanto, já durante a primeira atividade tática com o novo técnico, que deveria ser uma sessão leve, os jogadores do Liverpool foram para as divididas sem nenhuma inibição, acreditando que tinham de interromper a criação de jogadas do adversário a qualquer custo. Klopp precisou interromper e pedir para que diminuíssem um pouco o ritmo. Krawietz recorda-se do episódio com um sorriso satisfeito. "Foi legal ver que o grupo estava totalmente preparado para implementar as novas ideias e mergulhar de cabeça nelas. Isso tornou nossa vida bem mais fácil."

Lallana comenta que os atletas deram uma resposta à "honestidade" do treinador: "Ele pode lhe dar um esporro, pode elogiar você. Os abraços também são genuínos; vai lhe dizer quando está satisfeito com você, quando não está; é genuíno, honesto. Não consegue esconder suas emoções. Se quer dizer alguma coisa, vai acabar dizendo. Ele diz que pode ser seu amigo, mas não seu melhor amigo, pois, às vezes, tem de ter essas conversas difíceis com você".

O atacante belga Christian Benteke, por exemplo, achou um pouco complicado se ajustar às novas orientações da equipe. Klopp logo percebeu que o atacante de 1,90 metro não era o mais adequado para um jogo intenso de pressão e contrapressão. Divock Origi e Roberto Firmino, ex-atacante do Hoffenheim (atuando como falso nove), foram os eleitos. A parceria Klopp-Benteke não decolou. O alemão, tempos atrás, decidira por conta própria que não adianta explicar aos jogadores por que não estão sendo escalados, que tudo o que pode fazer é explicar quais aspectos de seu jogo os atletas podem melhorar. Benteke, porém, não foi capaz de conciliar a postura silenciosa do treinador com a ânsia que o mesmo Klopp demonstrara em levá-lo para o Borussia Dortmund alguns anos antes. O treinador encontrara-se com o ex-jogador do Aston Villa em um hotel na Alemanha, conversara entusiasmadamente com ele sobre a possibilidade de trabalharem juntos e, ainda, enviara algumas mensagens de texto depois disso, por precaução. Contudo, a transferência nunca se materializou. (Assim como seus colegas Antonio Conte e José Mourinho, Klopp tem um apetite voraz para enviar mensagens. No mesmo dia da final da Champions League, por exemplo, mandou uma mensagem para Kevin de Bruyne, então no Chelsea, expressando sua empolgação ante a possibilidade de treinar o belga no Borussia na temporada 2013-14. A aguardada transferência foi vetada na última hora pelos Blues.)

Benteke, vindo do banco na partida em Stamford Bridge, chegou a marcar o terceiro gol do Liverpool no triunfo por 3 × 1 sobre o Chelsea, que viria a ser o primeiro de Klopp no campeonato inglês após dois empates (0 × 0 contra o Tottenham Hotspur e 1 × 1 com o Southampton) — que já tinham se somado a outro frustrante empate por 1 × 1 em sua estreia em casa, contra a equipe russa do Rubin Kazan, em jogo válido pela Europa League, e a uma magra vitória sobre o Bournemouth (1 × 0), pela Copa da Liga. Vencer os campeões liderados por Mourinho, em Londres, com um futebol de jogadas de contra-ataque inteligentemente executadas, serviu como indicador de que as coisas estavam progredindo. Talvez a excitação presente em todos os canais de TV e cadernos esportivos desde a chegada de Klopp em Merseyside fosse, no fim das contas, justificável.

"Você vai conseguir vencer o campeonato?", perguntou um repórter a Klopp após o apito final. "Você está louco?", gritou ele, incrédulo. "A princípio, achei que não tinha entendido a pergunta. Estou aqui há três semanas. Na última vez que o Liverpool venceu uma partida fora de casa, eu ainda estava de férias." Depois disso, em um encontro em separado no túnel, o técnico foi bombardeado com perguntas sobre os alvos do Liverpool na janela de transferência em janeiro e acerca das chances de classificação para a Champions League. Eles estavam, àquela altura, na oitava colocação. "Não acredito na impaciência deles", disse o treinador. "Eles querem saber se vou terminar em quarto lugar", gritou para o árbitro Mark Clattenburg. "Bem-vindo à Inglaterra", foi a resposta que recebeu.

O voo do avião particular que levou Klopp da Alemanha para Liverpool fora monitorado pela internet por 35.500 torcedores dos Reds, antes de o clube levá-lo a um hotel sofisticado de Hope Street (literalmente, Rua da Esperança) para sua apresentação formal. O simbolismo da escolha não fora acidental: na cabeça dos torcedores, o suábio não era exatamente um novo treinador, mas um verdadeiro precursor de sonhos, o homem que tiraria o clube de seu torpor de meio de tabela e sinalizaria com o retorno aos dias de glória do passado. "Sua contratação parece tão instintivamente certa porque a personalidade gigantesca do técnico de 48 anos irá imediatamente romper muito do silêncio estonteante que se abateu sobre Anfield desde que o clube quase conquistou o título do campeonato inglês em 2014, e assegurará que o volume aumente daqui para a frente", escreveu o *Guardian*. Mark Lawrenson, ex-jogador do Liverpool, um homem pouco propenso a explosões emotivas, previu que Klopp "traria de volta a empolgação para Anfield". Com sua "personalidade enorme e seu sorriso de mil megawatts, ele é um sucesso de bilheteria", comentou Lawrenson durante o intervalo de um programa que gravava para o lfc.tv (site do Liverpool) em um prédio no centro da cidade. "As pessoas esperam que ele vá trazer os bons tempos de volta. Isso já vale alguma coisa."

Nenhum outro país ligado ao futebol acredita tanto nos poderes transformadores de um técnico como a Inglaterra, e Liverpool é a cidade que mais acredita nisso — graças a Bill Shankly. O passado de glória do clube e um presente bem mais complicado, no qual o time foi forçado a tentar se equiparar a seus rivais mais ricos e aos milionários emergentes, criou um clima de instabilidade, em que os torcedores passam rapidamente da expectativa exagerada à profunda depressão. Muitos salvadores em potencial vieram e partiram, incapazes de controlar o turbilhão de instabilidades.

Klopp (vestindo jeans escuro, um blazer preto e botinas) mostrou-se na coletiva de apresentação como uma espécie de eletricista do futebol extremamente tranquilo, confiante de que um certo rearranjo dos fios poderia fazer a corrente elétrica fluir novamente, mas admitiu também a dificuldade do desafio como um todo. "Não devemos carregar vinte quilos de história em nossos ombros", alertou ele, nem o clube deveria lamentar sua relativa falta de recursos financeiros. "Não temos que pensar em dinheiro, somente em futebol." Amém. A situação do Liverpool, prosseguiu Klopp, "não é ruim. É um bom momento para realizar mudanças, recomeçar". Ele prometeu um "futebol a toda velocidade", que criaria uma tempestade emocional no estádio, mas se esforçou para minimizar sua própria importância. Não era nem "idiota" nem "gênio", tampouco "sabe-tudo" ou "sonhador", arriscou-se a dizer, antes de soltar sua grande frase. "Sou apenas um cara normal da Floresta Negra. Sou o *Normal*

One."[1] Foi a deixa para fazer todos rirem. É preciso ser muito autoconfiante para se proclamar ordinário diante da imprensa do mundo todo antes do primeiro dia em um emprego importante. O *Süddeutsche Zeitung* lembrou-se de uma cena famosa do filme *A vida de Brian*, do Monty Python, na qual o herói epônimo tenta — e não consegue — convencer a multidão de discípulos de que não é digno de toda aquela adulação. "Apenas o verdadeiro messias nega sua própria divindade", exclama uma mulher. O Liverpool não demorou muito para reconhecer o potencial de marketing do novo comandante e devidamente registrou a marca *The Normal One*, lançando uma variedade de produtos oficiais que ostentavam a frase.

Mike Gordon, presidente do FSG, diz não ter se surpreendido com a grande publicidade que o anúncio de Klopp atraiu. "Jürgen Klopp e o Liverpool formam, verdadeiramente, um par perfeito. A paixão de nossos torcedores, a autenticidade deles e de nossos patrocinadores, o que eles sentem a respeito de nosso futebol e sua inteligência como torcedores significavam que entendiam muito bem que ali estava uma pessoa extraordinária para conduzir algo que para eles era tão importante. Embora eu mencione constantemente que a essência de Jürgen na verdade supera o estilo, o estilo ainda é muito atraente. Todos podemos concordar com isso. Não surpreende que as pessoas tenham imediatamente se afeiçoado a ele, e de maneira tão fervorosa. Isso teve início já na primeira entrevista coletiva. Essa é das coisas menos surpreendentes que aconteceram até agora."

Gordon previu junto ao departamento de imprensa do Liverpool que eles receberiam "uma Ferrari" em forma de treinador. Kenny Dalglish também anteviu uma viagem de montanha-russa. "Acabo de ouvir a entrevista coletiva de Klopp e ele parece muito, muito impressionante", dis-

---

[1] "O Normal" — uma referência de Klopp ao que seu colega de profissão José Mourinho dissera ao ser apresentado pelo Chelsea em sua primeira passagem pela equipe de Londres; na ocasião, o português definiu-se como o *Special One*, "O Especial". (N. do T.)

se o ex-treinador. "Acho que os torcedores vão precisar apertar os cintos — tenho certeza de que vão gostar muito dele."

Conhecidos da Alemanha que visitaram Klopp em Liverpool durante sua primeira temporada na Inglaterra notaram que todos em Anfield e em Melwood abriam-lhes as portas de bom grado assim que anunciavam estar ali para ver o treinador. O repórter de televisão Martin Quast sentou-se na sala de Klopp certo dia para gravar uma entrevista e pôde ouvir a risada de seu amigo ecoando pelos corredores. "Dei uma espiada do lado de fora e vi funcionários do Liverpool correndo de um lado a outro, todos com sorrisos enormes nos rostos, e claro que Kloppo estava lá entre eles, contando piadas e fazendo com que se sentissem bem. Esse é seu estilo, esse tipo de franqueza. Lembro-me de seu apartamento em Mainz em que todas as portas para os diferentes apartamentos ficavam sempre abertas, e o cara que alugava o apartamento de cima aparecia de repente para tomar café da manhã. Ele simplesmente ama estar rodeado de pessoas." Klopp é tão acessível que vem atuando extraoficialmente como conselheiro familiar em Melwood. Ao menos um empregado do Liverpool com problemas em seu relacionamento pessoal veio à sua procura em busca de aconselhamento.

Antes da chegada do suábio, o goleiro Simon Mignolet tinha assumido a incumbência de organizar reuniões e eventos envolvendo o time. Klopp procurou-o e disse-lhe que nos meses seguintes muitos outros aconteceriam. "Somos um time e uma família", proclamou o treinador. Esse éthos estendia-se fundamentalmente aos demais funcionários, enfatizava Klopp. Ele aprendeu o nome de todos os oitenta empregados de Melwood, fez com que formassem uma linha no refeitório e apresentou-os aos jogadores, explicando que o time e os funcionários tinham "a responsabilidade" de ajudar uns aos outros a atingirem o melhor.

Na cabeça de Klopp, o público também tem um papel importante, ainda que o treinador tenha inicialmente se mostrado um pouco relutante em fazer qualquer exigência de maneira mais aberta. No Mainz e no Borussia, ele muitas vezes testemunhara jogadores tirando proveito da energia gerada pelo estádio, mas Anfield, sempre visto como um verdadeiro caldeirão para os adversários, não vinha fazendo jus à sua fama. Na derrota por 2 × 1 para o Crystal Palace, em novembro de 2015, primeiro revés de Klopp como treinador do Liverpool, os torcedores deixaram em massa o estádio oito minutos antes do apito final. "Me senti extremamente sozinho naquele momento", disse o técnico depois, visivelmente decepcionado com a rendição prematura da torcida. Porém, sendo um integrante novato da comunidade do Liverpool, ele tinha de ser cuidadoso para não culpar o público pela penúria do espetáculo. A reação dos torcedores era compreensível e equivalia a um mandamento potente, ainda que silencioso: ele e o time tinham o dever de produzir um futebol que empolgasse e mantivesse a possibilidade de sucesso até o último segundo, admitiu o treinador alemão. "Devemos ser os responsáveis por ninguém sair do estádio um minuto sequer antes (do fim), pois tudo pode acontecer", comentou Klopp. "Temos de mostrar isso e não conseguimos."

No jogo seguinte pelo campeonato, o Etihad revelou-se um ambiente muito mais acolhedor. Os Reds de Klopp devastaram a frágil defesa do Manchester City, batendo os rivais por 4 × 1 e dando mais provas de que a sorte, para eles, estava mudando. Um ano e seis meses depois, Lallana acredita que aquela viagem pela M62[2] marca "a melhor partida" da era Klopp até o momento. "Realmente gostei daquele jogo, foi uma atuação verdadeiramente de equipe", afirmou. Um encontro subsequente com os mesmos adversários na final da League Cup foi bem menos prazeroso para Lallana e o resto do time. O Liverpool conseguira se recuperar no jogo, igualando o placar em 1 × 1 em Wembley contra um City que ostentava mais qualidade individual, mas perdeu na decisão por pênaltis depois de uma prorrogação sem gols. "Nós estamos chateados, mas temos de nos levantar. Somente idiotas ficam no chão aguardando a próxima derrota", disse Klopp. Sua frustração com a derrota em sua primeira disputa de título na Inglaterra era atenuada pela certeza de que o Liverpool lutara bravamente, dando tudo em campo.

---

[2] Estrada que liga a cidade de Liverpool a Hull via Manchester e Leeds. (N. do T.)

Contudo, a campanha no campeonato inglês não conseguiu decolar. Grandes vitórias eram seguidas por empates e derrotas para times mais modestos, em um padrão enervante que se tornaria familiar. Seis meses depois de Klopp ter assumido o cargo de técnico em Merseyside, o time ainda estava patinando na tabela, abaixo das posições que davam acesso às competições europeias.

"Jürgen fez muita coisa certa", disse Steve McManaman ao *Süddeutsche Zeitung*, em abril de 2016. "É bastante popular, mesmo os torcedores de outros times gostam dele. Nos últimos meses, inúmeros torcedores do Manchester United, do Arsenal ou do Chelsea chegaram para mim e disseram: 'Adoraria tê-lo como nosso treinador'. Ele é extremamente carismático; diz as coisas certas; as pessoas amam a paixão que ele demonstra na linha lateral. Jürgen conquistou os torcedores, que acreditam nele. Mas há uma evidente falta de consistência no que diz respeito aos resultados. O time de Jürgen não tem intensidade nem qualidade suficientes para fazer cinco, seis grandes jogos em sequência."

O progresso não se materializou em pontos como ocorrera com os decibéis nas arquibancadas. O *Kop*[3] estava começando a dirimir suas dúvidas, acumuladas ao longo de quase uma década sem um troféu significativo, e a encontrar sua voz uma vez mais. Em meados de dezembro, o atacante belga Divock Origi marcou o gol de empate dramático, já bem perto do final da partida, que valeu um ponto ao Liverpool, em casa, contra o West Brom (2 × 2). Após o apito final, Klopp levou seus jogadores para diante do *Kop* a fim de mostrar seu apreço, bem como o de todo o time, pelo firme apoio até o fim do jogo. "Esse foi o melhor ambiente que encontrei desde que cheguei aqui", disse. "Claro que estamos decepcionados, mas eles não nos deixaram sentir isso; viram que o pessoal tentou de tudo e jogou futebol." O gesto foi — previsivelmente — depreciado por algumas pessoas, que viram aquilo como a celebração exagerada de um

---

[3] Nome do lendário setor da arquibancada em Anfield onde, por muitos anos, os torcedores acompanhavam o time em pé, prática que foi abolida dos estádios ingleses nos anos 1990 com a obrigatoriedade de assentos em todas as seções dos estádios; contudo, o nome permanece. (N. do T.)

resultado medíocre contra um adversário medíocre. Klopp, contudo, não se importou com a opinião daqueles que estavam do lado fora. O tributo dos jogadores foi uma atitude perspicaz de gestão da torcida, com o intuito de fazer com que Anfield se lembrasse de seu poder extraordinário de exercer influência sobre um resultado.

Semeia-se o vento para colher tempestade. E o tempo de colheita logo chegou. O sorteio das oitavas de final da Europa League colocou o Liverpool frente a frente com o Manchester United, seus odiados rivais. A segunda competição europeia, antes vista como prêmio de consolação para times que tinham fracassado na busca pelos quatro primeiros postos na tabela, oferecia ao campeão uma estrada alternativa até a Champions League e, de maneira quase tão importante, uma oportunidade para arruinar a temporada do United. O estádio de Anfield, crepitando de empolgação, como deve ser numa grande partida eliminatória europeia, fez seu papel e empurrou o time da casa para um categórico 2 × 0 no jogo de ida. Um empate tranquilo e controlado, por 1 × 1, na partida de volta em Old Trafford garantiu a classificação para as quartas de final. Klopp conhecia muito bem o adversário seguinte: o Borussia Dortmund.

"Esses jogos seriam certamente desafiadores para nós dois, bem como para nossa amizade", relata o CEO do Borussia, Hans-Joachim Watzke, aliviado com o fato de o saxofonista do lobby do hotel em Marbella ter finalmente concluído seu medley com os grandes sucessos de Kenny G. "Tivemos de fazer algumas coisas que normalmente não teríamos feito." Watzke precisou implorar a seus jogadores para que entrassem em "modo de competição e se afastassem do modo amistoso" antes do reencontro emocionante com seu ex-treinador. "Ele quer acabar com o nosso time e a nossa torcida com sua amabilidade", alertou o chefe do Borussia Dortmund. "Mas não estamos enfrentando nosso amigo Kloppo. Não podemos perder nossa agressividade."

Watzke ressalta não ter dito nada de desrespeitoso. "Tudo o que eu disse foi: esses jogos não podem se tornar um festival Jürgen Klopp. Eu tinha ouvido que ele estava um pouco chateado com aquilo tudo e, pela maneira como sua família me cumprimentou antes do jogo de volta em Liverpool, pude perceber que ele realmente não recebera minha manifestação de maneira muito positiva. E o fato de ter dado certo também o irritou." Deu certo, porém, apenas até um determinado ponto, como Watzke rapidamente admitiria. Os torcedores em Signal Iduna Park apresentaram-se prontos para a luta, mas os jogadores tiveram dificuldades em aceitar que Klopp estava sentado no banco de reservas do time adversário. "Em um jogo normal, teríamos vencido", afirma Watzke. "Mas não era um jogo normal. No início, a equipe estava totalmente inibida, era possível perceber que nos faltava pegada no primeiro tempo. Teria sido ainda pior se eu não tivesse falado tanto com os jogadores e o pessoal do clube previamente."

Klopp não conseguiu esconder que voltar para a Vestfália havia mexido também com ele. "Estaria mentindo se lhe dissesse que tudo isso que está acontecendo não me abalou de alguma forma", disse ele após o empate em 1 × 1. A fachada de tranquilidade que apresentara no dia anterior não tinha sido nada mais do que isso, fachada, confessara ele. "Prefiro estar aqui do que na Coreia do Norte", brincara, na véspera da partida. "Mas não acho que a situação terá um grande efeito emocional em mim. Vamos nos vestir, ir lá e jogar. É isso."

Para o Borussia Dortmund certamente não foi assim. Incapaz de atuar no excelente nível demonstrado na temporada até então, o time de Thomas Tuchel só começou a jogar mesmo já com o segundo tempo bem avançado. Devido ao critério do gol fora de casa, a vantagem passou então a ser do Liverpool. "Anfield vai tremer", ameaçou Klopp. Seu traço competitivo superara todas as relações emocionais com os antigos companheiros, ao menos temporariamente. "Cruzei com ele do lado de fora dos vestiários — são muito próximos em Anfield — e lhe desejei 'um bom jogo', conta Fritz Lünschermann, gerente esportivo da equipe alemã. "E ele: 'Escuta aqui, seu babaca, não quero ver um bom jogo; quero ganhar'."

No começo do jogo, no entanto, foi o Borussia que ateou fogo à casa do Liverpool. As envolventes infiltrações e mudanças de posição da equipe da Bundesliga no último terço do campo superaram completamente a desprevenida defesa do time de Merseyside, dando, em nove minutos, uma vantagem de dois gols para os aurinegros. A fim de avançar na competição, os ingleses precisavam de três gols contra um adversário amplamente superior. O jogo havia acabado.

Não era isso o que achava Klopp. No vestiário, durante o intervalo, ele mostrou à sua equipe clipes de três jogadas de ataque do Liverpool que quase terminaram em gol, garantindo aos jogadores que mais chances fatalmente surgiriam. E ainda os lembrou da capacidade do clube de triunfar nas condições mais adversas, mencionando a maior de todas as viradas, a vitória do Liverpool sobre o Milan pela Champions League, em Istambul, em 2005, após estarem perdendo de 3 × 0 nos primeiros 45 minutos. "Ele nos disse que deveríamos construir algo que pudéssemos contar a nossos netos um dia", falou Origi.

O gol do atacante belga logo após o reinício do jogo realmente trouxe alguma esperança, mas o Borussia respondeu e tentou dar o confronto por encerrado uma vez mais quando Marco Reus completou para as redes outra bela troca de passes aos doze minutos da segunda etapa. Os jogadores do Liverpool abaixaram a cabeça. Anfield estava pronta para aceitar o inevitável.

Um homem, vestido todo de branco, não estava. Klopp disse que podia "cheirar, ouvir e sentir aquele furor". Ele incitou a torcida a gritar até a desesperança ser abafada pelo desejo de vitória. "Parecia que ele tinha entrado no jogo como um 12º elemento, como instigador e motivador para os jogadores e os torcedores", relatou o *Die Welt*.

"Ele fez um temporal na linha lateral; é bom nisso", comenta Watzke. "Valer-se do poder da torcida contra nós foi uma atitude legítima; pensando bem, era seu trabalho, assim como havia sido minha função na primeira partida. Mas mesmo assim foi estranho para nós. Poucas vezes vi algo assim, naquele nível de intensidade." Norbert Dickel também se sentiu, de certa maneira, magoado ao ver Klopp colocar o estádio todo contra seu time. "Não gostei do fato de ele ter incitado os torcedores daquela maneira", afirma o ex-atacante do Borussia Dortmund. "Do ponto de vista dele, foi uma coisa profissional; foi a atitude certa, sob sua ótica, mas não sob a nossa. Ele poderia ter conseguido sem ter feito aquilo. Sei que jamais vai admitir isso; de qualquer forma, não estou mais chateado com ele."

Philippe Coutinho balançou as redes para deixar o placar em 2 × 3 aos 21 minutos do segundo tempo. O Liverpool voltava a precisar apenas de mais dois gols. Os alemães seguiram jogando de maneira incrível, tecnicamente muito superiores ao time da casa. Mas essa era uma daquelas noites em que o barulho de Anfield torna-se uma arma e os corações dos adversários derretem-se sob seus holofotes. Uma força mítica de repente tomou para si a disputa e conduziu-a para o reino da fantasia, ou dos pesadelos, dependendo do seu ponto de vista. "Começamos a cagar nas calças", disse, depois, Mats Hummels. O Borussia Dortmund estava tão abalado que "as diferentes partes da equipe estavam atuando em diferentes sistemas de jogo".

Assim que Mamadou Sakho cabeceou a bola para fazer o terceiro gol dos Reds a doze minutos do fim da partida, Watzke sabia que estava tudo acabado. "Resignei-me a aceitar a derrota àquela altura", conta. "Sabíamos quanta força Jürgen podia gerar ali na linha lateral. Não é à toa que marcamos tantos gols nos minutos finais dos jogos. Contra o Málaga, ele era o único no estádio a acreditar que ainda podíamos conseguir e assim foi feito. Quando ficou 3 × 3, era só questão de tempo até tomarmos outro gol. E então o estádio todo..." Ele não completa a frase, tomado de horror e admiração. "Karl-Heinz Riedle e Nuri Şahin haviam atuado em Anfield, mas ambos me disseram jamais ter visto algo parecido. Aquilo era coisa do Jürgen."

Dejan Lovren transformou a loucura em realidade nos acréscimos; Klopp, a princípio, achou que a bola não tinha entrado. Com o apito final, Anfield não se cansou de entoar o seu nome, repetidas vezes. "O treinador alemão saiu da arena como um gladiador deixando o Coliseu depois de ter trucidado uma fera descomunal", escreveu o *Independent*. Para seu adversário, Tuchel, era impossível aceitar o resultado. "Não tenho como explicar porque não há explicação lógica. As emoções prevaleceram", afirmou, olhando para o nada, completamente desolado. Ao contrário do experiente milagreiro Klopp, ele não conseguira prever a insanidade que se aproximava. Aquela reviravolta irracional ia além da sua imaginação. E Tuchel não soube como interferir de modo eficaz.

"Foi uma das piores derrotas em meus doze anos em Dortmund", relata Watzke. "Não por causa de Jürgen — no fim, fiquei até feliz por ele. Não. Estávamos muito perto da conquista de um troféu internacional. Acho que teríamos conquistado o título. Fomos eliminados em Liverpool, mas, na verdade, já havíamos perdido o confronto na partida de Dortmund." Foi preciso um mês para que seu relacionamento com o ex-técnico do Borussia se recuperasse, complementa. "Não acho que vou voltar a passar por uma experiência parecida. Mas nossa amizade é suficientemente firme para perdurar."

"Sei que vai soar curioso, mas, para ser completamente sincero, acho que ele mereceu", comenta İlkay Gündoğan, ex-meio-campista do Borussia Dortmund, atualmente no Manchester City. "Mesmo tendo sido eliminado e estando muito chateado, eu fiquei feliz por ele." Lünschermann notara os mesmos sinais de fraternização involuntária. "Seus antigos jogadores ainda se sentiam muito ligados a ele emocionalmente. Foi possível observar isso quando Sven Bender o cumprimentou durante o aquecimento. Não acho que todo mundo gostou do que aconteceu, mas era compreensível."

O pessoal do FSG, dono do Liverpool, já tinha visto o suficiente. Naquele mês de abril, eles se reuniram com Klopp e sua comissão técnica para oferecer uma extensão de contrato até 2022. "Quando se tem uma pessoa da qualidade de Jürgen, faz todo sentido assegurar sua presença por um longo período", declararam John Henry, principal proprietário do Liverpool, o diretor Tom Werner e Mike Gordon, presidente do FSG, depois da assinatura do novo acordo, em julho. "Não fazer isso seria uma irresponsabilidade." Em resposta ao comprometimento da diretoria em relação a ele, Klopp jurou lealdade eterna ao clube. "Jamais irei para outra equipe da Premier League", garantiu aos norte-americanos.

Tanto o FSG quanto a comissão técnica concordavam que os recursos limitados do time seriam mais bem empregados na conquista da Europa League durante os dois meses derradeiros da temporada. O Liverpool ainda buscava avançar na Premier League, claro, mas vencer a final na Basileia passara a ser a prioridade.

O Villareal foi superado sem grandes dificuldades na penúltima fase da competição, mas o Sevilla, equipe detentora do título, era um adversário bem mais complicado. O time de Unai Emery não se intimidou com o magnífico gol de abertura de Daniel Sturridge (aos 35 minutos de jogo) e produziu uma virada convincente depois do intervalo, marcando três vezes para sagrar-se campeão do torneio pela terceira vez seguida.

Refletindo acerca da derrota, Krawietz atribui o colapso ocorrido com o Liverpool no segundo tempo a "uma mistura de exaustão física e castigo psicológico" — por ter permitido que Kevin Gameiro empatasse a partida no primeiro minuto do segundo tempo. "Faltava estabilidade. O primeiro tempo foi bom, sem ter sido ótimo. Em retrospectiva, acho que aquele momento pós-intervalo era a última chance do Sevilla. Eles partiram para cima de maneira inteligente. Aumentaram o ritmo e conseguiram a virada. Estávamos mentalmente preparados para que viessem para cima e nos dessem chances de realizar jogadas de contra-ataque, uma vez que vencíamos por 1 × 0; a ideia era esperar que se desesperassem. Mas eles deram a saída e colocaram a bola na rede. Então para eles era 'aêêêê'; e para nós era 'ahhhh'. Não conseguimos nos recuperar disso e tampouco tínhamos, fisicamente, algo a mais para oferecer."

"Sei por experiência própria como é difícil vencer um troféu europeu", diz Jamie Carragher, ex-defensor do Liverpool. "Por isso, perder a final foi extremamente decepcionante. Mas você pensa no caminho percorrido e nas noites lendárias que viveu: Manchester, Villarreal. O Borussia Dortmund, a maior de todas..."

Lembranças felizes não são capazes de preencher o espaço vazio deixado na sala de troféus, mas, se tiver sorte, elas permanecerão com você para sempre, assim como teria acontecido com a taça que não veio.

FOTOS

Da esquerda para a direita: Norbert e Jürgen Klopp em Bad Kreuznach; Klopp, Harmut Rath e amigos em uma viagem após terem realizado o *Abitur* (acervo de Hartmut e Ulrich Rath); Klopp jogando pelo TSV Glatten (ao lado do garoto com a taça).

Na sequência: quatro gerações de Klopp (acervo de Isolde Reich); foto da equipe do TuS Ergenzingen (acervo de Wolfgang Baur).

Na sequência: foto do time do Eintracht Frankfurt (acervo de Sven Müller); Klopp e Uwe Seeler (acervo de Wolfgang Baur); Wolfgang Frank (acervo Imago).

Da esquerda para a direita: Klopp levando um banho de cerveja após o empate do Mainz com o Bayern de Munique (acervo Getty); comemorando o acesso do Mainz para a Bundesliga (acervo Getty); Klopp se despedindo do Bruchwegstadion (acervo Imago); Klopp e Christian Heidel (acervo Imago).

Na sequência: comemorando a conquista da Bundelisga pelo Borussia Dortmund (acervo Getty); festejando o título da DFB Pokal e o *double* (acervo Imago); em Wembley, para a final da Champions League (acervo Getty).

Da esquerda para a direita: Klopp e Sven Müller em Anfield (acervo de Sven Müller); em um treino em Melwood com Peter Krawietz e Željko Buvač (acervo Getty); The Normal One (acervo de Sven Müller).

Na sequência: Klopp reencontrando a muralha amarela pela Copa da Uefa (acervo Imago); instigando a torcida na partida de volta em Anfield sob o olhar de Thomas Tuchel (acervo Press Association).

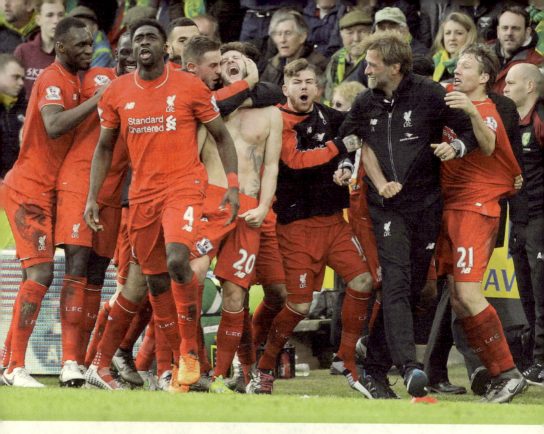

Na sequência: comemorando o gol de Adam Lallana contra o Norwich e perdendo os óculos; Klopp gritando na partida de volta em Anfield.
Na próxima página: festejando a vitória sobre o Borussia Dortmund (acervo Getty).

9.
INÍCIOS E INTERRUPÇÕES

Ergenzingen, Frankfurt, Mainz,
1983-2001

Informações sobre o *Wunderkind* (garoto prodígio) de quinze anos, morador do vilarejo, espalharam-se pela região como o vento gelado da montanha da Floresta Negra. Elegante mesmo sob pressão, sempre dois segundos à frente das jogadas, abençoado e com pés ligeiros, ele claramente era especial, e seu nome era Jürgen. Jürgen Haug.

O prodígio adolescente atuava no time juvenil do sv Glatten, de Ulrich Rath, ao lado de Hartmut "Hardy" Rath e Jürgen Klopp, e era tão bom que o TuS Ergenzingen, clube mais renomado da região para promessas em início de carreira, concordara em contratá-lo. Mas os pais de Haug estavam relutantes em dirigir rotineiramente sessenta quilômetros, ida e volta, para levar o filho a treinos e jogos nos arredores de Rottenburg. Walter Baur, o técnico extremamente respeitado do Ergenzingen, teve de pensar rápido, e estendeu a oferta a Klopp, acreditando que sua mãe, Lisbeth, daria carona para Haug três vezes por semana.

Foi assim que Klopp, sempre ávido por depreciar a própria habilidade futebolística ao rememorar o passado, narrou a história. O falecido Baur (ele morreu em 2012) admitiu para o *Die Zeit* que Haug era "obviamente o mais talentoso", mas que Klopp e Rath, que também rumou para o leste, tinham suas qualidades. "Chegar ao Ergenzingen era, para nós, o mesmo que ir para o Barcelona", disse Klopp em uma entrevista para o *Der Tagesspiegel*, em 2012. "Se Walter Baur achasse que você era suficientemente bom, então você tinha conseguido." Ulrich Rath afirma que algumas pessoas em Glatten se mantêm ainda hoje chateadas com ele, mesmo depois de trinta anos, por ter permitido que os três garotos fossem embora. "Eles não entendem que o Ergenzingen era uma ótima oportunidade para os jovens, uma grande chance de seguir em frente." Seu filho Hartmut mostrou-se, no fim das contas, muito lento para seguir carreira no futebol profissional, e o progresso de Haug também empacou. "Tínhamos pelo menos cinco jogadores com as mesmas habilidades básicas", disse Baur. "Mas isso não é tudo. A verdade é que, se Klopp coloca na cabeça que vai conseguir alguma coisa, ele faz com que ela aconteça."

Apoiado pelos pais, que não achavam nada de mais levantar bem antes das seis da manhã para levá-lo aos jogos, Klopp, como era de se esperar, tornou-se capitão e artilheiro frequente do Ergenzingen. Os métodos de trabalho de Baur — extremamente avançados para a época — foram fundamentais para o desenvolvimento do jovem. O treinador do Ergenzingen queria que seus jogadores passassem o maior tempo possível com a bola em vez de acumular horas de resistência com corridas ao redor do gramado. Ele viajara para o Brasil, onde conhecera Pelé, e se inspirara no futebol de salão, uma versão com cinco de cada lado que forçava os atletas a aprimorar sua habilidade e criatividade. "Tínhamos de fazer malabarismos com a bola por trinta minutos antes de cada sessão de treinamento", recorda-se Klopp. "Após seis meses, podíamos ter atuado como micos de circo em festas de Natal."

Baur tinha sido diagnosticado com câncer de estômago em 1977, mas se recusou a desistir e debelou a doença; era uma daquelas pessoas cujo amor sem limites pelo futebol torna possível que 6 milhões de jogadores federados chutem uma bola por toda a Alemanha.

Raphael Honigstein

Hermann Bauer (sem qualquer parentesco), diretor executivo da equipe, possui uma bela coleção de fotos e recortes de jornal das proezas do TuS Ergenzingen sub-19 na temporada 1984-85. O time terminou apenas na terceira colocação no campeonato, mas conquistou uma série de outras taças. O Ergenzingen chegou em terceiro em um campeonato indoor que contava com equipes do bloco soviético realizado em Katowice, na Polônia, em março de 1985. Os alemães, saudados como "os grandes embaixadores de seu país" em uma reportagem no jornal local, visitaram Auschwitz ("Foi bastante comovente", teria dito Klopp) e ofereceram a seus anfitriões um conjunto de uniformes de futebol e cinco bolas. Em troca, receberam um vaso de carvão. "Foi um verdadeiro encontro do Oriente com o Ocidente", dizia o artigo. A guerra fria ainda estava em andamento.

Tempos depois, ainda naquele mesmo ano, Klopp, Haug e Ralf Scheurenbrand, companheiro deles, foram até Hamburgo para receber o segundo prêmio em uma competição patrocinada pela marca de loção pós-barba Hattric. Os atacantes do Ergenzingen haviam conseguido dez *hat-tricks*[1] naquela temporada nas competições sub-19; somente o time do Chemie Wirges fizera melhor, com treze no total. Na cidade de Hamburgo, uma seleção formada pelos vencedores da competição, que incluía o goleiro campeão do mundo em 1990, Bodo Illgner, enfrentou as lendas do Hamburgo, que contava com Uwe Seeler. O icônico atacante entregou a Klopp o prêmio pela segunda colocação durante o banquete festivo realizado no Plaza Hotel. Klopp marcara o gol da vitória na partida amistosa.

A equipe de Walter Baur seguiu seu caminho e venceu o torneio do Dia Internacional de Pentecostes, que ele organizava anualmente em sua cidade natal desde o início dos anos 1970. O Vítkovice Ostrava, da Checoslováquia, atuara melhor na final e Baur pensava em deixá-los vencer na disputa de pênaltis depois de a partida ter terminado empatada no

---

[1] *Hat-trick*: quando um jogador faz ao menos três gols na mesma partida. (N. do T.)

tempo regulamentar e na prorrogação. Klopp disse ao técnico que ele estava louco. "Vamos acertar todos os chutes agora", vociferou. O time da casa venceu por 3 × 2.

Klopp admirava tanto Baur que ameaçou deixar o clube se não permitissem que o técnico assumisse a equipe principal, na qual ele também passaria a atuar na temporada 1986-87. O Ergenzingen cedeu. Em uma de suas primeiras partidas pelo time principal, Klopp, com dezenove anos, enfrentou o Eintracht Frankfurt, time da Bundesliga que escapara para a Floresta Negra a fim de realizar a pré-temporada. "Die launische Diva" (a diva temperamental), como o time era popularmente conhecido, não estava em clima de festa. A equipe do técnico Dietrich Weise massacrou seus anfitriões, apesar de não contar com sete titulares e não ter feito muito esforço.

Fazer parte da equipe perdedora em um jogo que terminou em 9 × 1 pode ter persuadido um ou outro jogador amador do Ergenzingen a tentar se arriscar em algum outro esporte, mas, para o atacante Jürgen Klopp, a partida de 21 de julho de 1986 foi uma espécie de descoberta. "Naquele dia de verão, quando Dietrich Weise visitou a Floresta Negra, inúmeros processos decisivos na minha vida foram colocados em movimento", admitiu ele em uma entrevista para o *Tagesspiegel*, em 2012. "Ele me levou para a região de Frankfurt — um palco muito maior para o futebol do que a Floresta Negra."

Klopp marcara o gol de honra do Ergenzingen e, segundo se conta, quase anotou um segundo, deixando para trás na corrida o elegante defensor da equipe de Frankfurt, Thomas Berthold, jogador da seleção nacional que acabara de retornar do México com o vice-campeonato mundial. Weise ficou impressionado. Como ex-treinador das seleções de base, ele tinha ótima visão para notar talentos promissores e desempenharia um papel crucial na reestruturação do sistema de base alemão na virada do milênio.

Berthold ainda se lembra do período de treinamento na Floresta Negra ("era muito bonito") e de como ele voltara a treinar forte praticamente sem ter tido nenhum descanso após a final contra a Argentina de Diego Maradona no estádio Azteca. Mas o ex-defensor da Roma e do Bayern de Munique admite não ter lembrança da partida contra o Ergenzingen e muito menos de ter enfrentado Klopp como adversário. Ele acha a ideia de que perdeu na corrida para um amador magricela um disparate, quase uma ofensa. "Ele fez o quê? Passou correndo por mim? Nunca!", sorri ele. "Eu corria cem metros em menos de onze segundos naquele tempo. Talvez eu o tenha deixado passar (para permitir que fizessem um gol)."

O fato é que Weise, depois do jogo, conversou com Klopp a respeito de uma mudança para Frankfurt. "Fiquei tão empolgado que quebrei meus óculos *Spezi*", contou Klopp (*Spezi* é uma mistura de Coca-Cola e Fanta, o coquetel sem álcool da moda em meados dos anos 1980 na Alemanha Ocidental). No entanto, teve de recusar educadamente a oferta. "Jürgen me disse que primeiro precisava concluir seu *Abitur*", relata Weise, hoje com 82 anos. "Concordamos que voltaríamos a conversar dentro de um ano." Walter Baur, amigo de Weise, prometera enviar atualizações periódicas sobre o progresso do atacante.

Frankfurt, a quase três horas de carro de Glatten, não era um destino viável para Klopp, ao menos não enquanto ele ainda estivesse na escola. Mas o Pforzheim FC, clube da Oberliga (quarta divisão), era outra história. Localizado numa cidade de 120 mil habitantes, a setenta minutos da Floresta Negra, na direção norte, o time comandado por Bernd Hoffmann (nenhuma relação com o CEO do Hamburgo), antigo atacante da Bundesliga 2 que defendera o Heilbronn e o Karlsruhe, era um passo à frente interessante para Klopp. "Ele era bastante conhecido na região como um atacante jovem e perigoso", afirma Hoffmann. "Eu havia assistido a muitos jogos dele pelo Ergenzingen e tinha visto quantos gols marcava. Sua presença na área, devido à altura e também à velocidade, era impressionante."

Os representantes do Pforzheim e do Ergenzingen encontraram-se em um posto de gasolina na metade do caminho, onde 12 mil marcos (cerca de 6 mil euros) em dinheiro foram entregues em troca da contratação de Klopp. Ele passou seis meses indo e voltando para lá, para jogos e treinos, no Golf amarelo de sua irmã Stefanie.

Entre 3 e 5 mil pessoas compareciam ao Stadion im Brötzinger para acompanhar os jogos. Klopp também foi, em grande parte, um espectador, participando das partidas apenas quatro vezes e passando em branco em todas. "Ele não conseguiu fazer a transição para a Oberliga", diz Hoffmann. "Ficou decepcionado, como você pode imaginar. Mas respeitou o fato de que era difícil substituir alguns dos jogadores do time. Sua atitude nos treinos sempre foi impecável, com exceção de um ou outro surto de irritação breve."

Não havia futuro no Pforzheim; mas o Eintracht Frankfurt não se esquecera dele.

"Jürgen, eu e alguns colegas de escola estávamos em uma vigem pós-*Abitur* visitando, de trem, o sul da Europa, no verão de 1987", conta Hartmuth Rath. "Depois de uns dez dias de viagem, tínhamos chegado a um ponto muito remoto da ilha de Creta. Jürgen não falava com seus pais fazia tempo — não existia telefone celular naquela época. Um minúsculo barco de pescador o levou até uma agência dos correios. 'Ainda bem que você telefonou', disse Lisbeth, sua mãe. 'Você precisa ir para Frankfurt realizar um teste.' Jürgen pensou um pouco durante alguns dias e então pegou um trem sozinho de Atenas até Stuttgart, uma viagem de 48 horas."

Norbert Klopp, complementa Isolde Reich, concordaria com a mudança de Klopp para o Eintracht somente se o clube arranjasse um lugar na Universidade Goethe, em Frankfurt, para o filho estudar ciências do esporte.

Klopp foi suficientemente bem na sessão de escolha de elenco com os Águias[2] e conseguiu um contrato, mas era com o Eintracht Frankfurt Amateure, o time B, composto por atletas não aproveitados na equipe principal e por jovens talentos, que atuava em competições futebolísti-

---

[2] Além de "Die launische Diva", o Eintracht Frankfurt também é conhecido como "Die Adler" (Águias). (N. do T.)

cas pela terceira divisão regional (Oberliga Hessen) e que não podia ser promovido para o futebol profissional da Bundesliga ou da Bundesliga 2. Weise, mentor de Klopp, fora dispensado de suas funções havia seis meses. Karl-Heinz Feldkamp, um treinador, no geral, mais tradicional, não tinha interesse em manter adolescentes na equipe principal.

"Aquele cara loiro, alto, muito bronzeado e usando bigode e óculos de armação de aço apareceu falando em um dialeto suábio muito forte", conta Sven Müller, atacante do Eintracht Amateure. "Ele seria meu parceiro de ataque, então achei melhor dar uma olhada mais de perto. Jürgen me disse que havia acabado de voltar de umas férias na Grécia e que lá estava tão quente que ele suava dirigindo uma vespa"; e imita o sotaque suábio, uma melodia composta de sons formados por *sh* que "arranha" um pouco os ouvidos de quem não está acostumado: "*Da schitscht auf der Veschpa und schwitscht*" ("Você shenta na veshpa e shua").

Müller, dois anos mais velho que Klopp, era tecnicamente mais talentoso e um finalizador muito melhor. Klopp praticamente não teve nenhuma chance de começar uma partida sob o comando de Hurbert Neu, que — talvez de modo previsível — não gostava do fato de o jovem de vinte anos trabalhar até tarde em um bar em Sachsenhausen, região boêmia de Frankfurt, para incrementar sua renda escassa.

As aparições de Klopp pelo Amateure, vindo do banco de reservas, tampouco deixaram a melhor das impressões. Seu momento mais notável em uma temporada estéril, conta Müller, aconteceu em uma partida contra o SG Hoechst. "O jogo estava empatado em 1 × 1 ou 0 × 0, faltavam apenas alguns minutos para o fim, e Klopp entrou. Nós conseguimos uma falta. Um de nossos jogadores se apresentou (...) e bateu no canto! Começamos a comemorar muito, mas então o árbitro apitou e anulou o gol. Klopp havia derrubado dois adversários na barreira. A equipe não ficou muito satisfeita."

Futebol à parte, o rapaz da Floresta Negra aproveitou bastante a fase na cidade grande. Müller fora instruído por Norbert Neu, diretor executivo da equipe, a tomar conta de Klopp e de Armin Bohn, seu companheiro de time, ambos novos na cidade e vivendo em moradias estudantis. Ele levou a incumbência muito a sério. "De noite, saíamos em Sachsenhausen para tomar sidra. Nunca em noites que antecediam os jogos — éramos profissionais demais para fazer isso —, mas sim depois das partidas e algumas vezes durante a semana. Éramos concorrentes, mas nos demos bem graças a um amor similar pela vida e ao nosso senso de humor. Sacudimos a cidade; íamos para qualquer lugar que ainda tivesse luzes brilhando. Por sorte, não havia celulares com câmeras naquele tempo. Ninguém nos pegou."

Müller está convencido de que aqueles dias — ou melhor, aquelas noites — prepararam Klopp para lidar, como treinador, com jovens jogadores, tempos depois. "Ele sabe exatamente como são os garotos nessa idade. Na verdade, você ainda é uma criança. Passa do limite às vezes. Tem de fazer isso. Ele é capaz de se identificar com essa situação, pois era igualzinho."

Em Frankfurt, Klopp sentiu o primeiro gostinho de como era ser treinador. Junto com o companheiro no Amateure, Michael Gabriel, assumiu a equipe sub-11 — "por quatrocentos marcos, um casaco de inverno e ingressos para a temporada do Eintracht Frankfurt", como contou a Jonathan Northcroft, do *Sunday Times*, em janeiro de 2017. "Nós, os dois treinadores e os jogadores, nos divertimos muito juntos", diz Gabriel. Klopp gostou tanto da experiência que continuou a treinar o mesmo elenco de jogadores na temporada seguinte, depois de ter saído para defender o Viktoria Sindlingen, na periferia da cidade. "Manter todos aqueles garotos foi minha primeira verdadeira decisão como treinador", disse. "O clube queria colocar crianças mais novas." Klopp venceu aquela batalha específica, mas, no fim, descobriu que estava lidando com coisas demais ao mesmo tempo para seguir treinando os garotos. O meia-direita Patrick Glöckner foi o único dos jovens treinados por Klopp a chegar até a Bundesliga (catorze partidas pelo Eintracht Frankfurt e pelo Stuttgarter Kickers, na temporada 1997-98).

A amizade entre Müller e Klopp durou bem mais do que aquele primeiro ano na equipe B do Eintracht Frankfurt. Müller, um organizador de eventos e especialista em relações públicas, organizou as festividades para o casamento de Klopp e Ulla, sua segunda esposa, realizado na praia em 2006. (Mais cedo, eles haviam se casado no civil no cartório de Gonsenheim, distrito de Mainz. Klopp usou jeans descoloridos, um blazer listrado e uma camisa listrada para fora da calça, e Christian Heidel conseguira que o cantor Thomas Neger e sua banda tocassem *Im Schatten des Doms — À Sombra das Catedrais —*, um hino de Mainz que havia se tornado parte do repertório do DJ do estádio por ordem direta do técnico do Mainz.) "Jürgen é um cara sensacional", afirma Müller. "Engraçado, autêntico e uma pessoa boa que sabe o que é importante na vida; alguém que não se esqueceu de onde veio e que valoriza uma boa amizade. Ele é como aquele vizinho bacana que se torna seu amigo."

A não ser que esteja envolvido em uma partida de futebol: então, toda sua tranquilidade cai por terra. Em período de férias com as respectivas famílias na Turquia há alguns anos, Müller estava jogando uma partida de cinco contra cinco no time dos filhos de Klopp, Marc e Dennis; Klopp, machucado, orientava o time com grande entusiasmo, dando instruções detalhadas do lado de fora. "Tive de sair porque estava muito quente e sou meio velho", recorda-se Müller. "Acho que estávamos vencendo por pouco. Kloppo, com seu estilo inimitável, veio até mim e bateu suavemente na minha cara. 'Você vai marcar mais um gol, vai marcar mais um!' Voltei e realmente marquei outro gol. Ele tem essa obstinação quando se trata de um jogo de futebol. Mesmo quando é só por diversão em uma praia qualquer. Não consegue controlar."

Contudo, no que diz respeito à sua carreira no Eintracht Frankfurt, nenhuma ajuda dos encarregados pela equipe estava por vir. O sucessor de Hubert Neu no comando do Amateure, Jürgen Sparwasser — famoso por ter assinalado o gol da vitória por 1 × 0 da Alemanha Oriental sobre a Alemanha Ocidental, na Copa do Mundo de 1974, vencida ao final pelos ocidentais —, disse a Klopp na primavera de 1988 que ele não estava em seus planos para a temporada seguinte. "Jürgen foi basicamente forçado a sair", afirma Müller.

Apesar disso, Dietrich Weise ainda achava que o jovem suábio tinha potencial. Weise, àquela altura, era treinador do Al Ahly, no Cairo, Egito, e havia montado o primeiro centro de treinamento regional para jovens talentosos na região de Frankfurt, dez anos antes de a Federação Alemã aceitar seu projeto para o desenvolvimento de jovens e implementar estes *Stützpunkte* (pontos de apoio) por todo o país. Weise atuava também como consultor para o Viktoria Sindlingen, clube da terceira divisão que funcionava apenas meio período, localizado, sem qualquer glamour, ao lado da Hoechst, indústria de produtos químicos, na região a oeste de Frankfurt. Norbert Neuhaus recorda-se do discurso de vendedor feito por Weise. "Ele chegou até mim e disse: 'Trouxe esse jogador do Pforzheim — ele realmente não se deu bem no Eintracht, mas acredito que tem alguma coisa nele, acho que tem algo a oferecer ao futebol. Talvez dê certo se pegar um desvio que passe pelo Sindlingen."

A agenda de Neuhaus mostra que ele se encontrou com Klopp no campo do FC Homburg em 16 de abril de 1988 para uma primeira conversa. Em maio, haviam chegado a um acordo. O Sindlingen comprou o atacante do Eintracht Frankfurt por 8 mil marcos (4 mil euros); Klopp recebia 1.200 marcos (seiscentos euros) por mês, em dinheiro — mas somente durante a temporada. Pouco mais do que uns trocados.

O Sindlingen frequentou a zona de rebaixamento na maior parte da campanha. Alex Schubert, companheiro de Klopp, notou sua frustração. "Ele não tinha feito o progresso como jogador que esperava; provavelmente achou difícil se concentrar em futebol naquele período, ainda mais com seus estudos em ciências do esporte em Frankfurt e tendo uma namorada grávida já de alguns meses" (seu filho Marc nasceu em dezembro de 1988). No entanto, o ano não passou sem alguns momentos agradáveis. Fora de casa contra sua ex-equipe, o Eintracht Amateure, Klopp marcou quatro gols na vitória por 6 × 0. "Foi terrível para nós e ótimo para ele", conta Müller. "Ele enviou uma bela mensagem a Sparwasser naquele dia: veja o que você está perdendo."

Neuhaus, 71 anos, guardou orgulhosamente uma reportagem da derrota do Sindlingen por 2 × 0 fora de casa para o Rot-Weiss Frankfurt em novembro de 1988. Naquele dia, ele comandou o time interinamente, após a demissão do técnico Günter Dutiné (ex-capitão do Mainz). "Contei aos meus netos que treinei o grande Jürgen Klopp em uma partida", gargalha ele. "Para ser sincero, ele não era um *Rakete* (foguete), mas sempre se dedicava a todos os treinamentos, sempre se fazia muito presente."

O novo comandante do Sindlingen, Ramon Berndroth, fez o time disputar um coletivo em seu primeiro treino para descobrir as fraquezas e os pontos fortes de seus jogadores. Menos de trinta minutos após o início, Berndroth parou a atividade e chamou um atleta para lhe dar uma bronca: Klopp. "Klopp adorou recordar esse episódio na frente de todos os presentes na sala VIP do estádio Rote Erde — utilizado pelos atletas de base do Borussia — ao ver, anos depois, Berndroth acompanhando ali uma partida", conta Neuhaus. Berndroth, que nos últimos anos vem trabalhando como treinador de equipes juvenis, disse a Neuhaus que nunca havia visto um treinador da Bundesliga que não só conhecia todos os atletas, incluindo juvenis e reservas, mas também a origem deles, bem como suas informações biográficas.

Como jogador, "Klopp era ambicioso e sabia se cuidar no gramado; não era bobo", conta Schubert. "E também não pensava duas vezes para dizer a seus companheiros mais velhos como podiam melhorar tecnicamente. Depois da partida, refletia a respeito do desempenho do time como um todo. Eu diria que já eram pequenos indícios de que ele era capaz de ler o jogo."

A destreza de Klopp nas bolas aéreas fez com que Berndroth elaborasse uma jogada ensaiada, e ela funcionou em um momento crucial da temporada do Sindlingen. O time enfrentava o Erbach FC em uma eliminatória de jogo único contra o rebaixamento, em estádio neutro, e a partida estava empatada em 2 × 2; faltando vinte minutos para o término do jogo, Walter Braun cobrou um escanteio na primeira trave, Schubert cabeceou a bola em direção ao segundo poste e Klopp subiu para mandá-la para a rede. O Sindlingen venceu por 4 × 2.

Em 2009, Neuhaus enviou a Klopp um DVD com uma filmagem amadora e meio tremida do jogo. "Você não vai mal, não", escreveu, acrescentando que tinha visto aquela jogada reproduzida pelo Mainz, treinado por Klopp. Klopp telefonou-lhe e agradeceu muito. Ele e Schubert encontraram-se uma vez mais no gramado do Mainz, mas não como jogadores. "Eu trabalhava como jardineiro do gramado para a prefeitura de Mainz e cuidava do campo do Bruchwegstadion (que pertencia ao município, àquela altura)", relata Schubert. "No primeiro dia de trabalho, o Mainz estava treinando no estádio. Klopp ficou bastante surpreso ao me ver. Ele estava do outro lado do gramado, onde sua equipe se aquecia, e cruzou o campo correndo para me abraçar, todo feliz. 'O que você está fazendo aqui?' e aquela coisa toda. Conversamos por um longo tempo e a atividade de aquecimento foi um pouco mais longa (...). Ele sempre teve tempo para ex-jogadores e treinadores. Para o aniversário de Helmut Jakob, treinador da equipe, o elenco do Sindlingen organizou uma sessão de treinamento com o Mainz de Klopp, que concordou prontamente. Jakob voltou empolgadíssimo, trazendo consigo um pôster mostrando-o ao lado de Klopp no campo de treinamento."

Os catorze gols marcados por Klopp na temporada 1987-88 tiveram sua importância para evitar o rebaixamento do Sindlingen, mas, segundo Neuhaus, o clube "esperava mais". "Para nossos padrões, aqueles salários eram muito altos." Felizmente para Klopp, outro time, emperrado na mesma modesta divisão, porém com mais recursos financeiros e ambições bem maiores, mostrara-se interessado: o Rot-Weiss Frankfurt.

"Um amigo meu havia me dito: tem um ponta-direita no Sindlingen de quem você vai gostar", conta Dragoslav "Stepi" Stepanović. Stepanović, ex-jogador da seleção da Iugoslávia, mudara-se para a Alemanha no final dos anos 1970 e defendera o Eintracht Frankfurt antes de uma passagem pelo Manchester City (1979 a 1981). Depois de se aposentar, abriu um bar (Stepi's Treff, "ponto de encontro do Stepi") bastante popular no centro de Frankfurt e ficou amigo de muitas pessoas influentes na cidade. O diretor executivo do Eintracht Frankfurt, Bernd Hölzenbein, seu ex-companheiro de time, contratou Stepanović como técnico em 1991, e sua jovem equipe — que contava com grandes nomes como Uwe Bein,

Andy Möller e Anthony Yeboah — por muito pouco não conquistou a Bundesliga com um futebol tão rápido e empolgante que foi chamado de *Fußball 2000* (*Futebol 2000*) pela imprensa alemã. Stepanović, uma figura ímpar, apreciador de charuto, dono de um bigode de bandido mexicano, que se comunicava em um dialeto hessiano-sérvio e gostava de usar blazers cor de salmão, era o queridinho dos canais de televisão naquele momento. Certa vez, ele cantou "My Way", popularizada na voz de Frank Sinatra, em um programa de futebol.

Alguns anos antes, fora confiada a Stepi a incumbência de levar o vizinho bem mais modesto, o Rot-Weiss Frankfurt, da semiamadora terceira divisão para a Bundesliga 2. O Rot-Weiss tinha algum dinheiro graças a seu benfeitor, Wolfgang Steubing. A imprensa chamava o time de "O clube do champanhe". "Nós éramos o Bayern de Munique da Hessenliga", diz Stepanović.

Stepanović foi ver uma partida do Sindlingen para conferir aquela dica. O ponta-direita da equipe era Jürgen Klopp. "Naquela partida, ele jogou demais", relata o senhor de 68 anos. "Passou por seu marcador na ponta milhares de vezes e fez ótimos cruzamentos. Jamais teria imaginado, depois de vê-lo jogar, que tinha deficiências técnicas. Eu gostava de jogadores rápidos e queria contar com muitos jogadores atacando pelos lados." O RW Frankfurt pagou 8 mil marcos (4 mil euros) ao Sindlingen.

"Talvez o próprio Klopp tenha ficado surpreso" ao firmar um contrato com o Rot-Weiss, diz Stepanović. A pré-temporada trouxe desilusão aos dois. Klopp claramente não era o jogador que Stepanović achava ter comprado. "Depois de três ou quatro partidas pelo campeonato, mandei-o para o time reserva. Tive problemas com o pessoal no clube — eles se perguntavam por que eu o tinha contratado e diziam que ele era uma decepção. Mesmo na segunda equipe, ele foi para o banco de reservas. Simplesmente não tinha capacidade suficiente para atuar entre os titulares. Eu pensava: será possível que me equivoquei tanto assim?"

"Stepi me disse que eu era o jogador preferido de sua mulher e de sua filha, mas que, apesar disso, não podia me colocar para jogar", contou

Klopp, em uma conversa com o *Ruhrnachrichten*, em 2014. "Acho que eu podia ter me sentado de jeans no banco de reservas por seis meses que ele não teria nem percebido."

O técnico do Rot-Weiss resolveu dar uma nova oportunidade ao atacante depois das férias de inverno, trazendo-o de volta à equipe principal e mudando sua posição, colocando-o para atuar como camisa 9. Como homem-gol, Klopp, de repente, passou a marcar em quantidades industriais. "Três, seis, dez — ele fazia seus gols em todos os treinos. Pelo alto, ninguém chegava nem perto dele. Suas cabeçadas eram sensacionais. Anotou catorze gols para nosso time na segunda metade da temporada, nos levando ao título da Hessenliga 1989-90. Seus gols nos deram o campeonato."

Stepanović acreditava que Klopp estava predestinado a uma carreira no futebol, mas fora das quatro linhas. "Sempre pensei: esse cara é extremamente eloquente para alguém tão jovem; provavelmente vai se tornar diretor executivo ou diretor esportivo um dia. Nunca achei que fosse ser treinador; foi uma surpresa enorme para mim. Era alguém que sempre dizia o que pensava, nunca escondia suas ideias. Depois dos altos e baixos que tivemos, não éramos melhores amigos, mas sempre me impressionou o fato de ele nunca ter desistido."

Diz a lenda que o treinador do Mainz, Robert Jung, contratou Klopp depois que o Rot-Weiss Frankfurt enfrentou por duas vezes (e perdeu) o Mainz pelo mata-mata da Bundesliga 2, no verão de 1990. Contudo, Stepanović revela que o atacante já assinara com o Mainz ao final da temporada regular, algumas semanas antes. "Quando comemoramos a conquista do acesso, vi Jürgen Klopp sentado no vestiário fumando um cigarro. Eu também fumava e acabei dando risada. Disse a ele: 'Se soubesse que fumava, teria colocado você mais vezes em campo'. Naquele dia, ele nos disse que estava indo para o Mainz. Ficamos decepcionados, mas era uma mudança óbvia para ele."

Aos 23 anos, Jürgen Klopp tornava-se, finalmente, um profissional de verdade.

* * *

Do outro lado da linha podia-se ouvir Hermann Hummels dar uma risadinha antes mesmo de começar a frase. "Com Kloppo", conta ele, fazendo uma pausa para criar suspense, "era difícil saber se ele havia tentado passar ou chutar para o gol."

Jürgen Klopp, como o próprio faz questão de admitir, não era um mágico vestindo calções. Ele se descrevia como "um babaca agressivo dentro de campo" (*taz*, 2004), "uma máquina de combate e concentração, excelente na bola área e muito rápido" (*Der Tagesspiegel*, 2012). Mas, "tecnicamente", admitia, "não era bom o suficiente". "Notei meus limites antes dos demais. Para resumir: na minha cabeça, eu era um jogador da Bundesliga, mas meus pés estavam na Landesliga (categoria inferior na organização do futebol dentro de determinados estados na Alemanha. Equivaleria, genericamente, à sexta divisão do futebol no país). Resultado: Bundesliga 2. Rapidamente aceitei isso. Ficar chateado teria sido perda de tempo." Klopp estava empolgado demais para ficar preso a suas limitações. "Mal acreditava que era um jogador profissional", disse. "Naquele tempo, teria pagado para poder jogar futebol!"

Na festa do vigésimo aniversário de Christian Heidel como diretor esportivo do Mainz, em 2012, Klopp lembrou-se de quando Heidel viu um jogador do Homburg perder o domínio de uma bola de maneira bisonha em um jogo e exclamar: "Olha só, eles também têm um Kloppo!".

Mas é possível que haja algum exagero, com o qual ele próprio contribuiu, em relação à sua inaptidão como jogador. Seu ex-companheiro no Mainz, Guido Schäfer, atualmente jornalista em Leipzig, tem uma opinião mais equilibrada. "Jürgen tinha plena consciência de seus pontos fortes e de suas fraquezas", diz. "Ele não tentava driblar porque não conseguia; mas era incrivelmente rápido; não parecia tão rápido assim nos primeiros metros, mas, uma vez que ganhava ritmo, dificilmente se conseguia acompanhá-lo. Seu tempo nos cem metros era muito bom. Certamente não era um desastre completo. Você não joga 325 partidas do campeonato da segunda divisão se não é capaz de chutar uma bola. Foi um jogador muito importante para o time por muitos anos devido ao seu desempenho e atitude exemplar."

Iniciando na liga como centroavante, Klopp marcou respeitáveis dez gols em sua temporada de estreia em Bruchweg (1990-91) e anotou outros oito até fevereiro, em sua segunda temporada, que incluiu seu momento mais glorioso como profissional: quatro gols marcados fora de casa contra o Rot-Weiß Erfurt (o Mainz venceu o jogo por 5 × 0). "Aquele foi seu momento mais glorioso", conta Martin Quast, que cobriu a partida para um jornal local. "Kloppo subiu no alambrado para comemorar com as duas dezenas de torcedores que haviam viajado para ver o jogo. Desde então, a foto que tirei foi impressa centenas de vezes. Quatro vezes Klopp; usando uma camisa branca com um grande 4 nas costas. Espetacular."

Logo após essa façanha, o atacante alto e magro, mas de boa movimentação, foi contatado por um verdadeiro gigante da Bundesliga: o Hamburgo. "Eles estavam interessados nele", conta Schäfer. "Mas, por alguma razão, não conseguiram contratá-lo. Anos depois, também perderam a oportunidade de tê-lo como treinador. Um clube, dois erros incríveis." Klopp, compreensivelmente, ficou louco com a perspectiva daquela mudança: trocar o árduo trabalho na segunda divisão por uma oportunidade muito mais lucrativa financeiramente na divisão de elite. Porém, segundo Harald Strutz, presidente do Mainz, o treinador do time, Robert Jung, vetou a transação, ameaçando deixar o cargo se o clube permitisse que sua primeira opção para o ataque saísse.

"Klopp ficou muito bravo na época. Uma chance como aquela não aparece todo dia", conta Strutz. "Mas aceitou; entendeu que estávamos enfrentando dificuldades para não sermos rebaixados com os atletas que tínhamos e que não podíamos perder ninguém. É preciso dizer que demos muita sorte de as coisas terem saído daquela maneira."

Todavia, a princípio, o efeito foi inteiramente negativo. Após a tentativa fracassada do Hamburgo de levá-lo para a região norte, Klopp marcou apenas três vezes ao longo dos dezoito meses subsequentes; ele voltou a ser escalado na defesa e os gols do Mainz rarearam quase por completo conforme a falta de produtividade do time começava a dar as caras. "Ano após ano, o único objetivo era não ser rebaixado", afirma Hummels, que treinou a equipe por um período de seis meses na temporada 1994-95 depois de alguns anos como auxiliar técnico. "Chegava abril ou maio e os chefes acendiam uma vela na igreja e rezavam pela salvação."

"Havíamos sido promovidos em 1988 depois de doze anos como semiprofissionais ou amadores, então fomos rebaixados e subimos novamente. Na verdade, a segunda divisão nem de longe era para o nosso clube", relata Christian Heidel. "Quando cheguei, em 1992, estávamos na zona de rebaixamento e fomos para o último jogo da temporada, em Darmstadt, sabendo que só podíamos perder por um gol de diferença. E perdemos por um gol. Não tínhamos centro de treinamento nem um estádio decente; e nenhum dinheiro. Em 1994, nosso orçamento era de 3,5 milhões de marcos (1,75 milhão de euros). Esse valor também incluía todos os times da base."

Somente em 1998 o Mainz teve um jogador, Michel Müller, recebendo na casa dos 10 mil marcos (5 mil euros) — por mês, não por semana. O salário de Klopp era significativamente menor, por volta de mil e pouco, assim como o de Schäfer. "Em nossa primeira temporada na Bundesliga 2, em 1988-89, tínhamos três patamares salariais básicos", comenta Guido Schäger: "1.500 marcos (750 euros) por mês para os cegos; 2.500 marcos (1.250 euros) por mês para os que possuíam um olho; e 3.500 marcos (1.750 euros) para aqueles que conseguiam enxergar. Eu estava na turma que tinha um olho. Harald Strutz, o presidente, me disse: 'Guido, vai ser ótimo porque você vai receber um bônus de 2 mil marcos por vitória'. Só tinha um problema: nós nunca vencíamos."

Klopp, brincando, disse à esposa, Ulla, que Heidel não merecia um presente por seu vigésimo aniversário à frente do Mainz: "Eu já joguei de graça para ele por dez anos". Assinar seus contratos como atleta na concessionária da BMW que Heidel possuía — o escritório, de fato, do clube

KLOPP

naquele tempo — deixava claro, de cara, como seus vencimentos eram modestos. "Com o dinheiro que ele me pagava, eu jamais seria capaz de comprar os carros que ele vendia", contou Klopp, dando risada, tempos depois.

O único funcionário do clube na parte administrativa trabalhava apenas meio período, aparecendo a cada dois dias para organizar a correspondência. O locutor do estádio do Mainz, Klaus Hafner, trabalhava de graça como CEO. Ele vendia ingressos para as partidas nos finais de semana e outro voluntário cuidava da alimentação ofertada pelo estádio: pão com manteiga feito em casa. Quast se lembra de Hafner perseguindo torcedores no centro da cidade com uma caixa para coleta na época do Natal, pedindo dinheiro para pagar os uniformes de treinos dos atletas do sub-17. O último conjunto deles estava surrado.

"O único produto oficial que o clube vendia em 1995 era uma toalha", conta Hummels. "Acho que venderam quatro. Ainda tenho a minha. Se alguém tivesse me dito que o Mainz estaria na Bundesliga em cinco, sete ou oito anos, eu teria apostado tudo o que tinha contra esse prognóstico. Teria até feito um empréstimo para apostar mais. Era simplesmente inimaginável."

A equipe reserva do Mainz (os sub-21), que Heidel teve de concordar em supervisionar, era a pior em todo o futebol profissional da Alemanha, jogando pela Kreisklasse C, o nível mais modesto do futebol regulamentado. "O time nem mesmo tinha um conjunto completo de camisas e enfrentava equipes que não tinham nenhuma condição de jogar futebol", sorri ele.

Os treinos do time principal, que se dividia nos trajetos em minivans da Volkswagen, só eram possíveis se o responsável pelo estádio pertencente ao município concordasse. O vestiário era um "habitat úmido" infestado de mofo, afirma, indignado, Schäfer. "Você tinha medo de pendurar a toalha ali. Havia uma banheira enferrujada, com espaço para quatro ou cinco atletas, e, se você passasse muito tempo ali, contrairia todos os tipos de doenças. Nunca ter sido rebaixado com aquele clube, com aqueles jogadores, foi realmente uma conquista tremenda."

O permanente desespero do Mainz funcionava como uma máquina de moer técnicos. Nos onze anos em que foi jogador da equipe, Klopp teve catorze comandantes diferentes. A instabilidade dos superiores criava uma certa anarquia no vestiário. "Era uma horda de jogadores muito malucos", conta Hummels. "A polícia tinha de ser chamada de vez em quando."

O meia-atacante Ansgar Brinkmann (apelido: "Brasileiro Branco"), por exemplo, mantinha a merecida reputação de festeiro. Atuando pelo Osnabrück, certa vez, foi pego dirigindo embriagado seu Porsche Boxster, mas conseguiu escapar do carro da polícia e fugir a pé antes que seu nível alcoólico fosse verificado. Brinkmann acabou perdoado. "Heidel e Strutz me colocavam com Kloppo nos hotéis para jogos fora de casa para que ele ficasse de olho em mim. Ele sempre estava com a cabeça enfiada em um livro e eu via muita televisão. Klopp falava: 'Desliga isso aí, temos um jogo amanhã'. 'Kloppo', eu respondia, 'amanhã tem uma placa de pare na linha de meio de campo para você; só me passa a bola que eu faço o resto; afinal, você não sabe jogar.' E então ele atirava um travesseiro ou alguma outra coisa em mim. Uma noite, joguei a televisão pela janela do oitavo andar e ele acordou com o estrondo. 'Cadê a TV, Ansgar?' 'Joguei pela janela.' 'Por quê?' 'O final do filme era uma merda.'"

Schäffer, ainda ostentando uma maravilhosa juba descolorida aos 52 anos, também era um libertário. Algumas vezes chegava atrasado aos treinos ou nem aparecia. "Tive de pagar várias multas graças ao Kloppo, que fazia parte do conselho dos jogadores. Os treinadores normalmente deixavam o conselho decidir o valor das multas e Kloppo não demonstrava nenhuma misericórdia. Obrigado, Kloppo. Uma vez paguei quinhentos marcos (250 euros). Eu não tinha dormido demais nem ido a um bar. Cheguei atrasado porque meu gato havia sumido. Obviamente ninguém acreditou em mim. Kloppo deu risada: 'Seu gato? Conta outra. Quinhentos marcos para você'. Três dias depois, perdemos um jogo para o Chemnitz. Hermann Hummels disse: 'Foi a primeira vez que um time da segunda divisão perdeu devido a um gato'. Outra vez me tomaram mil marcos (quinhentos euros) por ter me ausentado por muito tempo durante um período de treinamento."

Com vinte e poucos anos, Klopp era, na comparação com alguns colegas, um santo: um cara de bigode, boa índole, muito calado, marido e pai jovem que, antes das partidas, fazia suas orações sob uma toalha. Na volta para casa depois de jogos como visitante, ele e outros jogadores reuniam-se em torno do extravagante Schäfer, na última fileira do ônibus, e escutavam histórias sobre arruaceiros que tinham ido de bar em bar bebendo, e também sobre mulheres. Schäfer: "Ele era o primeiro a se sentar ali, dava risada assim que eu dizia a primeira frase e era o último a parar de gargalhar. Ele pegava fogo com facilidade. Sempre gostou de ouvir, não era um tagarela naquele tempo. Uma vez Klopp me disse que tirou um pouco de sua presença de espírito afiada e de seu charme daquelas viagens no fundo do ônibus".

Klopp, recorda-se Schäfer, não se alimentava como um atleta da elite — "linguiça grelhada e batata frita eram seus pratos favoritos" — e eventualmente fumava sob o exaustor nos banheiros dos hotéis; mas a lembrança de Brinkmann de que os quartos de hotel de Klopp "eram tão cheios de fumaça que era preciso pendurar um globo daqueles das discotecas para conseguir enxergar alguma coisa" é provavelmente um pouco fantasiosa. Ambos concordam que Klopp muito raramente ingeria qualquer bebida alcoólica. Schäfer: "Ele sempre ia direto para casa em Frankfurt depois dos treinos; não tinha chance de farrear na cidade com a gente. Nas poucas ocasiões em que bebeu alguma coisa, nas noites em que toda a equipe saía junta durante os períodos de treinamento, aquilo não lhe caía bem. Depois de dois copos mais cheios, ele vomitava. Não durava muito tempo".

Durante o jogo, era o contrário. A paixão e o comprometimento de Klopp o levavam bem longe nas acirradas disputas da Bundesliga 2, provavelmente longe demais em alguns momentos. "Nenhum adversário me xingou tanto quanto ele, que era meu companheiro de time", conta Brinkmann. "Isso é um fato. Eu jogava bem à frente dele. Ele gritava comigo o tempo todo: 'Ansgar, seu idiota, volta pra sua posição!'. Ou: 'Se não voltar agora, vou acabar com você, sua mula! Anda logo!'. Eu tinha mais medo dele do que dos meus adversários. Ele era sempre a primeira escolha nos coletivos porque ninguém queria tê-lo no time adversário. Quando sua equipe estava perdendo, Klopp começava a alugar o ouvido do técnico até que ele se esquecesse de que o jogo já deveria ter acabado. Todos aqueles jogos duravam até Kloppo ganhar. E você queria sempre estar no time dele. Ele não aceitava perder, e não perdia."

O desejo de vencer de Klopp, concorda Schäfer, era literalmente assustador. "Algumas vezes ficava inconveniente; ele era muito impulsivo, histérico, pode-se dizer. Colérico. Numa partida em Saarbrücken, veio direto até mim e berrou na minha cara por meio minuto. Acho que eu tinha concedido um escanteio de graça ao adversário. Um minuto depois, tudo estava esquecido e Klopp era meu amigo novamente. Ele nem sempre é esse cara risonho e cheio de abraços; pode ser maluco e injusto. Mas não guarda rancor, o que também é uma coisa boa."

Jürgen Kramny, outro ex-membro do Mainz que teve o prazer — ou o azar — de atuar diretamente à frente do explosivo lateral direito, tem histórias parecidas para contar. "Eu era um bom jogador e não era fácil ter Kloppo atrás de mim. Ele era enérgico demais. Se eu não ajudasse o suficiente, reclamava. Cara, ele reclamava; perdia a cabeça no gramado. Nós, digamos, trocávamos opiniões sinceras. Eu ficava com a desagradável parte de replicar. Algo como: 'Se você desse passes melhores, eu não precisaria correr tanto'. Mas usando uma linguagem diferente", sorri. "Nós dois administrávamos aquilo. Na maioria dos casos, dava certo para ambos." O atacante Sven Demandt também tinha boa relação profissional com Klopp, auxiliada por uma certa distância: "Felizmente ele ficava longe de mim, na defesa, eu não escutava tanto os seus gritos".

Kramny, no entanto, se recorda de um incidente em um treinamento que deixou Klopp um pouco nervoso. "Ele se sentou numa pequena trave móvel e eu fiquei em pé diante dele em cima de uma bola. Fingi que ia chutar. Ele pulou e a trave tombou e caiu feio em cima de suas costas. Klopp se levantou e correu atrás de mim pelo gramado até que teve de desistir porque estava com muita dor. Talvez ainda sinta dor hoje em dia."

Na Bundesliga 2, uma liga construída com muita lama, dívidas e medo, todos se machucavam; quase o tempo todo. O Mainz, como a maioria dos clubes, travava uma batalha interminável pela sobrevivência, e a agressividade — no gramado e nas arquibancadas — era considerada um pré-requisito. Num jogo tipicamente "pegado" no Carl-Benz-Stadion, do sv Waldhof Mannheim, em abril de 1994, Klopp fez a besteira de enfiar a cabeça por um dos buracos do alambrado que separava o campo da arquibancada para devolver os insultos de alguns dos torcedores do Mannheim. "Ele tomou uma pancada na cara", diz Schäfer. "Aquela foi a última vez que inventou de passar a cabeça pelo alambrado de um estádio de futebol."

O principal problema de Klopp era também o da divisão como um todo: ele queria jogar um futebol melhor, mas não conseguia. Schäfer: "Muitas vezes, ele dizia ter a ideia certa — sobre para onde o passe ou o cruzamento deveria ir —, mas infelizmente não tinha os recursos. Sabia o que era preciso para as coisas darem certo, mas seu corpo não conseguia fazer acontecer", afirma Quast. "Certa vez, ele me disse se sentir como um prisioneiro."

Aquela forma de encarceramento, no fim das contas, acabou por ser redentora, pois Klopp foi forçado a superar suas deficiências do pescoço para baixo pensando muito mais sobre o jogo. Inicialmente, seu interesse não era tanto por táticas, mas pelos aspectos dinâmico-sociais de uma equipe de futebol, aponta Hummels. "Ele tinha curiosidade acerca das relações sociais dentro do vestiário e do clube. Jürgen gostava muito disso. Não era alguém que dizia: 'Não estou nem aí, só estou fazendo meu trabalho'. Sempre pensava no time como um grupo de pessoas. Nunca foi um idiota egoísta. Nunca, jamais."

Raphael Honigstein

"A experiência que teve no Mainz em termos de dinâmicas de um grupo que vive sob extrema pressão o marcou de modo profundo", afirma Peter Krawietz, um dos auxiliares de Klopp no Liverpool. "O Mainz estava sempre com a corda no pescoço, para colocar as coisas de maneira clara. A situação era periclitante o tempo todo. O time dependia de todos e era preciso estar preparado para se entregar ao máximo. Ele aprendeu, naquele tempo, uma quantidade incrível de coisas a respeito do que faz uma equipe de futebol funcionar, bem como sobre diferentes personalidades que se encontram no esporte. Acredito que pegou todos aqueles anos no vestiário, pensou sobre eles e descobriu que muitas coisas podem ser resolvidas com um pouco de bom senso. Klopp tem uma capacidade natural para estas coisas: dizer a coisa certa no momento certo e da maneira certa."

Porém, olhando em retrospectiva para seu curso de ciências do esporte na Universidade Goethe, em Frankfurt — que ele continuou a cursar até se formar com o equivalente ao grau de bacharel, em 1995 —, Klopp acredita que seus estudos foram igualmente benéficos. "São a base de tudo o que fiz depois", disse, em dezembro de 2013. Ele aprendeu sobre teoria de treinamento, ergoterapia e psicomotricidade, a relação entre traços mentais e o movimento corpóreo. "Sem saber, eu estava, àquela altura, trabalhando naquilo que sabia fazer melhor e que mais desejava fazer: ser treinador." Klopp ainda diz que estudar também o ensinou "a trabalhar de maneira independente" e a respeito da importância da dedicação. "Caso você não se esforce o suficiente, ou você se beneficia imediatamente ou tudo dá errado. Não se pode aprender essas coisas de modo tão tranquilo em outros lugares."

Em uma entrevista para *Der Tagesspiegel*, em 2012, Klopp admitiu "não ter sido um aluno exemplar. Eu tinha família e precisava ganhar dinheiro jogando futebol". Contudo, acrescentou, "lidar com educadores, psicólogos e sociólogos, e aprender sobre metodologia talvez tenha me ajudado, sem que eu percebesse, a encontrar soluções como treinador. Estudar provavelmente evitou que eu fracassasse prematuramente (como treinador)".

Apesar do orçamento restrito e de um cronograma ainda mais apertado, Klopp gostava de ser estudante. Seus únicos problemas diziam respeito a alguns módulos práticos do curso. Nadar não era sua praia, nem exercícios de ginástica — muito menos salto com vara. Agora, por que alguém cujo estilo de jogo está tão voltado para a correria escolheria como objeto de sua monografia a caminhada?

De acordo com Klopp, ele queria, a princípio, escrever sobre *Rückenschule* (terapia preventiva para dor nas costas). O professor Klaus Bös, seu orientador, não concordou: já havia dezenas de trabalhos parecidos (na verdade, esse fato pode ter sido em parte o que atraiu Klopp). Em vez disso, Bös conduziu-o para a caminhada, uma nova "tendência no esporte" dos Estados Unidos que ninguém estudara cientificamente até então na Alemanha. "Junto com um colega, realizamos um estudo respeitável e confrontamos dados estatísticos; foi legal", disse Klopp.

O ensino superior de Klopp no futebol lhe foi oferecido pelo técnico do Mainz, Wolfgang Frank. A primeira passagem dele por Bruchweg (1995-97) equivaleu ao despertar tático de Klopp. De repente, ele compreendeu que um jogo podia ser visto em termos estruturais, como uma série de padrões que uma equipe bem treinada era capaz de impor ao time adversário. Mas nem o interesse dele nem o de Frank eram impelidos por uma preocupação abstrata com expressões artísticas ou estéticas. As táticas, ensinou o professor Frank, eram um meio para se chegar a um objetivo final. "Nunca me interessei por reinventar o futebol", disse Klopp, tempos depois, "tudo o que queria era encontrar maneiras que nos permitissem vencer mais frequentemente."

Depois de ter atuado como "o braço direito de Frank dentro de campo" (Schäfer), Klopp não tinha paciência com nenhum dos treinadores menos capacitados que povoaram o banco do Mainz. Quast recorda-se de um incidente ocorrido quando o falecido Dirk Karkuth era o técnico da equipe, pouco depois de a segunda passagem de Frank em Bruchweg ter chegado ao fim, em abril de 2000. "Klopp foi substituído a três minutos do fim do jogo, quando o Mainz vencia o Stuttgarter Kickers por 2 × 0.

Machado, jogador brasileiro, deveria entrar, e Karkuth conversava com ele na lateral do campo. Klopp se aproximou, tirou Karkuth do caminho e deu outras instruções a Machado, batendo em suas costas e gesticulando, explicando o que ele deveria fazer no gramado. Então Kloppo saiu e chutou um balde, mostrando sua frustração."

Conforme o atacante que se transformava em defensor, dotado de grande capacidade para se adaptar, ficava mais velho e lento, seu jogo — "agressivo, de entradas firmes, bom no cabeceio, perigoso na área adversária", como define Sandro Schwarz, ex-meio-campista do Mainz — foi se tornando uma comprovação da ideia de que a dedicação pode superar o talento. E equipes que aos poucos iam se tornando naturalmente mais talentosas constatavam que era factível jogar constantemente no limite, ou até ir além dele. "Ele tornava o impossível possível", conta Schwarz. Aos dezenove anos, Schwarz acabara de subir das categorias de base e frequentemente procurava Klopp, então com trinta anos, em busca de apoio e conselho. Muitos jogadores faziam isso. "Era o cara a quem se recorria, como jogador ou treinador, se você tinha alguma dúvida ou problema; o líder por excelência no vestiário, mas também alguém muito preocupado com o bem-estar dos outros." Quando o meio-campista adolescente sofreu uma ruptura de ligamento cruzado em 1998, Klopp passou a ser ainda mais um modelo de pessoa para Schwarz. "Ele tinha sofrido a mesma contusão (dois anos antes) e voltou em tempo recorde, em apenas três meses. Klopp realmente me ajudou durante o processo de reabilitação, garantindo que eu não desanimasse."

Atletas profissionais normalmente precisam de um mínimo de seis meses antes de voltarem a atuar após romperem o ligamento cruzado. O rápido retorno de Klopp aos gramados salienta sua dedicação extraordinária ao time e à sua profissão, mas também é um indicativo de sua situação financeira precária. Os clubes de futebol alemães são obrigados por lei a pagar o salário integral dos jogadores machucados somente nas primeiras seis semanas, depois disso o governo paga 80% do salário mensal. Para Klopp, receber 20% a menos de muito pouco estava além de suas possibilidades financeiras. "Como jogador da segunda divisão em meados dos anos 1990, ele temia por sua sobrevivência", comenta Krawietz. "Seu salário girava em torno de alguns poucos milhares de marcos por mês, ele tinha uma criança pequena em casa e sabia que o rebaixamento poderia significar o fim do clube e de sua carreira como jogador de futebol." O desejo de vencer de Klopp ia muito além da competitividade esportiva herdada do pai; se ele queria vencer tão desesperadamente era porque precisava. A vida que levava dependia disso.

"Nós muitas vezes chegávamos a situações extremas", conta Schäfer. "Algumas semanas antes do fim do campeonato, normalmente não sabíamos se continuaríamos a ser jogadores profissionais na temporada seguinte e se conseguiríamos continuar pagando o aluguel do apartamento. Essas eram dúvidas sérias e genuínas no nível em que atuávamos. Depois de dez anos no Mainz, dois deles na terceira divisão e oito na segunda, eu ganhara o suficiente para comprar metade de um apartamento."

Atuar com toda intensidade era algo que Klopp acreditava dever a si mesmo, diz Krawietz. "A capacidade de se preparar para o jogo durante toda a semana, de se concentrar completamente na chance de vitória e de permanecer vivo, por assim dizer, e então se dedicar ao máximo àquilo durante os noventa minutos — isso é algo que ele desenvolveu para si em Mainz como jogador. Atualmente, como treinador, transmite essa noção para sua equipe."

10.
FOGO NO
RIO RENO

Mainz, 2001–2006

A vitória por 1 × 0 sobre o Duisburg na estreia de Klopp como técnico deu a ele um segundo jogo. "Todos queriam saber quem nós contrataríamos como 'treinador de fato' depois da partida contra o Duisburg, porque eu havia dito aos jornalistas que ele era apenas um técnico interino", conta Christian Heidel. "Então eu disse: 'Jürgen Klopp fica pelo menos até o fim de semana'." O final de semana chegou e trouxe consigo um triunfo em casa por 3 × 1 sobre o Chemnitz. O Mainz seguia na zona de rebaixamento (15º lugar), mas apenas pelo saldo de gols. Klopp foi apontado como técnico até o final da temporada. De forma relutante, esvaziou seu armário e mudou-se para a pequena sala do treinador. "Foi difícil para mim", disse ele a Reinhard Rehberg.

"Nós estávamos em um bom momento", comenta Sandro Schwarz. "Sentíamos que o treinador era um de nós, que éramos uma grande comunidade, com um cara, nosso Kloppo, carregando a bandeira na linha de frente. Havia uma sensação de que tudo estava em nossas mãos, de que dependia de nós. Tínhamos essa crença inabalável, mas também um bom plano para vencer. Uma coisa levou à outra."

Klopp assistia aos treinamentos do topo de uma colina ao lado do gramado que o Mainz usava para treinar, que era de propriedade da prefeitura. "Naquele tempo, eu ainda não conseguia ter uma perspectiva clara do campo de outra maneira", explicou. "A equipe disputava um coletivo e, quando eu soprava meu apito, todos tinham de ficar sem se mexer, como no *Mannequin Challenge*,[1] e me esperar descer correndo para mostrar a eles onde as distâncias (entre as linhas) tinham ficado muito grandes."

"Klopp não suportava perder", recorda-se Jürgen Kramny a respeito daqueles primeiros dias. "Esse era um fator muito importante, à parte as mudanças táticas; frequentemente juntava-se aos reservas para um jogo de cinco contra cinco no dia seguinte ao jogo. Quem estava em seu time não tinha vida fácil. Ele era movido pelo desejo de vitória e podia ser bastante direto com as pessoas."

Schwarz lembra-se de treinos de "intensidade máxima" para deixar o time preparado para a próxima final. Todo fim de semana havia uma final. "Nós não pensávamos em mais nada, a não ser em jogar a partida seguinte. Estávamos totalmente bitolados. Embarcamos em uma jornada que passou a ter vida própria, consequência lógica da maneira como tratávamos uns aos outros, e de nosso desempenho."

O Mainz conquistou oito pontos nos quatro jogos seguintes e deixou a zona de rebaixamento. Depois de vencer por 4 × 2 o Hannover 96, quando, no intervalo, a equipe perdia por 2 × 0, eles já estavam praticamente salvos, e a um mês do fim do campeonato. "Voltando de Hannover, nós paramos em um posto de gasolina e os pais de Christof Babatz nos deram algumas bebidas para levarmos no ônibus", conta Schwarz. "Fomos direto para um clube noturno chamado Euro Palace, nos arredores de Mainz. Klopp estava no meio da festa. Queria estar com a gente, seus garotos, não ficar sentado no sofá de casa. Mas, no dia seguinte, às

---

[1] Um desafio popularizado na internet em 2016 em que os participantes tinham de se manter estáticos como um manequim enquanto eram filmados por uma câmera em movimento. (N. do T.)

dez da manhã, todos estávamos lá e continuamos o trabalho. Analisar o vídeo do jogo, observar nossos erros, encontrar formas de melhorar. Ele era nosso treinador, mas queria estar presente quando era o momento da celebração, e isso era ótimo."

A improvável fuga do rebaixamento do Mainz confirmou-se com um empate em casa por 2 × 2 contra o LR Ahlen na penúltima rodada. "Jürgen, Jürgen, Jürgen", gritavam os torcedores enquanto ele corria em sua direção, braços dados com os jogadores. "Isso me incomodou", ele declarou depois. "Eu não tinha jogado."

Não havia mais nada em disputa na partida contra o Waldhof Mannheim, fora de casa, mas Klopp e Heidel achavam que uma comemoração especial com os torcedores seria apropriada. O clube alugou cerca de sessenta ônibus para seus torcedores e então fretou "o maior barco com permissão para navegar pelo rio Reno" (Heidel), a fim de levar os mesmos torcedores, o time e todos os funcionários rio acima de volta a Mainz. "Naquele tempo, os sinalizadores ainda eram permitidos", conta Heidel. "Virou um barco incendiário. Uma cena incrível. Uma muralha de chamas navegando pelo rio no crepúsculo do dia."

Naquelas semanas, Klopp e Heidel aprenderam uma lição importante. O pequeno e velho Mainz só poderia crescer se os torcedores estivessem juntos. Eles tinham se sentido realmente incluídos, sentiam que eram uma parte crucial do sucesso do clube. "É preciso fazer com que as pessoas se envolvam emocionalmente", comenta Heidel. "Tínhamos de ser uma grande unidade. Esse era o plano e não havia outra maneira. É preciso explicar o que você deseja e garantir que eles estarão envolvidos no sucesso. Só se pode fazer algo assim com alguém como Klopp na condução, alguém que podia ir à parte da arquibancada onde ficavam os torcedores mais fanáticos e dizer: 'Vocês estão loucos!'. Vindo dele, aquilo era aceitável. Klopp sempre se esforçou para conseguir fazer com que os torcedores se envolvessem; é um *Menschenfänger* (literalmente alguém que captura as pessoas, as conquista). Isso é óbvio; ele trabalha com a emoção, mas também com um plano. Nós nos complementávamos nesse aspecto."

A aposta tinha dado certo. A transferência de Klopp para o banco de reservas tornou-se definitiva e ele assinou um contrato de dois anos, depois de se aconselhar, por telefone, com o também treinador Ralf Rangnick. Klopp foi oficialmente declarado *Teamchef*, chefe da equipe, tendo em vista que não possuía a licença profissional necessária para ser treinador de um time da Bundesliga ou da Bundesliga 2. Depois de algumas negativas, ele enfim conseguiu satisfazer os critérios rigorosos da Federação Alemã para quem quer se tornar treinador de uma equipe profissional. "Percebemos que o time tinha aceitado seu ex-jogador como técnico. Não foi uma mudança enorme porque Klopp já ostentava um status especial como jogador, era o líder intelectual, ou talvez eu deva dizer que era o cérebro da equipe", afirma Strutz. "Klopp via o panorama todo. Você tem de entender que não éramos o clube que somos hoje. As pessoas ou tinham pena ou achavam engraçado o fato de querermos o acesso; sorriam com sarcasmo e diziam: 'Vocês nunca vão conseguir'. Mas jamais duvidei que Klopp daria certo. Nenhuma dúvida. Nenhuma mesmo. Ele estava predestinado a ser treinador."

Quast não tem tanta certeza disso. "Strutz me disse a mesma coisa uma vez. Eu respondi: 'Bobagem. Se você realmente não tinha nenhuma dúvida, por que não escolheu Klopp ainda no outono, antes de contratar Krautzun?'. Pensando em retrospectiva, todos afirmam que já sabiam. É o mesmo com os antigos treinadores, que dizem como Klopp era fantástico nos treinamentos. 'Sempre teve visão' etc. É a maneira deles de tomar para si um pouco da glória. Besteira. A verdade é que era preciso alguém tão maluco como Klopp para assumir tamanho risco: Christian Heidel. É como no pôquer quando você aposta tudo sem ter nada nas mãos."

O próprio Klopp disse a Oliver Trust, do *Frankfurter Allgemeine Zeitung*, em dezembro de 2001, que estava "mais preparado (para ser treinador) do que para qualquer outra coisa em sua vida, por mais estranho que possa parecer. Tenho mais confiança em minhas capacidades como treinador do que tinha nas de jogador". Anos depois, ele admitiu que talvez não tenha sido 100% preciso naquele momento. "Eu tinha milhares de dúvidas e ninguém para me dar uma ajuda", confessou. "No início, não podia nem mesmo fazer perguntas porque precisava fingir que já sabia tudo." Klopp tinha noção de que precisava de um confidente. Existia somente uma pessoa no páreo: Željko Buvač, seu antigo companheiro no Mainz. "Foi minha primeira opção, e também teria sido minha segunda e terceira", contou Klopp a respeito do taciturno sérvio, seis anos mais velho que ele. "Buvač é uma verdadeira enciclopédia futebolística."

O ex-jogador do time de Bruchweg de 1992 a 1995 tinha a capacidade de "ler o jogo, saber o que o adversário estava buscando e fazer a coisa certa de modo intuitivo", explica Ansgar Brinkmann. "Klopp só queria ele", conta Heidel. "Eles haviam passado muitas horas conversando sobre táticas quando jogadores nos três anos em que atuaram juntos; trabalharam juntos para descobrir como fazer com que essa equipe modesta conseguisse chegar bem ao fim da temporada."

O sérvio saíra do Mainz em 1995 para se juntar ao Borussia Neunkirchen (terceira/quarta divisão) e lá começara sua carreira de treinador. "Ele e Klopp haviam feito um pacto", conta Jan Doehling, editor de TV de Mainz. "Disseram: quem se tornar treinador primeiro e tiver um bom trabalho chama o outro. Na teoria, Buvač podia ter sido o treinador e Klopp, o assistente. Mas, quando você pensa a respeito, tinha de ser dessa maneira: Klopp é o vendedor; Buvač, aquele que cuida dos detalhes nos bastidores. Ele nunca fala. Durante todos aqueles anos no Mainz, nunca disse uma palavra para ninguém fora do clube. Nenhuma. Lembro-me de estar um dia parado perto do vestiário com o goleiro Péter Disztl, da seleção da Hungria, que tinha jogado com Buvač no RW Erfurt. Nós batemos à porta. Buvač abriu a janela perto dos chuveiros e disse: 'Ah, é você'; e fechou novamente a janela. Eu fiquei perplexo: ele sabia falar! Foi a única coisa que o ouvi dizer."

"Chucky", como Buvač era conhecido pelos jogadores, era mais eloquente nos campos de treinamento. Às vezes, também participava das atividades, conquistando o respeito do time graças à sua técnica excelente. Contudo, o mais importante é que ele era o novo parceiro teórico do treinador, "um irmão em espírito" (Klopp). De maneira oportuna, já contava com a licença profissional necessária para treinar na Bundesliga 2, diferentemente de seu chefe.

"Todos pensavam que os dois estavam sempre em sintonia, mas não, tinham grandes discussões", revela Heidel a respeito da dinâmica da dupla. "Porém, era sempre sobre futebol. Buvač é muito emotivo: 'Vai se ferrar! Bosta!'. E saía da sala batendo a porta. Cinco minutos depois, estava tudo bem novamente."

Os treinamentos comandados pelos dois eram todos abertos ao público, mas poucos vinham olhar mais de perto. Doehling e Kosta Runjaić, também treinador e amigo de Klopp, eram alguns dos poucos frequentadores de Bruchweg e do quartel da tropa de choque da polícia do estado, local onde o Mainz treinava caso seu estádio estivesse encharcado. Eles observavam uma configuração de treino composta por diferentes elementos incorporados a um único exercício. Todos se movimentavam, o tempo todo. "Não há nada pior para os jogadores do que ficar parado sem fazer nada enquanto os demais se exercitam", afirma Doehling. "A maioria das sessões de treinamento não tem nenhuma semelhança com a movimentação constante e as mudanças de ritmo que acontecem nas partidas." A ideia de Buvač era simular exatamente isso. Ele fazia os jogadores do Mainz realizarem corridas com obstáculos, intensificando sua pulsação antes de chutarem a gol; e não só isso: barreiras e cones eram colocados no gramado para fazer com que a bola ricocheteasse de maneira imprevisível depois da defesa do goleiro, uma oportunidade para reagir e marcar novamente. A mesma aleatoriedade que os jogadores encontravam no gramado tornou-se parte do programa de treinamentos. Doehling: "Eles realmente treinavam para fazer com que determinados movimentos se tornassem instintivos, autômatos. Mas Buvač se planejava para que os atletas não soubessem o que aconteceria na sequência".

Tempos depois, Klopp descreveu Željko como sendo "a melhor aquisição que já tinha feito ou ainda viria a fazer na vida". Heidel afirma que essa contratação prova que Klopp "não age somente por instinto; ele reflete sobre as coisas e leva em conta a situação como um todo". Em 2001, o novato de 34 anos foi sincero ao admitir a si mesmo que precisava de ajuda. "É um dos pontos fortes mais importantes em um esporte repleto de egocêntricos e de pessoas extremamente arrogantes: saber o que você consegue e não consegue fazer", afirma Doehling. "Além de sua capacidade de aprender e absorver conhecimento rapidamente. Isso é uma enorme vantagem."

A equipe respondeu imediatamente à maior sofisticação no trabalho, conforme o Mainz transformava seu 4-4-2 em um 4-3-3 mais fluido no ataque. Poucas semanas após o começo da nova temporada, o time barato formado por "jogadores que ninguém mais queria" (Klopp) liderava a Bundesliga 2 jogando um futebol que era "qualitativa e taticamente superior ao da grande maioria das equipes naquela divisão", observou o *Süddeutsche Zeitung*. Repórteres de jornais nacionais que foram despachados a Bruchweg para cobrir a história desse patinho feio voltaram com declarações surpreendentes. Klopp professara que o Mainz praticava seu jogo "independente do adversário, exceto pelas bolas paradas", e que "a vitória ou a derrota deveriam ser passíveis de explicação, não uma questão de coincidência ou de uma disputa de bola perdida em qualquer parte do campo". Cuidadoso para não passar a imagem de sabichão metido a besta com seus óculos de armação de aço e padecer do mesmo destino de Rangnick — que fora exaustivamente zombado como "o professor", após exaltar as virtudes da linha de quatro defensores na televisão estatal, em 1998 —, Klopp temperava seu discurso com falas mais vigorosas, comuns aos vestiários: seu "único problema", declarou, era uma "falta de distanciamento" em relação a seus antigos companheiros de equipe.

O Mainz gastara a impressionante soma de zero marco em novas contratações. Seis atletas que deixaram a equipe tinham rendido o mesmo valor: nada. O orçamento esportivo para o ano tinha sido de 14 milhões de marcos, 7 milhões de euros, e o estádio seguia sendo um decadente amontoado de aço e madeira, dois terços dele vazio. Depois de mal ter escapado do rebaixamento em maio, os torcedores receberam a sequência de vitórias na nova temporada com humor autodepreciativo. "Somos apenas um clube carnavalesco", cantavam nas arquibancadas. Os misteriosos feitos de Klopp e sua vaga semelhança física com um certo bruxo aprendiz fizeram o tabloide *Bild* apelidá-lo de "o Harry Potter da segunda divisão". "O que as pessoas querem são explicações de por que estamos lá em cima na tabela", disse Klopp, dando de ombros. A partir da segunda rodada, o Mainz passara a ocupar as posições que davam acesso à primeira divisão. Uma vitória magnífica por 4 × 1, em casa, contra a equipe rival do Arminia Bielefeld em frente a 14.700 torcedores em meados de abril de 2002, abriu as portas para a Bundesliga. O Mainz precisava somente de três pontos nos três jogos subsequentes para completar a temporada mais extraordinária da história do clube. A equipe empatou em 1 × 1 contra o Duisburg e repetiu o resultado, em casa, enfrentando o temido Greuther Fürth. Apenas uma derrota para o 1. FC Union Berlin, na última rodada, combinada com vitórias tanto do Bochum quanto do Bielefeld, faria com que o time caísse para a quarta colocação. "Vamos para Berlim fazer nosso trabalho e voltar como um time da primeira divisão", profetizara Heidel.

O Mainz viajou até o estádio Alten Försterei — e rumou direto para uma emboscada. Muitos torcedores neutros haviam passado a gostar do time pequeno que voava alto e de seu futebol agradável; contudo, nos arredores da região oriental da capital alemã, o ar estava pesado, carregado de rancor político. "Era um ambiente extremamente agressivo, brutal", comenta Heidel. "Embora eles não estivessem disputando mais nada, pairava no ar um ódio intenso. Eles atacaram o ônibus do nosso time, cuspiram, nos chamaram de alemães ocidentais arrogantes. Dentro do estádio, parecia que o time da casa estava disputando uma final de Copa do Mundo." O Mainz não estava preparado para aquela panela de pressão.

A atmosfera fora envenenada por alguns textos "inventivos" de um repórter de um tabloide berlinense, o *Kurier* ("Um idiota", vocifera Strutz).

Algumas frases bastante inócuas de Klopp, em dezembro, a respeito da predileção do 1. FC Union Berlin por um futebol mais vigoroso foram extremamente distorcidas, fazendo com que soassem como se Klopp estivesse denegrindo o time, bastante popular, da antiga Alemanha Oriental, tratando-o como um "bando de marginais" (*Kloppertruppe*). Ademais, Klopp havia sido descrito como um babaca, um autoproclamado inovador do futebol à Rangnick, e como o tagarela da DSF, rede de televisão transmissora da Bundesliga 2.

O 1. FC Union Berlin atuou com a faca nos dentes e tomou a dianteira aos treze minutos do segundo tempo. O atacante suíço Blaise Nkufo então entrou no jogo, com uma perna quase inteiramente enfaixada, e marcou o gol de empate a vinte minutos do fim. "Achamos que tínhamos conseguido", conta Heidel. "Mas então tomamos um gol aos 37 minutos, fomos todos para o ataque e levamos o terceiro. Os times que estavam atrás na tabela venceram. Ficamos em quarto. O estádio inteiro entoou cantos sarcásticos sobre o fracasso de Klopp. Foi a pior derrota de sua vida. Ele sempre fora o *Sonnyboy* (o queridinho), aquele que todos queriam entrevistar devido a suas piadas bobas, que fazem todo mundo dar risada. Ele nunca havia passado por tamanha decepção."

Klopp chorou amargamente no vestiário. "O sonho de nossa vida foi destruído", disse, pálido. Heidel também estava desolado, certo de que o Mainz jamais teria outra chance de jogar na elite: "Alguns bons jogadores com certeza sairiam, eu tinha receio de que o time todo entrasse em colapso. Pensei: acabou. Para nós, parecia o fim do mundo. Mal sabíamos que no ano seguinte seria muito, muito pior".

Em Berlim, os jogadores do Mainz e a comissão técnica afogaram suas mágoas por não terem subido para a Bundesliga no hotel em que o time estava hospedado "até o nascer do sol", conta Sandro Schwarz. "Dissemos que tínhamos, de alguma maneira, de mudar a perspectiva daquilo, transformar aquela tristeza em um tipo de euforia para a próxima temporada." Schwarz recorda-se de chegar à estação de trem em Mainz e ficar surpreso ao ver ali algumas centenas de torcedores recepcionando o time com bandeiras e faixas: "Estávamos acostumados a conseguir andar pela cidade sem ninguém se importar. Foi só então que percebemos que os torcedores realmente estavam nos apoiando. No dia seguinte, a enorme tristeza havia sumido, substituída por um verdadeiro desejo de lutar, tendo Klopp na liderança".

Porém, ganhar força uma segunda vez não foi tão fácil. O Mainz precisou se reconstruir. Três jogadores importantes (o atacante Nkufo, o zagueiro Manuel Friedrich e o lateral esquerdo Markus Schuler) tinham saído e dois setores das arquibancadas do estádio vinham passando por reforma, na expectativa pela primeira temporada da história do time na Bundesliga, que não se materializara (o estado federal da Renânia-Palatinado pagou 5,75 milhões de euros pela reforma e a prefeitura da cidade doou a propriedade ao clube, deixando de cobrar o aluguel anual de 100 mil euros). As contusões de alguns jogadores fundamentais também atrapalharam.

Após uma vitória fora de casa no jogo de abertura contra, dentre todos os times possíveis, novamente o 1. FC Union Berlin, a equipe de Klopp passou a temporada toda logo abaixo das três primeiras colocações, que davam acesso à primeira divisão. Àquela altura, o clube estava completamente convencido de que o suábio (ainda sem sua licença de treinador) era o homem certo para comandá-los. "Ele não treinava o time somente, também entendia e aceitava a condição financeira com a qual lidávamos", explica Strutz, sugerindo que a situação não era a mesma com treinadores anteriores.

O contrato de Klopp foi prorrogado por mais dois anos em outubro de 2002, apesar de um período difícil sem nenhuma vitória em casa que se estenderia por dois meses. "Meu interesse na renovação era tão grande quanto o do clube", foi o que declarou ao *Frankfurter Rundschau*. "Ainda é um prazer trabalhar aqui e poder crescer como treinador. Além disso, você nem sempre tem a chance na vida de ser exatamente quem você é onde você está. Aqui isso é possível. Acho que nem teria as roupas adequadas (para trabalhar) em outro clube."

A três jogos do final da temporada, uma vitória dramática por 3 × 2 no clássico contra o poderoso vizinho Eintracht Frankfurt levou o Mainz à terceira posição na tabela. "Nada dentro de mim me faz comemorar ou achar que estamos quase lá", alertou Klopp. As rodadas seguintes eram favoráveis. O Ahlen, ameaçado pelo rebaixamento, fora de casa; o pequeno Lübeck, em casa; e mais um time que lutava para se manter na segunda divisão, o Braunschweig, fora de casa. "Agora queremos ver esse futebol eletrizante o tempo todo", comentou Strutz.

O que não faltou foi emoção no minúsculo Wersestadion, em Ahlen. O Mainz começou perdendo por dois gols de diferença, antes de virar para 3 × 2 logo ao final do tempo regulamentar, mas ainda assim conseguiu perder. Dois gols da equipe da casa nos acréscimos levaram o Mainz para a quinta colocação. Klopp e o goleiro, Dimo Wache, quase chegaram às vias de fato depois do apito final. Porém, quando o grupo começou a achar que estava tudo acabado, veio uma nova chance. Uma vitória por 5 × 1 sobre o Lübeck abriu caminho para outra final, dessa vez contra o Braunschweig. O Mainz precisava vencer por um gol a mais do que o terceiro colocado, o Eintracht Frankfurt (que enfrentava, em casa, o Reutlingen), para finalmente saciar seu desejo de Bundesliga. Klopp levou seus jogadores para um curto retiro, a fim de que esfriassem a cabeça, ciente de que outro fracasso poderia transformar o time, até então visto como azarão, e que contava com o apoio de muitos torcedores, em motivo de chacota. Alguns já tinham começado a chamá-los de "o Bayer Leverkusen da Bundesliga 2", uma referência ao eterno vice-campeão da primeira divisão.

No dia da partida não houve sinais de nervosismo. O Mainz fez 2 × 0 em vinte minutos e ampliou para 4 × 0 antes de o Braunschweig marcar seu gol de honra aos 35 minutos da etapa final. Fim de jogo na Baixa Saxônia. Do jeito que estavam as coisas, o Mainz chegaria enfim à primeira divisão. O Eintracht Frankfurt ia vencendo o Reutlingen por apenas 4 × 3. Klopp balançava as mãos para cima e para baixo, como que para segurar as ondas de alegria, uma vez que o jogo em Frankfurt ainda... não tinha terminado. O time da casa marcou um quinto gol, deixando o placar em 5 × 3.

O treinador e os jogadores, de braços dados, formaram um círculo ao redor de Axel Schuster, gerente esportivo da equipe, que estava ao telefone com um jornalista em Frankfurt. Restavam menos de três minutos de acréscimos a serem disputados no Waldstadion. Depois de dois minutos e meio de ansiedade e orações, o inimaginável aconteceu. O Eintracht fez mais um, 6 × 3. O Mainz caiu para o quarto lugar e se desmanchou em lágrimas pela segunda vez consecutiva. "Nós pensamos: isso é uma pegadinha?", conta Sandro Schwarz. "Tivemos chances de vencer por 5 × 0, 6 × 0. Fico arrepiado de pensar nisso. Estávamos todos olhando para a cara do Axel Schuster. Todos totalmente passados depois daquilo, fora de órbita por alguns minutos. Era simplesmente inacreditável."

Die Meister der Schmerzen, os campeões da dor, estampou o *Frankfurter Rundschau*, demonstrando sincera compaixão. Outras publicações, sarcasticamente, diziam que o Mainz deveria passar a ser conhecido como os "Impromovíveis". "Uma experiência horrorosa, o que mais se pode dizer?", recorda-se Strutz. Ele soluçava incontrolavelmente no gramado junto a Heidel. Klopp rapidamente correra para os vestiários a fim de fugir da atenção da imprensa e dos cantos jocosos da torcida local. Strutz: "Ele fumou um cigarro e não disse uma palavra. Sei disso porque fiz a mesma coisa. Não se podia imaginar que, depois de Berlim, fosse possível algo mais cruel".

Klopp chorou quando seu filho Marc, com treze anos, perguntou se haveria aula no dia seguinte. Contudo, no geral, manteve uma serenidade impressionante. "Acredito que tudo na vida ocorre por alguma razão. Um dia descobriremos por que isso aconteceu hoje...", explicou.

No dia seguinte, 8 mil pessoas apareceram na Gutenbergplatz, a praça central de Mainz (batizada em homenagem a Johannes Gutenberg, inventor da imprensa), para recepcionar o time em uma demonstração de espírito de resistência. O Mainz "havia apanhado na cara duas vezes", diz Heidel, "mas Klopp subiu no palco e promoveu um de seus estrondosos discursos que fazem com que todos desejem seguir em frente; emocionou e inspirou as pessoas de uma maneira espetacular".

"Nós vamos nos levantar", disse o treinador. "Somos jovens, ninguém precisa desistir ainda. Estamos determinados a fazer muito mais por essa cidade e por nossos torcedores. Sei que as pessoas dizem que o 'Mainz nunca vai conseguir', mas elas têm um problema: nós vamos voltar. Qualquer um que nos descartar estará cometendo um erro enorme."

A mensagem, explica Schwarz, soava crível porque seu mensageiro era digno de confiança. "Naquele dia, se viu quem Klopp era como pessoa: um batalhador. Você percebia que estava completamente comprometido com suas palavras. Desconfio que, desde o primeiro dia, ele sentia que todas aquelas coisas eram parte das provações e das atribulações da vida, que poderíamos superar tudo aquilo fazendo a coisa certa, concentrando-nos no presente e deixando de lado o passado. Isso, na minha visão, é a essência de Kloppo — ele era convincente porque estava convencido. Nunca fingiu nada na nossa frente. Ele perguntava: 'Qual a alternativa? Não podemos acabar com o clube de futebol'. Era óbvio que tínhamos de ir em frente, e óbvio para ele que a próxima tentativa resultaria em sucesso. Ainda me lembro dele dizendo: 'Em 2002, foi por um ponto. Em 2003, por um gol. Vocês sabem o que vem agora, não?'. E foi assim que aconteceu."

De fato. Mas não exatamente da maneira como ele previra. A terceira temporada completa de Klopp no comando foi sua pior, em relação ao número de pontos. O atacante ucraniano Andriy Voronin, estrela do time, que se tornara extremamente prolífico para a segunda divisão (vinte gols) e se transferira para o Colônia, havia deixado uma lacuna gigantesca, com rabo de cavalo e tudo, no ataque. Os desempenhos foram, em sua maioria, medíocres. Heidel alertara que muitos jogadores estavam sonhando com a vida na Bundesliga em vez de se concentrar na difícil caminhada que tinham pela frente. Klopp defendia sua equipe fervorosamente de críticas externas ("Não suporto quando treinadores levam o crédito pelas vitórias e culpam os jogadores pelas derrotas"), mas a inconsistência piorou e transformou-se em uma crise de verdade. Entre meados de dezembro e meados de abril, o Mainz venceu somente dois jogos pelo campeonato; estavam em oitavo, seis pontos abaixo do terceiro lugar, faltando cinco jogos a serem disputados.

"A temporada tinha acabado para nós", relata Kramny. "Havia conversas sobre alterações a serem feitas no time. Depois de três fracassos, não seria mais possível ver as mesmas caras no vestiário. Vários jogadores foram informados de que podiam sair. Acho que a ideia era tentar uma vez mais com uma nova equipe." O Mainz também tinha de cortar custos, urgentemente. O clube perdera dinheiro nas duas campanhas anteriores e precisava gerar fundos para cobrir gastos mais altos do que o esperado na reforma do estádio.

Naquela primavera, acrescenta Kramny, Klopp parecia "meio sem saída, pela primeira vez". O treinador realizara uma enquete no vestiário pedindo aos jogadores para, anonimamente, escreverem suas explicações para aquele mal-estar. Ninguém apresentou nada útil. Em uma reunião subsequente com o time, disse a seus jogadores que parassem de ruminar coisas negativas; somente eles poderiam ser os responsáveis por mudar o clima e estabelecer um novo espírito. "Essa é a nossa missão nos próximos cinco jogos", decretou.

Felizmente para o Mainz, o Duisburg ofereceu menos do que uma lânguida resistência no jogo seguinte, sendo batido por 4 × 1 em Bruchweg. Em Lübeck, o Mainz venceu novamente por 4 × 1; e, depois, por 2 × 0, em casa, contra o Unterhaching. Mas fora de casa contra o pequeno bávaro Regensburg o time não conseguiu marcar. O 0 × 0 deixou o clube na quarta posição. O Mainz só seria promovido se vencesse o Eintracht Trier em casa e se o Alemannia Aachen (terceiro colocado) não batesse o Karlsruher SC na última rodada.

Klopp colocou uma faixa no vestiário em que se lia: *Jaaaaaaaa!* "Ele queria tirar a enorme pressão que havia sobre o time criando um sentimento de antecipação", escreveram Rherberg e Karn; "a esperança de vivenciar um momento de alegria deveria ser o centro das atenções, tomando o lugar da necessidade da vitória". O Mainz realmente venceu por 2 × 0, em frente de uma torcida que havia esgotado todos os ingressos.

Porém, uma vez mais, o time dependia de um resultado favorável em outra partida. Após o apito final em Bruchweg, o jogo em Karlsruhe ainda estava em andamento. O Aachen perdia de 1 × 0. Alguns tensos minutos depois, o Mainz havia finalmente conseguido.

Os 54 pontos conquistados pelo time fizeram do Mainz a equipe com o pior desempenho a já ter sido promovida para a Bundesliga. Não tinha importância. "A cidade inteira explodiu", conta Heidel. "É uma cidade emotiva; por causa do carnaval, o povo adora festejar e todos sentem muito orgulho. O que aconteceu naquele domingo, no entanto, ninguém jamais tinha vivenciado." Mainz, uma cidade sem qualquer importância na história do futebol, havia se apaixonado pelo esporte e por seu time 99 anos depois do início do FSV Mainz. "Foi uma farra gigante. Havia gente por todos os lados." O ônibus da equipe levou uma eternidade para percorrer a pequena distância desde o estádio até a Gutenbergplatz, passando por um mar de pessoas sorrindo e em êxtase. Jogadores e funcionários foram até a sacada do Staatsteather para se dirigir à multidão, e claro que foi Klopp quem pegou o microfone, ensopado de champanhe e lágrimas. Gritou uma única palavra: *Jaaaaaaaa!*

Heidel e o treinador decidiram, espontaneamente, que, depois de duas decepções, realizar apenas uma comemoração não seria suficiente. "Anunciamos que nos reuniríamos de novo no dia seguinte para mais uma festa pelo acesso no mesmo lugar. Trinta mil pessoas compareceram. Em uma segunda-feira! A cidade estava abarrotada. O rosto de tudo aquilo, é preciso que se diga, era o de Klopp. Sem dúvida. Contudo, até hoje, o treinador nunca foi vaidoso a ponto de tomar a glória para si. Até as pessoas que não o conhecem tão bem dirão que ele é um cara direto, muito autêntico; pois ele é mesmo."

O discurso de Klopp no centro da cidade "levou todos às lágrimas e fez com que mães que seguravam seus bebês gritassem que eles seriam batizados em sua homenagem", conta Doehling, com uma pequena pitada de exagero.

"Subir naquele terceiro ano foi o maior milagre de todos", conta Strutz, cujo pai havia sido presidente do clube antes dele. A primeira ascensão para a divisão de elite na história do Mainz tinha sido um feito que coroava o trabalho de uma vida toda de mais de uma pessoa. "Normalmente, as equipes na nossa situação são desmanchadas depois de dois reveses daquela magnitude. Em retrospectiva, não ter subido antes foi a melhor coisa que poderia ter acontecido conosco. Sabe por quê? Todos os apaixonados por futebol ficaram felizes com a nossa conquista; éramos queridos porque dissemos: 'Não vamos desistir, nos levantaremos uma vez mais'. Antes, ninguém havia realmente prestado atenção em nós; no entanto, agora tínhamos nos tornado o Mainz." O clube pequeno que não aceitara o fracasso, os perdedores em série que gritaram "sim" na cara feia do destino. "Aquilo só foi possível graças à relação especial entre Klopp e seus jogadores. Até hoje ninguém se sente indiferente atuando por nossa equipe. Os atletas amam jogar aqui e aqueles que atuaram aqui há dez anos adoram voltar."

É uma certa obviedade afirmar que times de futebol tendem a se parecer com seus treinadores depois de um certo tempo, mas no Mainz as semelhanças eram mais profundamente evidentes do que em qualquer outro lugar. "Eles eram jogadores limitados, não havia ninguém excepcional no time, com exceção de Manuel Friedrich (zagueiro)", afirma Quast. "Muitos me faziam lembrar de Kloppo. Havia Antônio da Silva, 'o único brasileiro que não sabia jogar futebol', disse Klopp, certa vez. Ele o transformou em estrela. Havia todos aqueles batalhadores, atletas medianos sem nenhuma chance de fazer alguma coisa especial em outro lugar. Um cara como Marco Rose, que desceu do ônibus da equipe gritando para a câmera 'Marco Rose é jogador da Bundesliga. Alguma objeção?'. Ele não teria conseguido atuar na primeira divisão em nenhuma outra cidade do mundo, só em Mainz. Todos tinham aquela mentalidade que o próprio Klopp possuía: lutavam, davam o máximo; e saíam para beber juntos no Ballplatzcafé, jogadores e o treinador. Me diga um técnico que faz isso."

RAPHAEL HONIGSTEIN

Subir para a primeira divisão dobrou o orçamento do Mainz para 20 milhões de euros por temporada e diminuiu as preocupações financeiras acerca das obras de reconstrução do estádio. Jogadores de longa data como Sandro Schwarz e Jürgen Kramny finalmente receberam ofertas para renovação de contrato. No entanto, ainda não havia dinheiro para a contratação de estrelas.

"O Mainz lutará com o SC Freiburg para ser o clube mais simpático da Bundesliga", escreveu o *Süddeutsche Zeitung*, "mas ninguém deve ignorar o fato de que será muito difícil para eles. Essa é uma equipe que trabalha duro, mas de quem não se espera nenhum comprometimento com a arte. Eles se entregam como loucos, enquanto os torcedores cantam músicas de carnaval na arquibancada, e seu jogo revela o amor de seu treinador pelo estilo inglês de jogar futebol."

"A Bundesliga pode ansiar por nossa chegada", anunciou Klopp. "Estamos prontos para isso."

Em junho de 2004, o futebol alemão estava em ruínas, desorientado e desmoralizado. A seleção nacional de Rudi Völler acabara sucumbindo, pela segunda vez consecutiva, na fase de grupos da Eurocopa sem uma única vitória e passando vergonha com atuações dolorosamente lentas, negativas, batizadas em conjunto de "futebol de ônibus leito" e *Rumpelfußball* (de *rumpeln*: aos trancos e barrancos) por especialistas e jornais horrorizados.

A performance dos principais jogadores do país mostrara-se tão absurdamente obsoleta que nenhum treinador experiente quis assumir a seleção a dois anos da Copa do Mundo, a ser disputada em solo alemão. Desprovida de possibilidades tradicionais, a federação alemã relutantemente confiou o cargo a Jürgen Klinsmann, o reformista baseado na Califórnia que defendia a necessidade de um jogo mais veloz e de uma renovação agressiva, dando espaço para que jogadores mais novos restaurassem o estilo de jogo da seleção nacional. "A Alemanha sempre foi uma nação de iniciativa, mas tínhamos parado de exibir um futebol em que propúnhamos o jogo", recordou ele, uma década depois.

Seria preciso que os dois anos se passassem e a Copa do Mundo terminasse para que as ideias do ex-centroavante, vistas com total desconfiança, fossem finalmente aceitas. Mas, na Bundesliga, as mudanças vieram um pouco mais rápido. A temporada 2004-05 foi a que marcou o primeiro passo à frente do campeonato alemão, até então enfadonho, penoso e taticamente antiquado. Três jovens treinadores suábios que haviam aprendido na segunda divisão que times pequenos podem crescer e melhorar, fazendo uso de estratégias engenhosas e execuções dedicadas, estavam descobrindo que suas fórmulas funcionavam também contra tradicionais gigantes do futebol nacional. O *Frankfurter Allgemeine* escreveu: "Há uma onda na Bundesliga: futebol de risco, defendendo a partir do ataque, de pressão, e uma sensação geral de aceleração; essas são as características de um movimento simbolizado por esses azarões mais 'pobres'". Líberos e meias de criação preguiçosos não tinham espaço em uma abordagem sistêmica, na qual a ênfase no coletivo minava a crença estabelecida de que os indivíduos é que faziam a diferença nesse nível. "Eles praticam um futebol conceitual que não é baseado no herói", observou o *Berliner Zeitung* a respeito da nova onda de "treinadores de aprimoramento" que sacudiam o statu quo.

No Schalke 04, Ralf Rangnick proibiu os passes para trás nos treinamentos e estipulou um máximo de dois toques na bola. No Arminia Bielefeld, Uwe Rapolder, que conduzira o time da Vestfália do leste ao acesso à frente do Mainz, venceu uma quantidade surpreendente de jogos com uma equipe bem abaixo da média, mas espetacularmente bem treinada, que dominou e superou adversários muito mais técnicos. Em Mainz, Jürgen Klopp, o terceiro e de longe o mais barulhento membro do triunvirato dos *auteurs*[2] do futebol do sudoeste alemão, chefiava uma campanha inicial empolgante que rapidamente desautorizou aqueles que

---

[2] Termo que designa diretores de cinema vistos como a força criativa central do filme. (N. do T.)

defendiam que o Mainz estava fadado a percorrer o caminho do rebaixamento. Cinco vitórias e três empates nos primeiros dez jogos mostraram que os novatos sem dinheiro podiam prevalecer também em meio à elite.

Apesar do sólido embasamento teórico de seus estilos de jogo, o Schalke, o Bielefeld e o Mainz eram reverenciados como *Spaßmannschaften*, times divertidos. Seus treinadores não apenas apresentavam um jogo bem jogado, moderno, mas também falavam com desenvoltura. Klopp, em especial, brilhava sob os holofotes, conquistando o público com descrições elaboradas acerca das estratégias de sua equipe e louvores ao espírito de luta dos atletas, enfatizando que o melhor esquema de nada valeria sem as pernas e a paixão para colocá-lo em prática. Duas grandes entrevistas para *Der Spiegel* e *taz* propiciaram frases suficientemente interessantes para durarem uma década. Não se pareciam com sessões de perguntas e respostas comuns, mas com um manifesto para um tipo de futebol e estilo de treinamento diferentes, baseados em princípios de humanidade e respeito.

"Queremos dominar o jogo", disse o segundo mais jovem treinador do campeonato, atrás apenas de Matthias Sammer, a respeito de seu plano de jogo. "Principalmente quando não temos a bola. Queremos que o adversário jogue a bola exatamente nas áreas que desejamos. A posse de bola do nosso adversário é nossa preparação para marcar um gol. Ambicionamos retomar a bola tão rapidamente que precisaremos apenas de um passe para ficar na cara do gol. Não corremos mais do que os outros, mas corremos sem parar. Por que deveríamos (parar)? Treinamos a semana toda para estarmos em forma por noventa minutos. E possuímos um sistema bem definido. Não atacamos tudo o que está à nossa frente, como um enxame de abelhas; atraímos o adversário e então o cercamos."

"A experiência", acrescentou ele, "é mais importante do que o resultado. Nós praticamos *Erlebnisfußball* (futebol que proporciona uma experiência agradável, divertida), exatamente o tipo de futebol que desejo assistir. Queremos correr incessantemente. Esse é o nosso código de conduta. Somos os representantes daquele cara comum que torce pra nós nos bares. Eles querem que a gente corra e lute. Nosso passaporte de entrada é bem definido, semana após semana: paixão, disposição para correr, vontade. Se uma pessoa deixa o estádio pensando: 'Eles deveriam ter corrido e lutado mais hoje', então nós fracassamos miseravelmente. Amo esse jogo porque tem a ver com potência, porque sacode a poeira. Só é possível se identificar com a emoção do jogo por meio do ritmo e da ação. Uma vitória vista por si só não é necessariamente emocionante. Um bom jogo faz com que os pelos de seu pescoço se ericem até segunda ou terça-feira. Futebol é espetáculo. Se não apresentarmos um desempenho soberbo, somente duas pessoas estarão sentadas ali no final."

Os altos níveis de coesão do Mainz dentro de campo eram reflexo dos laços especiais construídos fora dele, explicou Klopp. Dois anos antes, ele levara sua equipe para uma cabana remota na Floresta Negra, onde todos tiveram de cozinhar e limpar por conta própria. Antes de sua primeira temporada na Bundesliga, uma viagem extremamente desagradável para a Suécia, que mais parecia um exercício de sobrevivência, resultara em praticamente quatro dias de chuvas ininterruptas, inúmeras mordidas de mosquitos e um quase motim por parte do time ("eles queriam fretar um helicóptero para nos tirar de lá"), mas provocara também uma proximidade recém-descoberta em virtude da experiência compartilhada. Klopp pediu que os jogadores escrevessem uma carta para si mesmos enquanto acompanhavam o crepitar de uma grande fogueira, detalhando suas impressões e sentimentos acerca da viagem ao coração da erma região escandinava. As cartas foram colocadas em envelopes e recolhidas por Klopp, que disse a seus atletas que seriam guardadas para serem relidas caso a equipe enfrentasse uma crise nos meses subsequentes. "Cada um deles poderia, então, ler o que havia escrito àquela altura, sentado ao redor de uma fogueira com seus companheiros, e se lembrar daquelas emoções especiais e revigorantes."

Os jogadores do Mainz também assistiram a um documentário sobre os All Blacks, a seleção masculina de rúgbi da Nova Zelândia. Klopp perguntou a seus atletas como se sentiriam caso fossem chamados de All

Reds. Ficariam constrangidos? Ou podiam colocar a camisa do Mainz e jurar que se dedicariam ao máximo enquanto a estivessem usando? O Mainz jamais realizou o *haka*[3] no vestiário, mas os cantos maoris eram tocados no rádio do ônibus no caminho para os estádios.

Como o clube não podia se dar ao luxo de comprar jogadores que não se adequassem ao perfil futebolístico e psicológico do time, Heidel e Klopp realizavam entrevistas exaustivas com eventuais pretendentes. Se possível, o atleta era convidado a ir a Mainz com a esposa ou namorada. Klopp, primeiramente, conversava sozinho com ele por três, quatro, cinco horas sobre futebol, enquanto Heidel mostrava os pontos mais bonitos da cidade para a esposa ou namorada. Depois, Heidel conversava com o jogador. "Queria saber sobre sua origem e sua família, queria ter uma ideia de como era a pessoa", conta. "E dizia várias coisas sobre Jürgen Klopp. Seria idiota fazer isso com ele presente. Eu falava para o jogador que no fim ele iria acabar amando esse treinador. Esse tipo de coisa."

"Havia duas questões principais: 'Você gosta de treinar?'. Se alguém dissesse: 'Bom, na verdade, não muito, mas estou na minha melhor forma no fim de semana' — adeus. Sem chance. 'Você gosta de correr?' Se a resposta fosse: 'Prefiro demonstrar minha técnica' ou 'Não preciso disso', não o contratávamos. Sempre disse a eles: 'Se você acha que vai marcar três gols no fim de semana sem treinar duro, por favor me fale agora, pois você nunca vai jogar aqui. Independentemente de seu nome'. Os jogadores respondiam a tamanha sinceridade. Houve muita gente que não contratamos porque achávamos que não faria aquilo que era preciso. Além disso, se alguém dissesse: 'É só o Mainz...', mandávamos embora na hora. Kloppo sempre disse: 'Quero ter a impressão de que você só se vê jogando em um time atualmente: o Mainz. Se não se sente assim, se acha que precisa conversar com outras equipes antes, deixa para lá. Se você não se entusiasmou depois do que eu lhe disse sobre o clube, não deve vir para cá. E seja honesto, porque não vai dar certo'. Os atle-

---

[3] Dança de origem maori realizada pela equipe do All Blacks antes de suas partidas. (N. do T.)

tas ficavam impressionados com isso. Então falávamos para irem para casa, sem fazer uma oferta concreta. Dizíamos: 'Pense um pouco. Você se imagina jogando aqui?'. Comentávamos que também iríamos discutir o assunto. 'Diremos claramente caso nossa decisão seja tentar contratar você. Se não der certo por questões financeiras, que seja'. Quase sempre dava certo. Os jogadores que nós fisgávamos eram contratados. Nós os nocauteávamos. Assim que assinavam o contrato, eu e Klopp nos cumprimentávamos. Era um trabalho orquestrado."

O atacante egípcio Mohamed Zidan foi um caso exemplar. Seu agente descartara uma ida do Werder Bremen para o Mainz dizendo: "Mainz? O que ele quer em Mainz?", recorda-se Heidel. "Mas, depois de conversarmos com o jogador, ele ficou extremamente interessado. Só queria jogar para nós, para nenhuma outra equipe." Além de um sistema que funcionava e tirava as maiores qualidades dos jogadores, aumentando o potencial de mercado deles ("quem quer que atue no Mainz terá, em algum momento, a chance de ganhar o que os demais estão ganhando", previra Klopp), o clube também oferecia um equilíbrio atraente entre vida profissional e pessoal. Heidel: "Existem cidades piores para se viver. Aqui, você pode ter uma vida normal como jogador de futebol. Em Colônia, não pode nem sair às ruas. Em Mainz, isso é possível. Dificilmente você irá achar um jogador que não tenha gostado de atuar aqui. Nunca precisamos multar jogadores por indiscrições. Não era necessário".

Isso não quer dizer que as regras corriqueiras não fossem aplicadas. Chegar atrasado para treinar acarretava em uma multa de duzentos euros. Havia ainda uma multa para o próprio treinador caso ele se atrasasse: quinhentos euros. Um dia, quando o Mainz ainda estava na segunda divisão e Klopp morava na região de classe média de Gallusviertel, em Frankfurt, ele chegou ao apartamento de Michael Thurk, no mesmo bairro, para pegar o atacante, a fim de seguirem viagem pela A66 Autobahn,[4] famosa por seus congestionamentos. Insistentes toques no

---

[4] Estrada alemã que vai de Taunus à cidade de Fulda, passando por Frankfurt e Mainz. (N. do T.)

interfone não deram resultado. Klopp interfonou para todos os apartamentos até que alguém permitisse sua entrada e então bateu na porta do apartamento de Thurk. Depois de um tempo a porta se abriu e Thurk surgiu de cueca. "Ah, treinador, desculpa..."

"Você tem exatamente dois minutos ou vou sair daqui sem você."

Noventa segundos depois, Thurk estava no carro vestindo uma mistura de roupas escolhidas às pressas. A viagem para Mainz foi "muito estressante", conta Quast, que também ia de carona com Klopp. "Congestionamento; tudo parado. Kloppo estava suando porque não ganhava muito dinheiro naquele tempo. Quinhentos euros era muita coisa. Thurk também começou a suar — Klopp tinha dito que ele teria de pagar se chegassem atrasados. De alguma maneira eles conseguiram chegar com dois segundos de sobra."

Klopp fazia questão de tratar seus jogadores da maneira como gostaria que seus ex-treinadores o tivessem tratado. O meio-campista Fabian Gerber recebeu um dia de folga para comemorar o aniversário da mãe — uma atitude notável e intensamente debatida no ambiente machista da Bundesliga. "Não tive permissão para estar com meu filho em seu primeiro dia de aula há dez anos e até hoje me pergunto por que fui idiota a ponto de acatar aquela ordem do treinador", foi a explicação dada por Klopp a respeito de sua tolerância. "Quero que as pessoas ao meu redor estejam bem. Assim é a vida. Tudo bem, nós jogamos futebol, há uma linguagem bruta e algumas vezes até mais do que isso; mas não preciso machucar ninguém. Não preciso ameaçá-los para conseguir fazer com que tenham um bom desempenho. Tenho de mostrar aos jogadores os nossos objetivos de maneira que eles automaticamente queiram alcançá-los. É nisso que eu acredito."

Os atacantes do Mainz Benjamin Auer e Thurk chegaram a discutir algumas vezes a possibilidade de atuar de forma mais relaxada, mas não tiveram sucesso. Quando se tratava de sua agenda futebolística, Klopp era intransigente. "No entanto, apenas um jogador", insiste Heidel, "não se deu bem de modo algum em Mainz: Hanno Balitsch. Ele sempre disse que Klopp e o time comportavam-se como se estivessem em uma seita, que gargalhavam o dia inteiro. Hanno não suportava aquilo, e também achava estranho que os jogadores abordassem o treinador usando o *du* (e não o pronome formal *Sie*) — ainda hoje damos risada quando nos encontramos. Mas eu desafio você a encontrar outros atletas, mesmo aqueles que não atuavam com frequência, que digam uma única coisa ruim sobre o Mainz. Não existe. Eu sempre disse aos jogadores com quem estávamos negociando para ligarem e pedirem a opinião dos nossos ex-atletas. Eles não tinham motivo para mentir."

O Mainz recebeu inúmeros elogios por sua exibição corajosa na derrota por 4 × 2 contra o Bayern de Munique, de Felix Magath, no estádio Olímpico, no fim de novembro. Contudo, a escuridão estava se aproximando. Outras sete derrotas e um empate sem gols contra o Arminia Biefeld, de Rapolder, deixaram o time na 15ª posição, apenas quatro pontos acima da zona de rebaixamento. Não havia mais entrevistas perspicazes com o treinador em publicações de alto nível, somente as perguntas sobre sua continuidade no emprego. No entanto, a diretoria do Mainz deixava claro que Klopp seguiria como treinador mesmo em caso de rebaixamento. As dúvidas da imprensa voltaram a diminuir. "Demiti-lo nunca foi algo que discutimos", conta Strutz; "estávamos convencidos a respeito dele como treinador e pessoa."

Klopp disse aos torcedores em Bruchweg que parassem de dançar ao som das músicas de carnaval e, em vez disso, comemorassem cada roubada de bola. Ele enfrentou noites sem dormir e depois admitiu ter se sentido sozinho em meio àquela onda de resultados ruins ("Não podia me aconselhar com ninguém porque treinadores normalmente não sobrevivem a oito derrotas seguidas"), mas continuou otimista no vestiário e transmitindo tranquilidade. "Em nenhum momento os jogadores passaram a duvidar de si mesmos, essa foi sua grande conquista como treinador", escreveram Rehberg e Karn. Um ajuste tático — o Mainz passou a atuar no 4-3-2-1 — também ajudou a equipe a se recuperar. Vitórias sobre Freiburg (5 × 0), Schalke (2 × 1), Hannover (2 × 0) e Bochum (6 × 2)

RAPHAEL HONIGSTEIN

diminuíram o receio de rebaixamento. Na 32ª rodada, apesar da derrota por 4 × 2 para os campeões, o Bayern de Munique, eles estavam salvos. As duas equipes celebraram juntas, com seus respectivos torcedores, tomando grandes garrafas de cerveja no gramado. O Mainz terminaria a primeira temporada de sua história na Bundesliga na 11ª posição.

A capacidade de Klopp de vender a si mesmo, seu futebol e seu clube aos demais, mesmo em momentos de dificuldade, o distinguia de Wolfgang Frank, comenta Doehling. "Frank não tinha esse talento; perdia a cabeça depois de cada derrota, lamentando a atuação fraca do Mainz e o estádio quase vazio. Klopp aprendeu com isso. Sabia como falar com as pessoas. É preferível dizer: 'Vocês são todos uns idiotas, porque não entendem como nosso futebol é grandioso' ou 'Esse é um evento que se desenrola em altíssima velocidade. Quem não estiver aqui para vivenciar isso vai sair perdendo. Melhor vocês virem'. Ele sabe muito bem como se manter confiante; e, você já ouviu isso antes, ele cativa as pessoas. Não há muitas pessoas na Alemanha capazes de fazer isso. Você consegue fazer com que as pessoas apoiem você, suas ideias? Um político não é diferente de um treinador. Klopp é um político nato. Mas não se deve conduzir as pessoas na direção do fogo. Você só pode fazer isso uma vez, porque depois elas o abandonam. É preciso levá-las para a batalha e tirá-las de lá — com vida. Você tem de salvá-las. Assim, elas irão segui-lo sempre."

Sobreviver ao rebaixamento na temporada 2004-05 foi um "conto de fadas futebolístico", afirma Quast. As pessoas em Mainz estavam quase se acostumando com milagres; o extraordinário tinha se tornado rotina. Ele se recorda dos torcedores do Bayern parados do lado de fora do estádio, boquiabertos, olhando para Klopp, que depois do apito final festejava com a torcida no bar do estádio do clube, o Haasekessel. "'Espera um pouco, aquele ali não é o treinador do Mainz?', se perguntavam os torcedores bávaros, que acabaram se dirigindo até ele para tirar fotos. Ele sempre estava lá, também bebeu com os 25 torcedores que o tinham visto marcar quatro gols em Erfurt. Ele não queria mudar, esse era seu jeito, e assim era o Mainz."

***

Algumas semanas depois de assegurar a permanência na elite, a sorte do Mainz tomou um rumo ainda mais fantástico. O menor clube da Bundesliga se viu vivendo um sonho dentro do sonho, como se estivesse no filme *A origem*, de Christopher Nolan. Graças ao comportamento afável de jogadores, dirigentes e torcedores — bem como a uma considerável dose de sorte —, o Mainz se tornou um dos dois times europeus classificados para a Copa da Uefa pelo critério do fair play (no entanto, o papel de clube mais simpático e divertido do campeonato não contou com a aprovação de todos. Os torcedores organizados do Hannover apresentaram, meses depois, um cartaz em que se lia: "Sua popularidade nos provoca ânsia de vômito").

Jürgen Klopp manteve-se tranquilo. "O sentimento em relação à Copa da Uefa? Pode se parecer com uma queimação no estômago?", foi sua resposta para perguntas sobre a totalmente inesperada incursão do Mainz pelo futebol europeu. Preocupações a respeito da intensificação das exigências em cima do time inexperiente e muito unido foram igualmente ignoradas: "Não devemos começar a achar que temos um problema. A única diferença é que vamos passar menos tempo com nossas esposas".

Todavia, essa não era a única diferença. Viagens com sentido de aventura para a Armênia (4 × 0 para o Mainz no placar agregado contra o FK Mika Ashtarak), a Islândia (4 × 0 para o Mainz no placar agregado contra o Keflavík) e a Espanha (derrota por 2 × 0 no placar agregado contra o Sevilla) trouxeram muita empolgação, mas também fadiga e exaustão nos primeiros momentos da temporada 2005-06. O Mainz perdeu as primeiras cinco partidas válidas pela Bundesliga. Muitos disseram se tratar da síndrome da segunda temporada: a festa havia terminado. A gravidade da situação estava, finalmente, trazendo de volta para seu nível natural a equipe que tinha alçado voo. "É questionável quanto tempo a felicidade do pessoal de Mainz perdurará com o aumento da pressão", escreveu o *Neue Zürcher Zeitung* como uma ave de mau agouro.

RAPHAEL HONIGSTEIN

Klopp buscou inspiração em uma história em quadrinhos que lera quando adolescente: *Mortadelo e Salaminho*, desenhada pelo ilustrador espanhol Francisco Ibáñez, é a história de agentes secretos que constantemente enfrentam terríveis contratempos e graves mutilações sem nenhum prejuízo permanente, aparecendo novinhos em folha já no quadro seguinte. "Eu adorava aqueles quadrinhos", afirmara Klopp. "O tempo que os personagens precisavam para se regenerar era espetacularmente curto. Não importava se haviam sido esmagados por um rolo compressor ou caído de um penhasco a oitocentos metros de altura — as coisas simplesmente seguiam seu rumo!"

Em *Mortadelo e Salaminho,* as leis da física e da biologia não se aplicavam. Porém, a Bundesliga era um ambiente bem menos misericordioso. O Mainz recuperou sua forma física depois de ter sido eliminado da Copa da Uefa no final de setembro; o mesmo não ocorreu em relação aos resultados. Com dez jogos disputados pelo campeonato alemão na temporada, a equipe estava na zona de rebaixamento com sete pontos na tabela. Uma derrota por 3 × 1, fora de casa, para o Hertha Berlin foi o típico caso de inexplicável descompasso entre um futebol ofensivo fabuloso e resultados deprimentes. Klopp orientou todos a olharem para além dos números. "Avaliaremos essa partida independentemente do placar", disse aos repórteres na capital alemã. A publicação *taz* ficou um pouco surpresa ao observar que os jogadores continuavam mantendo a esperança, determinados a "seguir como a turma bem-humorada do campeonato, agindo corajosamente, jogando ofensivamente, com rapidez e planejamento e, acima de tudo, se apresentando de tal modo que mesmo o mais crítico dos comentaristas não poderia deixar de notar que esses atletas gostam de jogar futebol".

O próprio Klopp ainda gostava de futebol, isso era óbvio para aqueles que estavam mais próximos dele. Com frequência, o técnico atuava como jogador no time da Kemweb, uma pequena agência de notícias cujos escritórios ficavam perto de sua casa, em Gonsenheim. O Kemweb enfrentava equipes de outras empresas — bancos, supermercados, firmas de construção — em uma liga amadora bem organizada, e muitas vezes sofria com a falta de jogadores. Peter Krawietz, que trabalhava para a empresa, perguntou certo dia se Klopp não estaria interessado em fazer parte do time; ele topou. A cada três ou quatro semanas, sempre que o calendário do Mainz na Bundesliga permitia, Klopp jogava em algum lugar do interior entre vinhedos e plantações de nabo "contra homens ostentando enormes barrigas de cerveja e jogadores incrivelmente ruins que eram os campeões do 'pós-jogo'", como se recorda Martin Quast. "Kloppo se sentia exultante ali, entre aqueles caras; ficava em campo e rolava de tanto rir quando alguém tentava chutar para o gol mas atingia a bandeirinha de escanteio. Depois, todos se amontoavam em torno de Kloppo em algum bar e ele ria a noite inteira. Aquela risada exagerada dele. Tudo o que se enxergava eram seus dentes grandes. Pessoas totalmente aleatórias que trabalhavam em bancos ou na Blendax, a fábrica de pasta de dente, iam para casa dizendo: 'Herr Klopp, conhecíamos você como treinador, mas não tínhamos ideia de que você era um cara tão legal. Sensacional. Você ainda seria capaz de jogar na sétima divisão, não?'. Esse era o maior elogio que ele podia receber, pois Klopp nunca fingiu ser alguém diferente."

Com a chegada do inverno, o forte setor de ataque do Mainz — composto pelo meia Antônio da Silva, os atacantes Michael Thurk, Benny Auer, Petr Ruman e Mohamed Zidan — começou, finalmente, a converter em gols a grande quantidade de oportunidades criadas. Até o Natal, o Mainz já havia acumulado dezesseis pontos. A boa fase não podia ser ignorada. A diretoria ofereceu a Klopp uma extensão de contrato por mais dois anos, até a parada de inverno de 2008, e o treinador aceitou. Christian Heidel não negou as notícias que afirmavam que o salário do técnico teria subido para 1,2 milhão de euros anuais, o que, àquela altura, não o deixaria muito distante da elite da Bundesliga.

"O Mainz é um clube fantástico", disse Klopp ao *Frankfurter Rundschau* em uma entrevista dupla ao lado de Heidel, em janeiro de 2006. "Eles literalmente explodiram em termos de desenvolvimento nos últimos cinco anos, sem mudar sua personalidade. Trabalhar lá ainda é um desafio grande e prazeroso. Procurar outro desafio agora nunca foi uma possibilidade para mim."

Klopp, o rastilho de pólvora da explosão do Mainz, negou ter mudado seu jeito de ser em virtude do aumento de sua exposição, mas admitiu que atrair mais a atenção das pessoas estava começando a ter um impacto negativo. "Quando você passa a ser reconhecido costumeiramente, sua vida particular sofre", disse. "Se alguém, há cinco anos, tivesse me teletransportado para o ano de 2005, eu teria ficado chocado. Naquele tempo, eu podia sair correndo pelado por Mainz que ninguém saberia meu nome."

Correr despido em público pelas ruas distintas de Gonsenheim talvez não fosse mais uma opção, mas Klopp também não chegava exatamente a se esconder. Seu nome estava escrito sobre a campainha da casa (ainda permanecia lá em novembro de 2016); você podia encontrá-lo no terraço aberto do Café Raab, a poucos metros de casa, ou alugando DVDs na Videolocadora do Toni, de noite. Certo dia, Toni, o proprietário, disse a Klopp que ele poderia alugar filmes gratuitamente pelo resto da vida se sua loja aparecesse na televisão. Ao saber disso, Martin Quast incluiu Toni em uma matéria sobre Klopp para a Sport1. Toni manteve a palavra. "Agora, Kloppo nunca mais vai pagar."

Heidel então alertou Klopp que ele deixaria de ser "a pessoa mais famosa de Mainz" e passaria a ser alguém conhecido "por 80 milhões de alemães, incluindo todos os vovôs e vovós", depois de trabalhar para a ZDF na Copa do Mundo de 2006, que começaria dali a cinco meses. Se as entrelinhas da conversa com o *Rundschau* — que apontavam para o fato de que Klopp estava aos poucos ficando maior do que o Mainz — não tinham sido captadas por todos, o treinador fez questão de falar às claras. "Minha disposição para ser treinador do Mainz não vai durar para sempre. Não me imagino aqui em dez anos. Sou muito curioso para que algo assim aconteça. Eu me forçaria (a mudar para outro lugar)."

O charme de Klopp pode ter provocado uma atenção que ele não desejava, mas também se traduziu em dinheiro para o clube, afirma Heidel.

"Ninguém tinha inveja. Pelo contrário: tiramos proveito de sua popularidade. O efeito Kloppo nos ajudava a obter patrocínios e a vender ingressos." O clube estava começando a pensar grande, muito além da próxima partida e da necessidade imediata de evitar o rebaixamento uma segunda vez. Eles realizaram um estudo sobre a viabilidade de se construir um estádio novo. E, depois de quinze anos no cargo, Heidel finalmente passou a atuar em tempo integral como diretor executivo do clube. "Temos a oportunidade de criar uma infraestrutura com a qual eu não teria sequer sonhado há alguns anos", disse Klopp. "Quero fazer parte desse desafio. Quando sair, quero saber que o clube se beneficiou com minha presença. O plano sempre foi esse. Quero deixar um legado."

"As negociações com Kloppo levavam dois minutos", conta Heidel. "Eu lhe dava um pedaço de papel com um valor escrito e ele tinha permissão para colocar ao lado até que ano valeria o acordo. Um aperto de mãos e fim de papo. Nunca negociamos; ele jamais discordou da minha oferta. Sabe, ele sempre reclamou que ganhava muito pouco como jogador, mas era, certamente, o treinador mais bem pago da segunda divisão. De longe. E tampouco era um indigente na Bundesliga. Eu sabia da sua importância. Ele ganhava o que três ou quatro jogadores recebiam juntos, e me dizia: 'Que isso, é muita coisa'. 'Não. Você merece.' Às vezes, as pessoas telefonavam para tentar atraí-lo para outro lugar e ele gargalhava; ninguém sabia quanto a gente estava pagando para ele. Sete dígitos. Havia inúmeros treinadores na Bundesliga que não ganhavam aquilo. Klopp lotava o estádio; era um ícone de propaganda para o Mainz. Não se pode medir esse efeito em termos pecuniários. Ia muito além de seu trabalho nos treinamentos."

Enquanto isso, o desequilíbrio óbvio do time exigia uma reformulação tática. Todos os melhores jogadores do Mainz atuavam do meio para a frente, por isso um novo sistema 4-4-2, com um losango no meio de campo — e Thurk atrás dos dois atacantes —, foi adotado para otimizar as qualidades do time. Contudo, em uma partida fora de casa, em Dortmund, em fevereiro, a nova formação parecia estar deixando o meio de campo exposto demais. A comissão técnica estava considerando abandonar o experimento no intervalo, com o Mainz perdendo por 1 × 0 e sendo completamente dominado. Mas o esquema foi mantido. E, de algum modo, as coisas se encaixaram, Thurk marcou e os visitantes, no fim, deram azar ao não sair de lá com os três pontos. "Aquele foi um momento muito complicado", disse Klopp, tempos depois, "uma das muitas valiosas lições que aprendemos." Sete pontos nos três jogos subsequentes tiraram o time de perto da zona de rebaixamento.

O reconhecimento ao bom trabalho de Klopp também apareceu de outra maneira: o zagueiro Manuel Friedrich foi convocado por Jürgen Klinsmann — o primeiro atleta do Mainz na história a fazer parte da *Nationalmannschaft*. "Manu é um zagueiro de alto nível e um cara sensacional. Estou feliz por Jürgen Klinsmann poder conhecê-lo", foi o gracejo dito por Klopp, radiante de orgulho.

Com sua nova formação, o Mainz perdeu somente uma partida em sete, 3 × 0 contra o Nuremberg, fora de casa. No entanto, os outros resultados conspiraram contra a equipe antes do jogo seguinte, em casa, contra os líderes do campeonato, o Bayern de Munique, pela 31ª rodada. O time passara por uma experiência desalentadora e melancólica; no entanto, isso nada tinha a ver com o inesperado escorregão para a zona de rebaixamento. A convite do secretário da Justiça da Renânia-Palatinado, Herbert Mertin, Klopp levara seus jogadores para visitar a prisão federal Rohrbach. Um detento disse ao treinador que se sentara, em uma oportunidade, a seu lado em uma viagem de ônibus de torcedores para uma partida do Mainz pela segunda divisão — Klopp estava suspenso e viajara com os torcedores. O treinador do Mainz escutou atentamente a história de vida do presidiário. "Cara, você precisa dar um jeito na sua vida quando sair daqui", foi seu conselho, relatou o *Frankfurter Rundschau*. Klopp disse ao jornal que era importante que seus jogadores "vivenciassem um mundo totalmente diferente, que nada tem de divertido ou luxuoso. Esse tipo de coisa ajuda você a crescer como ser humano e como jogador, mesmo que não ajude a vencer o Bayern".

A melhor parte daquela viagem pouco usual, no entanto, foi a chance "de fazer com que o pessoal da prisão pudesse passar algumas horas a mais fora de suas celas", complementou ele. Ao ser informado de que não havia transmissão ao vivo de jogos de futebol na televisão dentro do presídio, Klopp pediu para Mertin instalar um decodificador de TV paga que permitisse aos detentos assistir à partida Mainz × Bayern de Munique. O político apenas sorriu para a sugestão descarada, mas percebeu que a visita da equipe podia ter servido como um "pontapé inicial" na reabilitação de alguns condenados.

De volta aos gramados, o Mainz empatou com o Bayern em 2 × 2. "Seria um desastre se o Mainz fosse rebaixado", disse o diretor executivo do Bayern, Uli Hoeneß, após o confronto equilibrado durante os noventa minutos. Uma vitória tensa fora de casa, 3 × 0 frente ao Wolfsburg, colocou o clube em uma posição bastante promissora. E na penúltima rodada fez-se carnaval novamente em Bruchweg. O Mainz superou o Schalke por 1 × 0. O time estava salvo. Um Klopp choroso e encharcado de cerveja escalou o alambrado do estádio para cantar músicas desconexas com os torcedores. "Ele é o torcedor organizado entre os treinadores", escreveu o *Süddeutsche Zeitung*, e "o Mainz tornou-se a expressão de sua personalidade": um clube em que tanto os jogadores como os torcedores são "levados a um frenesi" pelo homem na linha lateral e "dezenas de milhares de pessoas vivem de acordo com as emoções prescritas por seu treinador".

Após um empate sem gols em Duisburg na última rodada, o Mainz, time mais pobre do campeonato (sua folha de pagamento, 13 milhões de euros, era menos da metade da média das outras dezessete equipes, 28 milhões de euros), consolidou-se uma vez mais como a 11ª melhor equipe do país. Alguns jogadores se perguntavam se o desempenho não teria, na realidade, ficado abaixo de suas capacidades técnicas, mas Friedrich afirmou que o clube sabia exatamente o que tinha realizado. "Ser capaz de jogar na Bundesliga outra vez no próximo ano é a melhor coisa para nós", disse. "Ainda vivenciamos cada partida como um presente, como uma criança com os olhos arregalados."

Raphael Honigstein

No entanto, como um violino levemente desafinado em meio a uma orquestra filarmônica, dois pequenos e desagradáveis ruídos destoaram durante as comemorações. Os torcedores do Mainz insultaram o meio-campista Mimoun Azaouagh, ex-jogador da casa, durante a partida contra o Schalke; um sinal, talvez, de que o clube que se autoproclamava festivo e simpático vinha se tornando um pouco menos especial, mais comum. "Nós não somos assim", disse Klopp, criticando severamente os torcedores. Além disso, comentaristas habituais notaram que Heidel protestara um pouco veementemente demais quando alguém lhe disse que seria difícil repor as perdas do meia Antônio da Silva (para o Stuttgart) e do principal atacante da equipe, Mohamed Zidan (de volta ao Werder). "Faz quinze anos que estamos ouvindo isso", foi sua resposta desdenhosa.

Naquele verão, porém, as comportas foram abertas. Além de Antônio da Silva e Zidan, o atacante Benny Auer e o defensor Mathias Abel também deixaram o time. Mais prejudicial, em mais de um sentido, foi a saída de um quinto titular, Michael Thurk. Os doze gols marcados pelo atacante na temporada 2005-06 haviam ajudado muito o Mainz em sua luta contra o rebaixamento, assim como os seis gols que ele marcara na segunda metade da temporada anterior. Thurk era o tipo de atacante que os alemães chamam de *Schlitzohr* — literalmente: orelha rachada. A expressão remete há alguns séculos, quando artesãos aprendizes usavam brincos de ouro que eram arrancados como punição por contravenções. No gramado, Thurk era um bandido de rua, um delinquente cativante que irritava constantemente os defensores. Ele crescera no bairro de Gallus, em Frankfurt, uma região industrial tomada pela classe trabalhadora e espremida entre duas grandes linhas férreas. Moradores locais chamavam a região de "Kamerun" (Camarões) devido ao alto índice de imigrantes.

Os dois gols de Thurk no último dia da temporada 2003-04 contra o Eintracht Trier fizeram o Mainz subir para a Bundesliga, mas o que se viu naquele dia foi a imagem de alguém solitário e desesperançoso em meio às festividades calorosas. Thurk assinara um contrato para defender o Energie Cottbus na temporada seguinte, prevendo que o clube da Alemanha Oriental subiria para a divisão principal. No entanto, no lugar do Cottbus, o time que acabou subindo para a primeira divisão foi o Mainz. "Me sinto muito mal. Tenho mesmo de ir para lá?", resmungava Thurk durante toda a festa no centro da cidade, chorando inconsolavelmente.

Heidel prometera ao atacante que, caso sua transferência para o Cottbus não funcionasse a contento, ele seria bem recebido de volta. Quando a coisa deu errado, o próprio Thurk pagou parte do valor de sua transferência para facilitar o retorno, em janeiro de 2005. "Na história do Mainz, tomamos duas decisões incríveis a respeito de nossos funcionários", disse Strutz. "Uma foi com Klopp; a outra, aceitar a volta de Thurk do Cottbus. Esse cara é incrível no gramado."

Em julho de 2006, Thurk ficou sabendo do interesse do Eintracht Frankfurt. A mudança para sua cidade natal era extremamente atraente para o atacante, tanto do ponto de vista emocional como financeiro. O Mainz desejava sua permanência. Thurk provocou então um desentendimento com Heidel e com Klopp para forçar sua venda. Declarou que estava decepcionado porque o diretor executivo do Mainz não o informara a respeito do interesse do Eintracht; depois, atacou Klopp, que não teria lhe dado apoio suficiente para uma possível convocação à seleção nacional. "Preciso pensar sobre o assunto", respondera, honestamente, o técnico do Mainz quando perguntado sobre as chances de Thurk com Klinsmann. "Isso não é simplesmente um comentário negativo sobre um jogador", reclamou Thurk, "eu fiquei com a sensação de que ele estava tirando sarro da minha cara." Mas o atleta de 32 anos foi além, muito além. Thurk afirmou que Klopp era uma espécie de "superguru" cujo talento na gestão de pessoas era totalmente superestimado: "Essa animação sem fim, sempre um gracejo, as coisas que ele diz nas reuniões de elenco, sua maneira de motivar. Nem presto atenção, pois já escutei milhares de vezes. Não têm mais nenhuma relevância. Muitas das coisas que ele fala, já não consigo nem mais ouvir".

RAPHAEL HONIGSTEIN

Depois disso, não havia mais volta. O Mainz o vendeu para seus rivais regionais. No entanto, a mudança não foi boa para Thurk. O atacante marcou somente quatro gols em 36 partidas antes de ser negociado com o Augsburg FC. "As coisas que o Thurk falou eram imperdoáveis, era terra arrasada", conta Quast. "Kloppo era Deus em Mainz, não se podia fazer isso. Ficou muito pessoal. Depois das muitas viagens de carro que fizeram juntos indo e voltando de Frankfurt, eles haviam ficado muito íntimos, como *Topf und Arsch* (unha e carne). Foi algo calculado. Ele sabia que o clube teria de vendê-lo. Como você lida com um cara assim? Por um período, a relação deles ficou bastante tensa. Eu tinha certeza de que Klopp romperia qualquer contato. Mas, então, na temporada 2015-16, o Augsburg enfrentou o Liverpool. E quem estava lá, sentado no camarote VIP ao lado de Ulla (esposa de Klopp)? Michael Thurk! Klopp o chamara como convidado de honra. Thurk havia jogado pelo Augsburg, então era, de certa forma, um jogo dele também. Não havia ressentimento, rancor. Isso é bacana. Respeito pessoas que conseguem deixar coisas do passado serem coisas do passado dessa maneira."

O início da temporada 2006-07 foi espetacular. O Liverpool de Rafael Benítez foi destruído por 5 × 0 em um amistoso em Bruchweg. O Mainz bateu o VfL Bochum, 2 × 1, na primeira partida da Bundesliga. Mas, no que diz respeito às vitórias, foi só isso. A equipe recém-construída não conseguiu fazer com que o esquema, que tanto exigia dos atletas, desse certo. Oito empates e oito derrotas deixaram o time se arrastando na tabela na metade da temporada.

O ataque perpetrado por Thurk fornecia uma explicação fácil para os péssimos resultados do Mainz: Klopp não conseguia mais inspirar os atletas. Talvez ele estivesse muito ocupado analisando as partidas da seleção nacional na ZDF para se preocupar com os assuntos mundanos da Bundesliga, sugeriam os tabloides.

Strutz afirma que esse não era o problema. "Antes de um jogo, contra o Schalke 04, Klopp fez um discurso inacreditável durante a entrevista coletiva. Ele simplesmente falou e falou, e, no fim, eu tinha certeza de que iríamos vencer. Pedi para um dos cinegrafistas me dar uma cópia da fita." "Vamos manter a crença ingênua que temos", disse Klopp, "não vamos enfrentar o Schalke nos sentindo pequenos, com nossas costas arqueadas ou quebradas. Aqueles que seguem lutando, que nunca desistem, nunca param de trabalhar, vão ser recompensados no fim. Essa é minha crença fundamental. Seguiremos lutando até que alguém nos diga: 'Já podem parar, a temporada acabou'." O Mainz perdeu o jogo por 4 × 0.

O jogo antes da parada de inverno, em casa, contra o Bayern de Munique, terminou com o mesmo placar. Uma ola varreu o estádio Bruchweg, totalmente tomado; um terço do público fez daquilo um ato de rebeldia; dois terços, humor negro. Strutz não gostou nem um pouco. "Eu preferia que, em vez disso, os torcedores tivessem insultado os atletas." Os diretores do clube admitiram que faltava técnica e aplicação para a equipe, principalmente entre alguns recém-contratados. Durante a parada no campeonato algumas mudanças aconteceriam, mas não no banco de reservas. Heidel declarou que Klopp era insubstituível. "Pularemos de alegria se ele estender seu contrato para além de 2008", disse aos jornalistas.

Klopp negara que sua equipe estivesse com medo da visita dos bávaros — "não cagamos nas calças, eu conferi antes de entrarmos" — e manteve-se estoicamente otimista. A pausa daria a oportunidade para que as mudanças necessárias fossem feitas. De qualquer maneira, disse ele aos repórteres, terminar o ano na última posição da Bundesliga não era o pior Natal de sua vida. "Quando eu tinha cinco anos, queria uma bicicleta Bonanza de presente, e ganhei uma; no entanto, nosso vizinho Franz, que se vestia de papai Noel, se sentou nela de brincadeira; o aro da roda entortou, formando um 'oito'. Não pude andar de bicicleta e fiquei muito triste."

Neven Subotić, sentado no atraente Tasty Pasty Company, um café de tijolos aparentes administrado por um expatriado inglês muito falante em Colônia, afirma que "não parecia que o mundo estava desabando". "Aquela temporada não foi uma zona completa nem foi anárquica. Estava tudo normal. Treinávamos forte e atuávamos com um plano bem-definido no fim de semana, sabendo que seria ótimo conquistar um ponto. Esse era o nosso objetivo. Não havia um sentimento de grande frustração, de que nada estava dando certo para nós. Acho que todos sabiam que não tínhamos a qualidade das grandes equipes, que basicamente merecíamos estar onde estávamos. Como atleta jovem, eu me preocupava mais comigo mesmo."

Heidel investiu para melhorar a equipe. Mohamed "Pequeno Faraó" Zidan, um atacante tranquilo que, assim como Thurk, só atingira seu potencial sob o comando de Klopp, foi trazido de volta do Werder Bremen por 2,8 milhões de euros, em janeiro, uma transferência recorde para o Mainz. O meio-campista dinamarquês Leon Andreasen (também do Werder) veio por empréstimo de seis meses para reforçar o setor central da equipe, e o ponta colombiano Elkin Soto foi tirado da obscuridade (ele estava sem contrato depois de um período no Once Caldas). Os torcedores também se mexeram: para salvar o Mainz do rebaixamento, criaram uma campanha chamada "Missão Possível 15" (a 15ª posição bastava para sobreviver). Os torcedores organizados do Mainz prometeram fazer do Bruchwegstadion, onde passara a ser uma moleza derrotá-los, um caldeirão novamente.

Klopp, descrito pelo *Guardian* como um "jovem que não fazia a barba e pulava sem parar em uma cama elástica imaginária", aproveitou ao máximo a energia do recomeço. Zidan, Andreasen e, em menor grau, Soto, que logo se machucaria, foram fundamentais para que o time conseguisse cinco vitórias nos primeiros seis jogos no *Rückrunde* (a segunda metade da temporada). O Mainz estava em décimo. Discutia-se a possibilidade de se chegar à Copa da Uefa pela segunda vez. "Meus companheiros lutam como se os adversários estivessem ameaçando levar seus filhos", disse Andreasen, admirado. Strutz chamou o time de "Coração Valente da Bundesliga". Contudo, qualquer semelhança com os insurgentes escoceses mostrou-se superficial. Sob os kilts do Mainz, não havia tanta coisa assim acontecendo.

Erros dos árbitros, contusões, oportunidades de gol desperdiçadas, gols bobos sofridos — a conhecida ladainha de uma equipe rebaixada desde os tempos mais remotos. Tudo verdade, tudo responsável, até certo ponto, pelas sete derrotas do Mainz nos nove jogos subsequentes. Mais importante: a desastrosa primeira parte da temporada havia deixado pouquíssima margem de erro para uma equipe com técnica limitada, como era o caso do Mainz. Um triunfo em casa na penúltima rodada da temporada, 3 × 0 contra o Borussia Mönchengladbach, veio tarde demais. O Mainz teria de vencer o Bayern de Munique fora de casa por 7 × 0 para ter chance de se manter na primeira divisão. Não havia nenhuma perspectiva realista de se conseguir aquele resultado no PlayStation, muito menos na Allianz Arena. A aventura na Bundesliga havia terminado. O Mainz seria rebaixado depois de 102 partidas na elite.

Para Subotić, o rebaixamento veio em sua primeira temporada como atleta profissional, mas, surpreendentemente, não foi algo tão doloroso. "O clima no vestiário era bom até o fim", disse. "Nós seguimos como um time, nos mantivemos juntos. Aquela foi uma experiência muito importante para mim; me ajudou a crescer como jogador. Não ficou significativamente pior ou mais barulhento perto do fim. Talvez um pouco, mas não muito."

O Bruchweg certamente não perdeu sua voz. Aplausos efusivos acompanharam uma volta olímpica depois do apito final na partida contra o Borussia Mönchengladbach. Cantos de "queremos ver o time" obrigaram a equipe a sair do vestiário para uma segunda apresentação junto aos torcedores, que entoaram "You'll Never Walk Alone" mais uma vez. "Meus lenços estão molhados", admitiu o presidente da Federação Alemã, dr. Theo Zwanziger. "Não se pode conquistar mais do que isso no futebol, mais do que realizamos aqui", disse Strutz a respeito da emocionante despedida.

Klopp pegou o microfone. Uma vez mais um personagem de desenho animado ofereceu o impulso para seu discurso. Parafraseando os créditos finais da versão alemã de *A Pantera Cor-de-Rosa*, ele prometeu: "Isso não é o fim dos tempos, vamos voltar, sem dúvida nenhuma — como diz a Pantera filósofa". Klopp "parecia quase feliz com o rebaixamento, por exibir a verdadeira alma futebolística do Mainz", foi a impressão do *Frankfurter Allgemeine*. A queda não foi tratada como uma catástrofe, mas aceita como um revés inevitável. "Ocorreu tudo aquilo que todos sempre esperaram", escreveu o jornal. Klopp: "É impressionante observar como as pessoas lidam com o rebaixamento. A vida é isso. Se você fez o máximo e fracassou, consegue lidar com a situação. As pessoas e o clube reagiram com classe. Aqui, os jogadores nunca serão uns idiotas porque perderam uma partida". Em Munique, os atletas e os diretores do Mainz usaram cartolas vermelhas antes do início do jogo e seguraram um cartaz em frente à sua torcida em que se lia: "Tiramos o chapéu para vocês".

Klopp confessou ter passado por um período de introspecção ("Questionei meu próprio trabalho. Se achasse que eu tinha noventa por cento de responsabilidade pelo rebaixamento, teria que tirar as conclusões necessárias. Não era o caso"), mas jurou lealdade. "Não tenho o direito de parar agora. Quero ter certeza de que posso viver em Mainz depois de me aposentar ou de ser demitido de alguma equipe, sem que haja nada por resolver." Ele aceitou o fato de alguns jogadores quererem sair para times que disputariam a Bundesliga, mas a situação era diferente para ele, complementou. "Tenho quase quarenta anos, posso fazer meu trabalho por mais alguns anos. Ainda tenho tempo. Os jogadores têm menos tempo, eles têm de fazer essas coisas. Para mim, é corresponder às minhas responsabilidades. Fico feliz em poder fazer isso."

11.
UM, DOIS, E QUASE TRÊS

Borussia Dortmund, 2010-2013

Nuri Şahin, Mats Hummels, Marcel Schmelzer, Neven Subotić e Sven Bender entreolharam-se e compartilharam um riso contido, quase incrédulo, como alunos que acabavam de aprontar a pegadinha mais elaborada para cima de seu professor. O momento durou "dois segundos", relata Hummels, "mas pareceu durar duas horas". Os 80 mil torcedores, inebriados e barulhentos nas arquibancadas, faziam o Signal Iduna Park tremer tanto que a impressão era a de que o tempo tinha parado.

Norbert Dickel, locutor do estádio, desencadeara o terremoto ao gritar que o Colônia estava batendo por 2 × 0 o Bayer Leverkusen, último concorrente do Borussia pelo topo da tabela. O Borussia Dortmund vencia o Nuremberg FC por 2 × 0; apenas vinte minutos separavam o time do título da Bundesliga, com duas partidas ainda a serem disputadas. "Sabíamos, naquele momento, que ele tinha conseguido, mas não éramos capazes de entender direito", afirma Hummels a respeito do inesquecível dia de abril de 2011. Subotić: "Éramos meninos; a maioria não tinha nem 23 anos ainda. Não tínhamos ideia do que estava acontecendo com a gente. Sabíamos que estávamos lá, mas não sabíamos exatamente como tínhamos chegado até ali e o que estar ali realmente significava". Bender: "Fiquei arrepiado como nunca havia ficado em toda minha vida. Foi um momento espetacularmente emocionante, uma realização; nós, um bando de garotos, tínhamos conseguido. Olhando para trás, eu quase fico triste por não ter conseguido aproveitar mais. Mas era muito surreal e acabou muito rápido para que conseguíssemos compreender aquilo tudo de verdade". Klopp foi igualmente incapaz de apreciar a ocasião em sua plenitude. "Achei que me sentiria melhor, mais eufórico", disse, como se estivesse se desculpando. "Talvez a pressão que sofremos tenha sido um pouco mais forte do que estávamos preparados para suportar."

Para todos os demais, os minutos, as horas e os dias subsequentes são um borrão: Kevin Großkreutz correndo de um lado para o outro com o cabelo parcialmente raspado parecendo um maluco (as pilhas da máquina de cortar cabelo acabaram); o goleiro Roman Weidenfeller conversando com uma repórter da Al-Jazeera em uma mistura hilária de alemão e inglês: "*We have a grandious saison gespielt*";[1] "torcedores se abraçando, chorando. Quinhentas mil pessoas nas ruas de Dortmund. Cerveja. Champanhe" (Subotić); "duas semanas de estado de emergência" (Reinhard Rauball, presidente do Borussia Dortmund); "era um êxtase absoluto, impossível de descrever", conta Hummels. "Você tinha uma cidade louca por futebol, um clube louco por futebol e um técnico que sempre colocava os torcedores no centro de tudo de uma maneira muito extremada. A combinação de tudo isso criou uma energia que até hoje é comentada pelas pessoas, e que nunca deixará de ser."

Sebastian Kehl, um dos poucos jogadores com mais de trinta anos na equipe, já vivera a sensação de conquistar um título com o Borussia, em 2002, assim como Weidenfeller. Ele explica que a situação financeira quase irreversível pela qual o clube havia passado desde então fez com que o título da temporada 2010-11 fosse mais especial. "Ver a alegria nos

---

[1] "Fizemos uma ótima temporada." (N. do T.)

olhos das pessoas depois de terem se preocupado por tanto tempo com o futuro de seu clube e terem desejado a volta dos dias de glória (...). Nos sentimos intensamente felizes por eles. Fomos capazes de dar alguma coisa a eles depois de todos aqueles anos difíceis. Acho que as pessoas ali nunca se esqueceram e jamais vão esquecer."

Nada havia preparado qualquer aurinegro para aquele triunfo. "Sem desrespeitar o pessoal dos anos 1950, acho que essa é, na minha opinião, a maior conquista da história do clube", afirmou Michael Zorc. O diretor esportivo ganhara a Champions League pelo Borussia como jogador em 1997, mas achava que esse elenco, o mais jovem a conquistar a Bundesliga em toda a história, alcançara algo maior. "Ninguém imaginava que teríamos chance, muito menos que dominaríamos o campeonato dessa forma. Quando vencemos os títulos anteriores, estávamos ao menos entre os favoritos." Uma nova classificação para a Europa League tinha sido imaginada como um objetivo realista para uma equipe que não contava com estrelas caras — o atacante Robert Lewandowski tinha sido a única despesa significativa — e tinha um treinador que, até então, nunca sequer chegara perto de um título, fosse como jogador ou técnico.

A orientação de Klopp foi "o elemento fundamental" para fazer o Borussia grande novamente, conta Hans-Joachim Watzke, mas o clube também se beneficiou dos tiros certeiros disparados por Zorc durante o período de transferência antes do início do campeonato. "Demos muita sorte com algumas das contratações feitas por Zorc, com meu auxílio e o de Klopp", confessa o CEO do Borussia Dortmund. A esse respeito, o verão de 2010 foi o mais afortunado de todos. A chegada de Lewandowski, um centroavante forte, mas de grande movimentação, permitiu que Klopp deixasse de depender tanto de Lucas Barrios, menos talentoso tecnicamente, aumentando suas opções táticas. O desconhecido polonês, futuro camisa 9 de nível internacional, foi, em sua temporada de estreia na Bundesliga, frequentemente usado como segundo atacante ou camisa 10, atrás de seu companheiro sul-americano. Shinji Kagawa (21 anos), comprado junto ao Cerezo Osaka, clube da segunda divisão japonesa, pela barganha de 350 mil euros, trouxe agilidade e desenvoltura à parte ofensiva do meio de campo, juntamente com a chegada de outro grande reforço, o jovem Mario Götze, de dezoito anos. O filho de um professor de TI e fruto das categorias de base do Borussia passava zunindo pelos adversários, injetando ainda mais velocidade ao estilo ofensivo do Borussia. Matthias Sammer, diretor esportivo da Federação Alemã, aclamou o "Super Mario" (*Bild*) como "um dos maiores talentos de nossa história".

Os movimentos entrosados do trio levaram o Borussia a uma outra dimensão no último terço do campo; "eles abriram nosso jogo", afirma Subotić. A principal melhora, no entanto, teve origem no avanço tático da equipe. Depois de duas temporadas, o estilo *Jagdfußball* (futebol de caça, de pegada) de Klopp estava se tornando automático, um ritual coletivo, aceito e praticado sem hesitação.

"Mantivemos a espinha dorsal do time, com muitos de nós sendo ainda muito jovens", conta Subotić. "Não trouxemos jogadores que já estavam no auge de sua força e talvez a caminho do declínio. Nossos atletas ainda não tinham realizado todo o seu potencial e queriam fazer o que fosse preciso para chegar lá. Isso foi muito importante, assim como o fato de que tínhamos pessoas que aceitavam plenamente nosso esquema de jogo. Eles acreditavam naquilo, viviam aquilo." E também tinham se comprometido. Antes do início da temporada, Klopp pedira a seus jogadores que fizessem "um pacto" e seguissem sete regras. Os atletas do Borussia Dortmund comprometeram-se a: "dedicar-se incondicionalmente"; "devotar-se com paixão"; "demonstrar determinação (para vencer), independentemente do placar"; "mostrar disposição para ajudar a todos"; "aceitar ajuda"; "colocar a qualidade (deles) inteiramente a serviço do time"; "assumir responsabilidades individualmente".

"Pode soar idiota, mas, quando as coisas funcionam com a precisão de um relógio, você fica feliz em correr", explica Bender. "Nem sente mais aquilo. Estávamos tão unidos em nosso objetivo, tão determinados, ávidos por ajudar. Éramos como irmãos de sangue." "Paramos de fazer perguntas", complementa Hummels. "Sabíamos exatamente o que o treinador queria de nós e, na verdade, era divertido jogar daquela maneira, quase viciante. Sua frase clássica era: 'Corra como se não houvesse amanhã'. Para nós era natural."

O time conseguia ver a melhora acontecendo, conta Subotić. "Muitos estavam em ascensão. Isso era divertido. Tínhamos aquela confiança, sentíamos que acabaríamos com qualquer um. Quando não acontecia, simplesmente dizíamos: 'Tudo bem, aprendemos a lição, vamos destruí-los na próxima'. As primeiras duas temporadas foram assim. E no terceiro ano realmente acabamos com todo mundo."

Qualquer resquício de inibição foi deixado de lado quando o Borussia acumulou sete vitórias consecutivas, depois de uma derrota por 2 × 0, em Signal Iduna Park, para o Bayer Leverkusen, na abertura da competição. A estonteante sequência incluiu uma vitória por 3 × 1 no clássico contra o Schalke 04; um triunfo em casa sobre o Bayern de Munique, por 2 × 0, em outubro, numa partida tensa — a primeira vitória de Klopp na primeira divisão contra os bávaros —; e uma vitória fortuita contra o Colônia, 2 × 1, que mostrou que mesmo as fraquezas da equipe podiam ser usadas a seu favor. Klopp trabalhara na pré-temporada para ajustar o frenesi, para deixar o jogo do time um pouco mais racional, principalmente com a posse da bola. Mas "velocidade máxima era o que eles faziam melhor", observou Watzke depois da vitória sobre os Billy Goats;[2] "eles não são bons em cadenciar o jogo". Em vez de se acomodar com um empate digno por 1 × 1 no RheinEnergieStadion, o Borussia foi para cima com tudo nos minutos finais, instigado por um desejo de vencer que era muito maior do que o medo de perder. "Nenhum de nós tinha conquistado títulos importantes, claro que estávamos com fome", conta Hummels. Nuri Şahin apareceu com um chute no último minuto para garantir os três pontos — e a liderança na tabela de classificação pela primeira vez sob o comando de Klopp. O Borussia Dortmund não ocupava o primeiro lugar desde a conquista do Meisterschaft em 2002.

---

[2] Os Bodes. Apelido do time do Colônia. (N. do T.)

Nos primeiros meses em Dortmund, assim como ocorrera em Mainz, *geil* era o lema usado por Klopp. Podendo funcionar tanto como adjetivo quanto advérbio, o termo carrega um ligeiro sabor de cultura pop dos anos 1980 e literalmente quer dizer "com tesão", mas também pode se referir a algo que causa grande inspiração ou que impressiona. "*Geil* é a palavra que melhor descreve minha empolgação", disse Klopp ao *taz*, em 2004. "A linguagem que uso é importante, preciso fazer com que meus jogadores me entendam. Mas não uso *geil* para parecer jovem ou descolado. Simplesmente não tenho uma palavra melhor para descrever algo que acho exorbitantemente belo."

O tal *geil* foi complementado com o termo *gier*, ambição, na fraseologia empregada por Klopp na temporada 2010-11. O time precisava ser ambicioso na caça à bola, na cobertura e na busca pelo resultado, estipulara o treinador. Características que são tradicionalmente vistas como pecado — luxúria, gula, avareza — foram, assim, reescritas como virtudes futebolísticas. Não deveria haver distinção entre trabalho e diversão, dor e prazer: o esforço do autossacrifício poderia ser uma experiência sensual, excitante. Klopp, festejando freneticamente na linha lateral roubadas de bola e também os momentos em que a defesa afastava o perigo de perto de sua área, era a manifestação física de seus ensinamentos. "Ele dizia coisas do tipo: 'Cada célula do meu corpo está aguardando essa partida', e era tão crível que um segundo depois você sentia a mesma coisa", diz Bender. "Aprendemos a estar entregues inteiramente ao momento, a pensar apenas jogo a jogo." A ideia de que grandes objetivos tinham de ser claramente definidos para que fossem atingidos foi descartada como sendo contraprodutiva. "Quem diz isso não tem noção nenhuma das coisas", explicara o treinador. Ele propõe a seus comandados objetivos possíveis e imediatos. Tinham de vencer a próxima partida. "Um esquiador que pratica slalom jamais levantaria as mãos para comemorar após passar sem cometer erros pelo primeiro pórtico, levantaria?", perguntava ele.

Klopp dava o "exemplo para os rapazes" se comportando de acordo com suas próprias convicções, comenta Fritz Lünschermann, gerente esportivo do Borussia Dortmund. "Seu estilo, sua mentalidade (...). Ele também é uma entidade; não é um homem de 1,75 metro, mas de 1,93 metro. Uma bomba de destruição, dinamite pura. Você só tem de acender o pavio. Ele dizia: 'Façam parte da corrida maluca'. Na maior parte do tempo, era isso o que acontecia. A outra vantagem importante era a idade do time, que, rapidamente, se tornara muito jovem. Neven, Mats, todos esses caras. Eles ainda eram todos meninos e o seguiam como os discípulos de Jesus; havia uma ligação muito forte."

A amizade espetacular dos jogadores não se limitava a assuntos ligados ao futebol. "Nós nos reuníamos, dez de nós, para jogar online por horas a fio", conta Subotić. "Sabíamos que não iria durar para sempre — você fica mais velho, passa a ter outros interesses —, mas, naquele momento, essa foi uma ferramenta extremamente importante que serviu para nos unir." Olhando para trás, Hummels afirma que "era uma situação única. Um grupo altamente talentoso, com jogadores de alto nível, felizes por sair uns com os outros como uma gangue. Essa combinação especial fez com que tudo fosse possível". Dickel: "Há um velho ditado no futebol: 'Vocês precisam ser onze amigos'. Não é totalmente equivocado. Se existem oito amigos no time, já está muito bom".

Uma equipe unida, criada à imagem de Klopp, obtendo uma sucessão de vitórias. Não havia mais a necessidade de lidar com dissidentes em relação às táticas porque não havia mais nenhum dissidente. Mesmo que reservadamente alguém nutrisse dúvidas, a intensidade nos treinamentos aumentara tanto que a seleção natural evitava qualquer desvio de rota. Somente os seguidores mais devotos e em forma poderiam sobreviver à vida a mil por hora.

"No primeiro ano, era um futebol normal com uma pitada das táticas de Klopp", afirma Subotić. "No segundo, ficou um pouco mais apimentado. No terceiro, bum! Passamos a um estágio totalmente novo porque todos os 25 jogadores já entendiam tudo aquilo. Os treinos e os minijogos pareciam uma guerra. No meio da semana já se sabia, de certa forma, a escalação. Você não faz ideia de como esses treinamentos eram difíceis.

Estávamos acostumados a ter um pouco de espaço e ar para respirar, mas tudo isso já não existia mais. Todos atacavam a bola, todos defendiam. Todos pressionavam. Eram tão difíceis quanto as partidas de fato, talvez mais difíceis."

O treinamento da semana tinha um padrão determinado. Segunda-feira era dia de descanso. Terça: atividades na academia, corridas, partidas de quatro contra quatro, estilo competição, com o vencedor do jogo se mantendo para o próximo. (Subotić: "Era divertido começar a semana assim, mas extremamente desgastante. Você corria o tempo todo, buscando a bola sem parar. É uma atividade física, mas sem que você perceba".) Quarta-feira: jogos de onze contra onze. Dois tempos de dez minutos — antecedido por um aquecimento com exercícios de passe. Quinta: chutes a gol. Para todos, inclusive os defensores. "Depois de dois dias extremamente pesados, era preciso um pouco de diversão. Algumas vezes organizávamos a atividade para nos concentrarmos em algum ponto fraco do adversário, como cruzar a bola de uma determinada maneira, por exemplo. Mas se podia chutar ao gol livremente. Acho que qualquer jogador de final de semana diria: 'Eu participaria dessa atividade numa boa!'."

As sextas-feiras eram dedicadas a jogadas de bolas paradas: faltas e, principalmente, escanteios. As mesmas duas equipes sempre se enfrentavam e a bola ficava sempre viva — havia jogadas de contra-ataque e respostas a essas jogadas de contra-ataque em um campo muito pequeno, de trinta metros de comprimento, com placas nas linhas laterais para manter a bola em jogo o tempo todo. Subotić: "Breve e eficaz, mas extremamente difícil, a 320 quilômetros por hora durante alguns minutos. Um registro geral dos resultados era mantido ao longo de toda a temporada. A motivação era muito grande porque ninguém queria perder. Ninguém se rendia. Era também a última oportunidade de mostrar ao técnico: 'Estou aqui. Estou pronto'. Um último esforço, curto e preciso". Sábado era o dia do jogo, e os domingos eram usados com trabalhos de regeneração e recuperação física. Além desses esforços físicos, havia análises de vídeos, concisas e rápidas. Depois de uma breve apresentação feita por Klopp, Krawietz assumia e mostrava à equipe clipes do time adversário, suas jogadas de bola parada, as formações principais de defesa e de ataque, onde tinham dificuldades ou deixavam espaços.

Aquela rotina toda era "tão cruel que não havia tempo para pensar", recorda-se Subotić. O que não era problema, uma vez que Klopp ordenava que seus comandados vivessem apenas o momento e jamais contemplassem assuntos que fossem além da próxima partida. Metro a metro, entrada após entrada, e a cada gol, o Borussia Dortmund se distanciava na liderança do torneio, colecionando vitórias atrás de vitórias, ao passo que o Bayern de Munique, campeão na temporada anterior, mantinha-se terrivelmente estacionado no meio da tabela, destruindo-se lentamente sob a liderança arrogante de Louis van Gaal. O Bayer Leverkusen vinha tendo um desempenho bem melhor, mas continuava sendo o Leverkusen, não é mesmo? Um clube com a merecida reputação de sempre decepcionar no final. Com três meses decorridos desde o início do campeonato, ficou claro para Klopp e seus jogadores que eles poderiam chegar lá.

Para tirar a pressão do time, qualquer menção à conquista do título foi expressamente proibida, desde os mais altos departamentos do clube. "Não estamos falando sobre o Meisterschaft, não estou nem um pouco preocupado com a tabela de classificação", insistia Klopp. "Não tenho nenhum interesse na tabela. Quem falar sobre conquistar o título a essa altura não entende nada de futebol", dizia Zorc. Watzke também pregava o silêncio. "É completamente irreal falar sobre o título do campeonato. Não estamos preparados para colocar um fardo desse tamanho em sete ou oito de nossos jogadores que não têm nem 21 anos ainda. Reveses certamente vão acontecer."

De fato, algumas semanas depois, Klopp se viu respondendo a perguntas desagradáveis em uma entrevista para a televisão. "Por que o time jogou tão mal contra o Hannover?", indagou Arnd Zeigler, da WDR. "Tivemos problemas, inúmeros problemas", respondeu Klopp, coçando os olhos sob os óculos. "Os rapazes não cumpriram as instruções, não consigo me comunicar com eles. Não sei mais se sou o técnico indicado para a equipe. Precisamos avaliar a situação de maneira crítica durante a semana. Talvez os jogadores queiram se ver livres de mim. Para ser sincero, estou um pouco perdido no momento." O treinador do Borussia Dortmund também reclamou de não ter alternativas para o goleiro Weidenfeller, de 29 anos. "Hoje ele foi bem, mas amanhã cedo, ao acordar, estará péssimo. Não temos outra opção a não ser beber até que ele se mostre mais apresentável aos nossos olhos." Era tudo uma grande brincadeira, claro, uma encenação para o programa humorístico de futebol comandado por Zeigler. O Borussia, na verdade, vencera em Hannover por 4 × 0. A sátira servira, ainda, a um propósito sério, como muitas das piadas de Klopp. Suas qualidades humorísticas ajudavam a aliviar a tensão dentro do vestiário, além de garantir que seus atletas o ouvissem atentamente. "Suas piadas são ótimas", conta Watzke. "Jürgen nunca é monótono ou previsível. Isso mantém a concentração de todos."

Em janeiro, o Borussia abrira uma vantagem de doze pontos. Mario Götze atuara tão bem na vitória por 3 × 1 em Leverkusen que Klopp fora obrigado a substituí-lo para livrá-lo de ainda mais badalação por parte da imprensa e de possíveis retaliações de adversários humilhados. Ele tinha entrado num estado de graça em que cada jogada e movimento davam certo. "Jogar bem daquela maneira era muito divertido, mais do que vencer em si", conta Subotić, sorrindo. "Nosso sistema nos dava uma vantagem enorme sobre os outros. Era como pescar com a melhor isca do mundo. Ou com uma espingarda." Fiel à máxima de Klopp, que pregava a necessidade de "manter-se ambicioso", a entrega física da equipe jamais cedeu. A ideia dos atletas em relação ao espaço era a mesma que Takeru Kobayashi[3] tinha a respeito de cachorros-quentes: atacar até que o oponente se cansasse e caísse sentindo cãibras. Subotić: "Nós esgotávamos os adversários e eles ficavam completamente extenuados". A tática de

---

[3] Campeão e recordista de competições que envolvem comer a maior quantidade de cachorros-quentes por minuto. (N. do T.)

pressão do time tornara-se tão refinada que eles conseguiam direcionar sistematicamente a movimentação de ataque dos adversários para as regiões mais congestionadas ou em que nada podia acontecer. "Quando há pouca pressão na defesa e no meio de campo do adversário, não se pode, sendo um defensor, ficar muito perto de um atacante", explica Subotić. "Eles simplesmente podem lançar uma bola por cima e o atacante ganha na velocidade e faz o gol. Mas, ao pressionar a construção da jogada, você força o time a soltar a bola antes, sob pressão. Sabendo disso, consigo antecipar o lugar para onde a bola vai ser lançada, chegar bem perto do atacante e me preparar para desarmá-lo antes mesmo de o passe ter sido realizado." "O *Gegenpressing* é o melhor meia-armador do mundo", disse Klopp, tempos depois, a respeito da propensão de sua equipe a ganhar a bola quando os adversários estão totalmente desorganizados, em regiões do campo onde apenas um ou dois passes inteligentes já bastam para se chegar ao gol. Şahin era a pessoa ideal para esses lançamentos mortais. "Às vezes, parecia que ele era 90% do time", afirma Subotić. "Era assim: passe a bola para Nuri, ele vai fazer alguma coisa. Se você o visse sem camisa, pensaria: 'O quê? Esse cara minúsculo?'. Mas não dava para tomar a bola dele. Era o cérebro e o líder do time."

Foi Şahin quem, de fato, mudou a partida contra o Bayern na 24ª rodada com um chute de fora da área magnífico, marcando o segundo gol do Borussia naquela noite. O Borussia não vencia na capital bávara havia dezenove anos, "a maioria dos meus rapazes ainda estava sendo amamentada naquele tempo", brincou Klopp. Antes do jogo, o diretor executivo do Bayern, Uli Hoeneß, previra "uma vitória por dois ou mais gols", apontando que, "jogador por jogador", os campeões tinham uma equipe melhor. Contudo, não havia comparação em relação aos times propriamente ditos. "O Bayern ficou totalmente à deriva no mar aurinegro", escreveu o *Süddeutsche Zeitung* acerca da inapetência do time da casa contra a agressividade objetiva do Borussia Dortmund. Onde quer que o craque Arjen Robben fosse, dois jogadores do Borussia já estavam lá, atrapalhando-o. O triunfo dos visitantes por 3 × 1 fora tão enfático, definitivo e altamente simbólico que vários diretores do Bayern chegaram a felicitá-los pela conquista do título.

Klopp perdeu os óculos e algumas gotas de sangue ao abraçar seus atletas um pouco efusivamente demais após o apito final. No entanto, aquele era um preço pequeno a ser pago por um resultado que praticamente eliminara o Bayern da luta pelo título, fazendo com que apenas uma grande falha do próprio Borussia pudesse deixar escapar o Meisterschaft. A dez jogos do fim, eles tinham doze pontos de vantagem. "Chegamos a um ponto em que é possível dizer: podemos e queremos vencer o campeonato", declarou Watzke, contrariando os protestos de Klopp. "Estou cagando para o campeonato hoje, estou muito feliz com a forma como atuamos", insistiu o treinador.

Quase sete anos depois, Watzke recorda-se de estar sentado no ônibus da equipe do lado de fora da Allianz Arena após a partida. "Eu estava ao lado de Michael Zorc e perguntei a ele: 'Conseguimos?'. Ele respondeu: 'Ainda não, mas estamos quase lá'. Jamais vou esquecer aquele momento. Alguns anos antes, estávamos entregues, quase mortos, e então, de repente, nos víamos ali, a um passo de conquistar o título do campeonato. Era algo incomensurável."

Após uma pequena oscilação, derrota em Hoffenheim e um empate contra o Mainz, o Bayern passou a fazer uso, mais uma vez, de jogos psicológicos. "Se estivesse usando cueca amarela e preta, eu não conseguiria dormir profundamente", disse Hoeneß antes da partida do Borussia Dortmund contra o Hannover. Porém o clube mais condecorado da Alemanha descobriu que não era mais o melhor nem no discurso. "Fico imaginando qual a situação da cueca de Hoennes antes de ele ir para a cama", respondeu Klopp. O Borussia venceu a partida por 4 × 1. Sete pontos de vantagem sobre o Bayer Leverkusen a cinco rodadas do fim; eram quase campeões.

Watzke talvez fosse o último pessimista remanescente. "Sou cético por natureza. Isso resultou em uma ótima parceria com Klopp, que é totalmente alheio ao ceticismo. Certa vez ele me disse: 'Não penso em perder'. É verdade, ele nunca passou um minuto pensando no que pode acontecer se não vencer um jogo. Sou exatamente o oposto. E simplesmente não conseguia acreditar que poderíamos conquistar o campeonato com aquele time. Uma semana antes de levantarmos a taça, voltei a duvidar de tudo. Havíamos perdido de 1 × 0 para o Borussia Mönchengladbach." Mas o Dortmund simplesmente não podia mais ser contido.

"A cada partida, as preleções de Klopp ficavam mais claras, sonoras e precisas", afirma Bender. "Ele explicou que nós estávamos no controle; tudo dependia de nós. Praticamente não precisávamos de motivação, mas suas preleções eram a cereja no bolo. Saíamos e corríamos ainda mais."

O time ficava tão inflamado com a necessidade de se esforçar ao máximo a cada instante que os jogadores lamentaram demais quando sofreram uma derrota por 2 × 0, praticamente sem consequências para o Werder Bremen, uma semana depois das comemorações do título. Possivelmente ainda sob os efeitos de toda a celebração, o Borussia foi apenas uma sombra de si mesmo. "Todos nós nos sentamos no ônibus em silêncio, envergonhados", conta Bender. "Mas, trinta minutos depois, olhamos um para o outro e pensamos: 'Onde estamos com a cabeça? Estamos loucos?'. Somos os campeões alemães! Quem está preocupado com a derrota nesse jogo? Vamos cantar!" E assim foi, cantaram ao longo de todo o caminho de volta para Dortmund.

As contratações pouco imaginativas e a falta de continuidade de treinadores no Bayern de Munique já tinham permitido que penetras conquistassem o título alemão antes — os triunfos do Stuttgart (2007) e do Wolfsburg (2009) também foram surpreendentes. No entanto, esse era um caso diferente, uma vitória mais grandiosa. O Meisterschaft do Borussia sob o comando de Klopp abriu os olhos das pessoas para o poder de uma abordagem coletiva. Táticas elaboradas, executadas fielmente, podcriam levar um time composto por jovens, estrangeiros baratos e alguns veteranos não só a contrariar as expectativas de todos, mas a estabelecer um novo paradigma. A inovação revolucionária que sustentava o sucesso da equipe foi particularmente relevante para a Bundesliga, um campeonato que vinha perdendo terreno internacionalmente de maneira constante em virtude de restrições financeiras e de uma cultura de treinamentos passivos. O Borussia Dortmund de Klopp mostrou um caminho para que se aumentasse a produtividade com o uso de recursos puramente naturais, renováveis: ética profissional do operariado, humildade e inteligência.

Fora da Alemanha, os especialistas também estavam atentos. Três meses antes da conquista da taça, a comissão técnica da seleção italiana, liderada por Cesare Prandelli, fora à Alemanha a fim de observar os treinamentos do Borussia. A movimentação da equipe lembrava-os do Milan de Arrigo Sacchi, disseram a um Klopp radiante. Watzke: "O futebol que apresentávamos era nosso único diferencial àquela altura. Não devemos esquecer que o Bayern não era tão bom naquele tempo, não tinha a qualidade de hoje e ainda não investia tanto dinheiro. Era um pouco mais fácil para nós, mas estávamos em uma fase inacreditável. Podia-se perceber que aquele time estava apenas no começo do seu desenvolvimento".

O sucesso trouxe consigo suas próprias armadilhas. Metade da equipe recebeu ofertas lucrativas para mudar de clube. No entanto, dos titulares, somente Şahin deixou o time. O Real Madrid de José Mourinho pagou a multa rescisória de 12 milhões de euros e levou o meio-campista para o Santiago Bernabéu.

O sucessor de Şahin foi İlkay Gündoğan, de 23 anos, contratado junto ao Nuremberg FC. Seis anos depois, sentado em um restaurante espanhol no centro de Manchester, o filho de imigrantes turcos nascido em Gelsenkirchen recorda-se do momento em que conheceu Zorc e Klopp, num hotel no aeroporto de Düsseldorf, na primavera de 2011. "Eu atuava pelo Nuremberg e a temporada ainda estava em andamento, foi um encontro bastante secreto", relata ele. "Devo admitir que fiquei, a princípio, um pouco intimidado. Ele era muito alto. Conversamos por meia hora sozinhos e ficou claro para mim, depois daquilo, que eu queria ir para o Borussia. Ele possui esse dom: é capaz de cativá-lo completamente, fascinar você, fazendo com que se sinta eufórico. Nunca conheci um treinador assim. Ele me perguntou: 'Quais seriam seus objetivos se você se juntasse a nossa equipe?'. Eu respondi: 'Jogar com frequência e bem a maior quantidade de jogos possíveis'. 'Esse já é seu primeiro equívoco', replicou ele. 'O importante não é a frequência das suas atuações, mas fazer o máximo possível quando estiver em campo. Não posso prometer que você vai atuar frequentemente. Isso não é possível. Mas posso garantir que você vai aprender muito e que seremos muito bem-sucedidos se você colocar seu potencial em prática.' Lembro-me claramente disso. Foi a primeira vez em minha carreira que alguém não me prometeu mundos e fundos, mas foi aberto e sincero comigo. Achei aquilo fascinante."

Gündoğan teve dificuldades para lidar com a mudança do Nuremberg para o Borussia, a começar pelo regime de exercícios realizados na pré-temporada. Os jogadores tinham de realizar as famosas "corridas do Chucky", elaboradas pelo auxiliar técnico Željko Buvač. Onze corridas, ida e volta, com e sem a bola, em um percurso que equivalia ao tamanho de um campo de futebol. Depois de onze corridas, os jogadores tinham de acertar o travessão com um chute da linha do meio de campo. Aqueles que erravam tinham de realizar uma 12ª corrida. "A coisa mais difícil que já tive de fazer; era insano", suspira Gündoğan, revivendo aquele horror em sua cabeça. "Mas era importante; sobreviver àquela sessão de treinamento nos dava muitas coisas para conversar; aquilo aproximou o time. Você sentia camaradagem para com seus colegas sofredores. Mats (Hummels) reclamava sempre. Só que também corria."

Os problemas enfrentados por Gündoğan estenderam-se pela primeira metade da temporada. Ele diz que era introvertido e imaturo, que passava tempo demais com a família e os amigos e que jogava com o "freio de mão puxado", preocupado em não cometer erros. "Klopp notou isso; e ele me assustou um pouco, para ser sincero. Algumas vezes não entendia imediatamente o que ele queria que eu fizesse. Levava um tempo para a ficha cair."

Adaptar-se ao modo particular de atuação do Borussia era complicado para as pernas e para a cabeça, isso sem contar a enorme qualidade de seus companheiros de time. Gündoğan: "Nós praticávamos muito o *Gegenpressing*. Klopp dizia que os dois primeiros segundos depois da perda da bola eram decisivos. Não devíamos ficar chateados por termos perdido a bola, mas, na verdade, felizes por podermos recuperá-la. A ideia era atacar a bola imediatamente para surpreender o adversário. Eles vinham se sentindo seguros, não estariam preparados para aquilo".

A dificuldade do recém-chegado na primeira metade da temporada coincidiu com os reveses do Borussia na Champions League. No cenário internacional, a história estava se repetindo. Após ter sido eliminado na fase de grupos da Europa League no ano anterior, quando Paris Saint-Germain, Sevilla e Karpaty Lviv mostraram-se adversários muito fortes para um Borussia excessivamente instável, os comandados de Klopp terminaram na última colocação de seu grupo na Champions League, que contava com Arsenal, Olympique de Marselha e Olympiacos. "Nos faltava experiência", afirma Watzke. "Nem o time nem o treinador haviam estado na Champions League antes. Fomos para Atenas, Marselha e Londres e jogamos como jogávamos na Bundesliga, mas o nível era incomparável. Na Champions League, você é punido por qualquer pequeno equívoco. Realizávamos uma pressão bem alta que não dava certo. Todo jogo era a mesma coisa. Jogávamos melhor, criávamos boas chances e não marcávamos. E perdíamos por 2 × 0, 3 × 0. No ano seguinte, mudamos nosso estilo de jogo. Enfrentamos o Real Madrid e o Manchester City na fase de grupos, e nos classificamos."

Era um processo de aprendizagem para a equipe, conta Gündoğan. "Éramos todos muito jovens e ingênuos, aquelas equipes europeias eram vividas demais para nós. Mas prestamos atenção às aulas, assim como eu tinha feito em relação ao meu estilo de jogo." O momento de introspecção ocorreu durante um período involuntário fora da equipe. "Klopp me chamou de lado um dia e disse: 'Isso não vai ser fácil de ouvir, mas você vai ficar de fora do grupo que disputará a próxima partida'. Não me deu nenhuma explicação. Ele nunca havia me criticado ou dito 'você está jogando mal para cacete', qualquer coisa assim. Mas é um cara inteligente;

sabia que tinha seus motivos para não me incluir na equipe. Era como uma charada que eu tinha de decifrar. O que eu devia fazer? O que estou fazendo aqui? Tinha mil dúvidas na cabeça, mas, depois de um tempo, eu entendi. Tinha decifrado o código."

Gündoğan entrou aos nove minutos de jogo na partida contra o Hannover, em fevereiro de 2012, após Sven Bender sofrer uma de suas muitas contusões. E foi uma grande revelação. "As coisas se encaixaram. As amarras se desprenderam. Passei a fazer parte da equipe titular e tudo meio que simplesmente aconteceu, tudo correu naturalmente. Meu futebol, o relacionamento com meus companheiros e com Jürgen."

Um incidente delicado durante um treinamento selou o vínculo dos dois. Gündoğan estava escalado para atuar na equipe principal contra o time reserva em um treino importante de quarta-feira, quando era feita uma simulação da partida do final de semana. Ao acordar pela manhã, Gündoğan sentiu uma tensão no tendão da perna. Jogadores com problemas de lesão deveriam chegar de noventa minutos a duas horas mais cedo para serem avaliados pelo fisioterapeuta, permitindo que a comissão técnica pudesse encontrar um substituto na segunda equipe ou no sub-19, caso fosse preciso. Gündoğan achou que podia treinar e decidiu procurar o fisioterapeuta trinta minutos antes do início da sessão de treinamento. "Ele me avaliou e disse: 'Preciso contar ao treinador, existe o perigo de você se machucar'. Eu respondi: 'Tudo bem, mas, por favor, diga que eu posso jogar'. Alguns minutos depois, a porta se abre e Jürgen entra. Aquele gigante olhando bravo para mim: 'O que você acha que está fazendo?', ele gritou. 'Está tudo bem, chefe, posso jogar, só quero ter certeza de que...' Ele me lembrou sobre chegar uma hora e meia mais cedo. Estava bastante chateado comigo. 'Faça o que você quiser!', disse ele ao sair. Eu pensei: 'Merda. O que faço agora?'." Gündoğan foi o primeiro a ir para o gramado. Klopp o chamou. "Ele andou alguns passos comigo, para longe do pessoal, e falou: 'Meu amigo, você me entende, né?'. 'Claro. Eu só queria...' 'Não. Você não entende. Da próxima vez que tiver qualquer problema, mesmo que seja uma pequena pontada, ou se sua bunda estiver coçando, ou qualquer coisa, você chama o médico ou o fisioterapeuta. Pode até me ligar logo cedo e me encher o saco. Mas nos avise.' 'Tudo bem, chefe.' 'Você vai participar do aquecimento, mas vai sair antes do início do jogo-treino.' 'Mas quero treinar.' 'Fica quieto. Você vai sair.' Então ele deu uma risada e me abraçou. Perguntei mais uma vez se podia ficar para treinar, mas ele me mandou embora após mais um abraço. Depois daquilo, Klopp passou a ser mais do que um técnico para mim. Tínhamos uma ligação especial, e fizemos muito sucesso."

Os infortúnios do Borussia Dortmund no torneio europeu não abalaram seu desempenho no campeonato nacional. Pelo contrário, de outubro de 2011 em diante, o time engatou uma sequência incrível e atingiu uma invencibilidade doméstica de 28 partidas sem derrotas. Outra vitória sobre o Bayern, a quarta consecutiva sobre os bávaros, decidiu a briga pelo título. O posicionamento perfeito dos meios-campistas do time da casa criou uma "zona mortífera" perto do círculo central, onde, no primeiro tempo do jogo, acabava a maior parte das jogadas de ataque do Bayern. Os bávaros melhoraram um pouco depois do intervalo, conforme o time aurinegro se cansava, mas Arjen Robben perdeu um pênalti e o gol marcado por Lewandowski garantiu os três pontos em um Signal Iduna Park abarrotado. O Borussia abrira seis pontos de vantagem na liderança restando quatro jogos para o término do torneio. "Dificilmente conseguiríamos atuar melhor", exclamou Klopp. O treinador de 44 anos mostrava-se relutante em admitir a real importância da vitória em relação à corrida pelo título. "Muita coisa pode acontecer até o final da temporada", alertou. "Mas teremos três dias para comemorar e curtir o que aconteceu nessa noite extraordinária."

Talvez alguns poucos jogadores tenham levado muito a sério a declaração. Gündoğan: "Naquela quarta-feira, depois da partida contra o Bayern, cinco de nós saímos para comemorar. Não bebemos, mas ficamos em um clube noturno até às duas ou três da manhã". O problema: eles tinham um jogo contra o Schalke no sábado. O clássico. O Schalke saiu ganhando por 1 × 0, mas o Borussia virou, 2 × 1. E mais uma vez os atletas foram festejar. Na manhã seguinte, Klopp dirigiu-se ao time no centro de treinamento: "Alguém me disse que alguns de vocês saíram durante a semana... Não sei quem, nem quero saber. Mas posso dizer o seguinte: esses jogadores devem estar felizes por termos vencido ontem. Caso contrário, presenciaríamos o maior castigo da história de um clube de futebol". "Os jogadores olharam uns para os outros e pensaram: 'Caramba, graças a Deus que viramos o jogo!'. Saíamos com alguma frequência em grupo naquele tempo, oito ou dez pessoas de uma vez, havia muitos solteiros no elenco. Às vezes, se podia notar os efeitos daquilo nos treinamentos no domingo de manhã. Mas não acho que exageramos. Acho que aquilo nos uniu ainda mais."

A ambição de Klopp de vencer todas as partidas não diminuiu após o Borussia confirmar a conquista do título novamente. Seu time, como era de se esperar, partiu em busca de estabelecer um novo recorde de pontos na Bundesliga: 81. "Em geral, todos os nossos jogos naquele ano foram sensacionais", conta Gündoğan, sorrindo. "Dominávamos os adversários ao estilo Klopp. Eles não sabiam o que os havia atingido. Nós basicamente acabávamos com eles, que não tinham ideia de como lidar com aquilo. E isso nos proporcionava uma sensação muito especial. Merecíamos cada ponto que conquistávamos — tínhamos convicção de que venceríamos nossos rivais. Em uma partida, contra o Colônia, estávamos perdendo por 1 × 0 no intervalo e ninguém sabia o motivo. Vencemos no final por 6 × 1. Éramos tão bons que não importava se o adversário havia tomado a dianteira."

"Naqueles anos, jogávamos um novo tipo de futebol na Alemanha", acrescenta Kehl. "Nós simplesmente atropelávamos ou subjugávamos os adversários, que ficavam totalmente impotentes."

O apetite do Borussia ainda não estava saciado. Quatro semanas depois de vencer o título, eles tinham a oportunidade de conquistar a primeira "dobradinha" (campeonato e copa) da história do clube. O Bayern de Jupp Heynckes era o adversário na final em Berlim. Aquela passaria a ser, como afirma Watzke, "uma partida de vital importância para os dois clubes".

Ao longo de sua primeira campanha de sucesso na Copa da Alemanha como treinador, Klopp tinha exibido ao time momentos de destaque de outras vitórias obtidas pelo clube, valendo-se de trilhas sonoras emotivas. Na noite anterior à final, um vídeo motivacional composto por triunfos históricos, como a chegada do homem à Lua, a vitória de Boris Becker na final de Wimbledon em 1985 e o sucesso de Muhammad Ali na *The Rumble in the Jungle*,[4] aumentou a temperatura emocional. "Falamos para os rapazes: nosso próprio filme ainda não está terminado", contou Klopp em uma entrevista para o *RedaktionsNetzwerk Deutschland*. "É preciso esperar pelo momento certo para fazer coisas desse tipo, e então elas são ótimas."

Vinte e três anos haviam se passado desde que o Borussia vencera pela última vez a Copa da Alemanha. Com menos de três minutos de partida, o time de Dortmund já estava ganhando o jogo por 1 × 0, gol de Shinji Kagawa. Robben e Hummels marcaram de pênalti e Lewandowski assinalou o terceiro do Borussia no finalzinho do primeiro tempo. O placar de 3 × 1 permitiu que a equipe amarela e preta fizesse uso dos contra-ataques, armando arapucas que pegavam os bávaros como se fossem um bando de ursos envelhecidos. "O Borussia atuou mais defensivamente, mais sorrateiramente, de modo mais calculado", escreveu o *Süddeutsche Zeitung*, cheio de admiração. "Eles não são apenas os campeões alemães, mas também os melhores no quesito forçar o erro dos adversários."

O poderoso Bayern foi sendo desmantelado, humilhado, conforme os comandados de Klopp construíam com facilidade a vitória no estádio Olímpico. Lewandowski terminou anotando três gols no triunfo por 5 × 2. "Não foi uma coincidência", admitiu o CEO do Bayern, Karl-Heinz Rummenigge, em frente a patrocinadores e convidados especiais durante o jantar. "Foi uma vergonha. Cada gol era como um tapa em nossas

---

[4] *Rumble in the Jungle* (Luta na Floresta) foi o nome dado ao combate pelo título do cinturão mundial de boxe, categoria pesos pesados, entre Muhammad Ali e George Foreman, então campeão, realizado em 1974 no Zaire, atual República Democrática do Congo, e vencido por Muhammad Ali. (N. do T.)

caras." No gramado, Watzke e Zorc derramaram, silenciosamente, lágrimas de felicidade no "momento mais extraordinário da história (do Borussia)", como admitiu Klopp. Ele havia "dançado no vestiário com uma cerveja nas mãos, como um de nós", relata um sorridente Gündoğan. O treinador disse aos jornalistas que Norbert Dickel, autor do gol na final de 1989, tinha lhe dado sua chuteira direita como um amuleto de sorte na noite anterior. "Ela tinha passado mais de vinte anos no seu porão e cheirava um pouco mal", gargalhou ele. Mas poderes sobrenaturais ou a sorte não tiveram influência no resultado, observaram os comentaristas. A quinta vitória seguida do Borussia sobre o Bayern havia sido um feito não só sem precedentes, mas também muito merecido. Seu sistema de jogo superior, sua aplicação tática e sua política de contratações anularam a gama de estrelas individuais e a enorme vantagem financeira dos gigantes da Baviera. É uma "mudança no centro do poder", atestou o *Die Welt*. "O Borussia tomou o lugar do Bayern no topo da cadeia alimentar do futebol alemão."

"O sistema que Jürgen, Željko e Pete colocaram em prática dominara o futebol alemão durante dois anos", relata Dickel. "Ninguém tinha a menor ideia de como lidar com nossa pressão agressiva e nossa chegada com dois, três atletas em cada jogador adversário. Mesmo o Bayern não entendia o que estava acontecendo. Foi uma época maravilhosa, mais espetacular do que as conquistas de meados dos anos 1990. Nós nos deixamos levar por aquela onda; íamos para cada partida sabendo que destruiríamos o adversário; estávamos embriagados de euforia, loucos de Borussia Dortmund. Era uma viagem."

Naquela noite em Berlim, Klopp era o suprassumo, uma verdadeira entidade trajando um abrigo esportivo e oferecendo uma "viagem" (legalizada) de proporções quase insuportáveis para milhões de fiéis seguidores do Borussia. O nome da droga? Amor. Em entrevista para o *Die Zeit*, alguns meses depois, o treinador disse: "Eu aprecio a intensidade total, quando a eletricidade está por toda parte, aquela fase do 'tudo ou nada', quando parece que as pessoas não ousam sequer respirar".

Martin Quast assistira à final da Copa da Alemanha no estádio vestindo uma velha camisa de Jürgen Kohler. Depois, viu Klopp e sua equipe entoarem cânticos na pequena tenda que a rede de televisão ZDF armara atrás do *Marathontor*, portão da maratona, no estádio Olímpico. Ao término do programa ao vivo, conforme Klopp carregava a taça dourada da Copa e o troféu prateado do campeonato — carinhosamente chamado de Prato de Salada —, Quast gritou *Gude*, cumprimento tradicional de Mainz, e disse ao amigo que seus cadarços estavam desamarrados. "Ele estava rindo sem parar; então me deu o prato e a taça e disse: 'Segura isso um pouco para mim', e amarrou-os. Após um rápido aperto de mãos, complementou: 'É uma pena, mas tenho de ir', pegando o prato e a taça novamente. Legal, não? Podia ter sido uma garrafa de vinho e um prato de linguiças; mas ele não pensou naquilo nem por um momento. A taça da Copa? O troféu do campeonato? E daí? Ele é assim. Que pessoa normal faria tal coisa?"

Alex Ferguson foi outro espectador que gostou do espetáculo em Berlim. O técnico do Manchester United viajara para a Alemanha a fim de avaliar Kagawa e Lewandowski. "Ele se sentou quatro cadeiras à minha esquerda", conta Watzke. "Eu disse que ele podia levar um — Kagawa —, mas não o outro. Ferguson me olhou um pouco estupefato." O meio-campista japonês partiria para a Premier League no final da temporada. Barrios, já visto como excedente, foi vendido para o Guangzhou Evergrande. Todos os demais titulares permaneceram, apesar das inúmeras ofertas tentadoras.

Watzke, contudo, não tinha ilusões acerca do tamanho do desafio que ele e Zorc enfrentariam. O império bávaro estava pronto para contra-atacar. "Estávamos inebriados. Foi uma noite incrível, mas também tinha sido o ápice, o melhor dia da minha vida nesse emprego — pude perceber isso. Lembro-me de ficar acordado até às quatro da manhã olhando para o portão de Brandemburgo. Sabia que dali para a frente as coisas ficariam difíceis, que haveria uma reação, que o Bayern sairia em busca de vingança e começaria a cobiçar os nossos jogadores. Eles tinham disputado quarenta finais até então, acho eu, e nunca tinham tomado cinco gols. Sentiram-se humilhados. Naquele momento, mudaram radicalmente sua política. Apostaram tudo, investindo dinheiro no elenco como nunca haviam feito. E deu certo para eles." O truque do Borussia, ser bem maior do que a soma das suas partes — uma façanha da alquimia futebolística evocada pelo grande mago Klopp —, devia-se, ao menos até certo ponto, ao fato de o maior time da Alemanha não estar conseguido tirar o máximo de seu potencial.

O Bayern, então, quebrou seu próprio recorde no que dizia respeito ao valor gasto com contratações ao trazer o meio-campista de contenção Javi Martínez, do Athletic Bilbao (40 milhões de euros), bem como Mario Mandžukić (11 milhões de euros, do Wolfsburg), Xherdan Shaqiri (11 milhões de euros, do Basel) e o zagueiro Dante (4,7 milhões de euros, do Borussia Mönchengladbach). O aumento da qualidade individual, principalmente na defesa, provocou uma reação em cadeia muito bem-vinda, explica o ex-diretor esportivo do Bayern, Matthias Sammer: "Mais estabilidade na defesa tornou possível que o meio de campo e o ataque exercessem uma pressão mais alta. O jogo do Bayern passou a ser mais flexível, mais dinâmico".

Klopp não foi o único a achar a nova abordagem do time da Baviera estranhamente familiar. "O Bayern fez conosco o que os chineses fazem no mundo das indústrias", reclamou. "Eles observam o que os outros estão fazendo, copiam e então seguem pelo mesmo caminho, só que com mais dinheiro."

"O Bayern adotou elementos do estilo do Borussia e passou a ficar mais parecido com o Borussia do que o próprio time de Dortmund", apontou Ralf Rangnick. A imitação pode ser a forma mais sincera de elogio, mas esse era um consolo insignificante para Klopp, cujo cuidadoso trabalho de construção, que levara quatro anos, passava a ser eclipsado por um arranha-céu vizinho mais brilhante e extremamente caro, e que se valia, em parte, de sua própria planta.

O novo senso de humildade do Bayern sem a bola, sua muito aprimorada intensidade e seu despertar tático resultaram em uma combinação devastadora. Os comandados de Heynckes venceram a Bundesliga com um novo recorde de pontos (91), dez a mais do que o Borussia conquistara na temporada anterior, e ainda levaram o título da DFB Pokal para sua sala de troféus.

Depois de duas temporadas "arrastando o Bayern para o nosso nível" (Klopp), a excelência do Borussia havia inadvertidamente aprimorado o jogo dos bávaros. O efeito no restante das equipes foi similar. Inspirados pelos aurinegros, mais e mais times passaram a incluir a pressão e o *Gegenpressing* em seu repertório tático, combatendo fogo com fogo. "De repente, todos estavam fazendo aquilo. Foi quando percebemos como era extremamente difícil atuar contra um time assim", comenta Subotić.

Os adversários também adotaram uma segunda medida preventiva. Como o jogo do Borussia Dortmund constituía-se de rápidas jogadas de transição depois de recuperar a bola, os times passaram voluntariamente a conceder bola e espaço, obrigando o Borussia a atuar de maneira mais cadenciada, praticando um jogo de posse de bola. O carro de corrida de Klopp agora ficava frequentemente preso no tráfego. "Nosso estilo de jogo tinha encorajado todos os times menores", diz Gündoğan. "Eles pensavam: podemos derrotar times que, na verdade, são superiores adotando essas táticas e as empregando de modo correto."

O Borussia conquistou quinze pontos a menos que na temporada anterior, mas o vice-campeonato não foi visto como um fracasso. Fazia-se necessário crescer como clube; a classificação para a Champions League era mais importante do que a defesa dos títulos.

O pequeno revés doméstico foi mais do que compensado por uma aventura internacional emocionante. A equipe de Klopp, chamada de "a mais empolgante da Europa" pela revista *FourFourTwo*, superara uma série de times mal preparados para enfrentar a velocidade e o estilo de jogo muito bem aprimorado do Borussia. Uma primeira indicação de como o time amadurecera para confrontar os rivais da elite do continente aconteceu no segundo jogo da fase de grupos, contra o Manchester City, fora de casa.

Os visitantes, incentivados por seus torcedores fanáticos que tinham viajado para acompanhar o time, massacraram a equipe mais cara do mundo no estádio Etihad; "eles dominaram a maior parte do jogo, movimentando-se no ataque em ondas aurinegras como taxistas nova-iorquinos em disparada na busca por corridas lucrativas em Wall Street", escreveu o *Daily Telegraph*, de maneira efusiva. O Borussia assumiu a frente no placar com Marco Reus e teve chances suficientes para marcar outras três vezes. Um pênalti convertido no último minuto por Mario Balotelli, que entrara no decorrer da partida, zombou do domínio do time alemão — "eles estavam em outro nível nesta noite, a começar por seus torcedores", admitiria Joe Hart, goleiro do Manchester City —, mas a forma como se construiu o empate por 1 × 1 deixou Klopp "satisfeito, quase orgulhoso". O treinador do Borussia Dortmund ficou mais irritado com as perguntas a respeito do pênalti do que com a perda de dois pontos. "Uma partida tão fantástica e a primeira pergunta é sobre o pênalti?", resmungou. Seus resultados ruins nos anos anteriores o haviam deixado claramente contrariado; agora, no entanto, "um passo importante para representar o Borussia Dortmund de maneira diferente na Champions League" fora dado. "Foi um dos melhores jogos que já vi, e já vi muitos por aí", disse Klopp à *FourFourTwo*, algumas semanas mais tarde. "Estávamos quase nos apavorando pela forma tão perfeita como nosso plano de jogo vinha se desenvolvendo." "Talvez um dia essa noite seja lembrada como o nascimento do time no âmbito europeu", ponderou o *Die Welt*. Finalmente, o futebol de Klopp mostrara-se exequível também além das fronteiras da Alemanha.

"Para ser sincero, o Manchester City estava uma merda naquele ano; não estava muito forte", diz Watzke, dando de ombros. "A equipe deles era lenta, pesada, não sei." Mas o Borussia também conquistou quatro pontos em duas partidas contra o Real Madrid e se classificou para as oitavas de final na liderança do grupo. Eles haviam, de fato, chegado. "Estamos um pouco admirados com o fato de todos estarem surpresos com isso", disse Zorc na época, um tanto indignado.

Subotić atribui a melhora na temporada 2012-13 a um maior instinto coletivo. "É possível treinar para estar pronto para contrapressionar e recuperar a bola, é a mentalidade; mas não se pode treinar o movimento exato porque não se sabe onde a bola será perdida no gramado. Todos tinham tanto a força como a responsabilidade de atuar como gatilhos; e todos tinham de participar. Atingir a percepção certa para realizar aquilo levou alguns anos. Então passou a ser uma reação natural, um reflexo."

O Borussia teve pouca dificuldade para despachar o Shakhtar Donetsk, sem ritmo de jogo, na fase seguinte — "é sempre bom enfrentar russos ou ucranianos nessa fase porque eles ainda estão na parada de inverno", relata Watzke —, mas o confronto contra o Málaga, pelas quartas de final, foi uma história bem diferente. Na partida de volta, em casa, o Borussia perdia por 2 × 1 no placar agregado decorridos noventa minutos de jogo. O que ocorreu na sequência ficou conhecido como "o milagre de Dortmund" (Klopp). Os aurinegros marcaram dois gols nos acréscimos, o segundo em posição de impedimento, para eliminar os espanhóis, 3 × 2. O Signal Iduna Park entrou em erupção, expelindo felicidade como lava derretida. "Corri para o gramado, abracei Marco (Reus) e não queria soltar nunca mais", recorda-se Gündoğan. "Definitivamente, foi o momento mais maluco de minha história futebolística", conta Subotić. "Foi uma coisa que saiu diretamente de um filme de Hollywood. Sabíamos que podíamos marcar um gol e depois pressionar para ver se dávamos sorte. E a sorte esteve do nosso lado naquele dia." "É insano, simplesmente insano o que aconteceu nesse estádio", disse Klopp, balançando a cabeça, desnorteado pelo ocorrido, antes de abraçar Marcel Schmelzer na zona mista. "Poucas vezes se viu uma equipe de futebol tão unida e encantada consigo mesma", escreveu o *Süddeutsche Zeitung*. O Borussia Dortmund estava na semifinal da Champions League. "É espetacular — as pessoas aqui estão felizes demais", diagnosticou Klopp.

A loucura do jogo com o Málaga, um momento inesquecível de outro mundo, foi "uma daquelas histórias que ainda serão contadas daqui a vinte anos", relatou Klopp ao escritor Christoph Biermann, alguns meses depois, para seu livro *Wenn wir vom Fußball träumen* (Quando sonhamos com futebol). "Minha motivação (como treinador) é alcançar coisas assim para que as pessoas contem e recontem. Essa é a razão de ser desse clube. Seu pilar mais importante é feito das histórias escritas desde a sua fundação; é por esse motivo que amo tanto a experiência que estou vivendo aqui: ela nos dá a oportunidade de escrever tais histórias." O futebol, ele acrescentou, seria uma coleção de narrativas compartilhadas, uma história compartilhada, uma identidade. "Você ganha e perde, mas está com as pessoas de que gosta. Está em casa, no local ao qual pertence. É isso que todos queremos. Dez milhões de pessoas querem pertencer a esse lugar."

O capítulo seguinte colocou os aurinegros frente a frente com o Real Madrid de José Mourinho. Duas noites antes da primeira partida, no badalar da meia-noite, Gündoğan estava lendo no celular uma manchete que não parecia fazer sentido. "Eu tinha aquela rotina: lia a versão online do *Bild* antes de ir dormir", explica. "Os artigos do dia seguinte ficavam disponíveis após a meia-noite, e lá estava, em letras garrafais: 'Götze vai para o Bayern!'. Mandei uma mensagem para Marco Reus, ele e Mario tinham o mesmo agente e eram melhores amigos. 'Isso é verdade?' 'É. Fiquei sabendo ontem.' Eu não conseguia acreditar."

Götze, vinte anos, era o menino prodígio do futebol alemão, "o talento do século" (Sammer). Ele estava no Borussia Dortmund desde os oito anos de idade, um símbolo do renascimento do clube sob o comando de Klopp, e a promessa de um futuro ainda mais brilhante. O Borussia resignara-se a perder um ou outro jogador a cada nova temporada, mas não um verdadeiro *Dortmunder*.[5] Não Mario. Todos estavam chocados. "Alguns dos jogadores não conseguiam dormir", disse Klopp ao *Guardian*. "Foi como um ataque cardíaco. Eu não conseguia falar. Não consegui sair com minha mulher naquela noite."

O Bayern pagara o valor da multa rescisória, 37 milhões de euros, informara o *Bild*, fazendo de Götze a primeira grande contratação do reina-

---

[5] Aquele nascido em Dortmund ou que de lá provém. (N. do T.)

do de Pep Guardiola, que começaria no verão seguinte. Mas quem tinha vazado a notícia e por que em um momento tão delicado, 48 horas antes do embate contra o clube espanhol que era uma verdadeira constelação?

Suspeitas rapidamente recaíram sobre a diretoria do Bayern. A contratação de Götze era um caso clássico de jogo de poder praticado pela equipe bávara. Por que eles se preocupariam se a notícia da contratação iria desestabilizar seus rivais domésticos antes de uma partida importantíssima? "O Bayern tentou nos destruir", decretou Watzke, tempos depois. No entanto, não se sabe se os bávaros realmente foram os responsáveis. O Borussia ficara sabendo a respeito da decisão de Götze doze dias antes e é bem provável que uma terceira parte — digamos, um agente representando um jogador que negociava sua ida para o Bayern na temporada seguinte, ou um clube frustrado que também tivesse demonstrado interesse em Götze — tenha dado com a língua nos dentes sem malícia premeditada. O Bayern tinha sua própria semifinal, contra o Barcelona, para se preocupar e não precisava daquela polêmica. De qualquer modo, a multa rescisória do atacante tinha de ser depositada até 30 de abril.

Seja como for, Klopp "ficou emocionalmente na pior" pelo fato de o menino prodígio estar a caminho do sul, diz Watzke. "Foi difícil para ele aceitar que Mario queria sair, que queria se juntar a Guardiola. Acabou sendo o erro do século, e Klopp havia previsto isso. Ele sabia; estava 100% convicto de que o garoto estava cometendo um erro. Aquilo o machucou. O rapaz que ele ajudara em um momento difícil estava indo embora. Em uma reunião só entre os dois, Klopp disse que o jovem estava cometendo um erro. Nós nos encontramos com ele e também com seu agente e Klopp reiterou: 'Você está cometendo um equívoco'. Mas a decisão estava tomada. Aquilo perturbou Klopp — mas porque ele estava preocupado com Mario, não com a equipe."

Gündoğan se lembra de alguns torcedores organizados que apareceram no centro de treinamento para deixar claro seu descontentamento. Klopp manteve-se tranquilo. "Disse que sentia muito pela decisão de

Mario, mas que era algo normal no futebol e que tudo bem, era preciso seguir com o baile. Mario ainda era nosso jogador até o final da temporada e ele tinha certeza de que o atleta iria fazer seu melhor. E foi isso."

"Expliquei a Mario que as pessoas jamais esqueceriam sua decisão de ir para o Bayern de Munique", comentou Klopp, depois do apito final. "Mas elas estarão ocupadas com outras coisas hoje à noite porque o clube é a coisa mais importante. Felizmente, foi isso o que aconteceu. A atmosfera aqui colocou no chinelo qualquer coisa que eu já tivesse vivenciado no futebol."

Tendo semeado paixão por quase quatro anos, Klopp colheu pandemônio naquela noite. O Real foi enterrado sob um dilúvio de gritos e ofensas, mal conseguindo escapar com vida futebolística após uma surra épica; 4 × 1 foi o placar final. Nem Götze nem seus companheiros haviam sido afetados negativamente pela história do *Bild*, e o Borussia completara uma impressionante vitória dupla da Bundesliga sobre La Liga: o Bayern batera o Barcelona por 4 × 0 na primeira partida. Um tira-teima na final que se avizinhava, em Londres, surgia no horizonte; assim como mais animosidade. Robert Lewandowski, autor dos quatro gols na vitória contra a equipe espanhola, também havia acertado com o Bayern de Munique e acompanharia Götze na mudança para a Allianz Arena, segundo afirmara uma notícia veiculada pelo *Der Spiegel* pouco antes do início da partida. O atacante polonês e sua assessoria nada fizeram para mitigar a especulação. "Temos a intenção de mudar de clube nesse verão", foi o que teria dito Maik Barthel, agente do atleta. O contrato de Lewandowski com o Borussia se encerraria no verão de 2014.

Klopp acalmou a situação com humor autodepreciativo, relembrando os repórteres no Signal Iduna Park que ele também já marcara quatro gols em uma partida certa vez: "contra o Rot-Weiß Erfurt". Mas, no fundo, estava mais abalado do que transparecia, revela Watzke. "Robert Lewandowski era um assunto que o incomodava demais. E também não conseguíamos chegar a um acordo: devíamos vendê-lo em 2013 ou deixá-lo sair de graça em 2014? Klopp estava mais inclinado a vender. Mas

Robert é um profissional como poucos. Não é do tipo emocional, nunca vai beijar o distintivo, e tê-lo em seu time é uma bênção; é uma máquina. Contudo, Klopp estava bastante irritado com a maneira como as coisas tinham se desenrolado. Todos nós estávamos mais chateados com a perda desses jogadores do que mostramos. Uma vez que você admite isso, as pessoas imediatamente começam a acusá-lo de estar resmungando demais."

Em maio de 2013, não havia tempo para isso. A história se aproximava. Borussia Dortmund × Bayern de Munique, um clássico da Bundesliga no solo sagrado de Wembley. "O futebol alemão havia chegado ao presente depois de ter aprendido com o passado", exultava o *Süddeutsche Zeitung*, destacando como a sofisticação tática das duas equipes, inspirada pelos grandes times da história (Ajax, Milan, Barcelona), as havia levado para a primeira final exclusivamente alemã na história da Champions League. O *Frankfurter Rundschau* afirmou que a injeção de energia propiciada por Klopp representava, em especial, "uma nova escola do futebol alemão. Ele reinventou o estilo de jogo físico e antigo dos times alemães, temido e desprezado em igual medida, alinhando-o ao refinamento estratégico e à maturidade técnica."

E havia ainda mais um enredo se desenrolando. A final, explicara Klopp a uma audiência internacional por meio de sua entrevista para o *Guardian*, colocava "o projeto de futebol mais interessante do mundo, a nova história, a história especial", contra um Bayern que se comportava como "um vilão de filme de James Bond". O Borussia, do ponto de vista financeiro, era visto como um intruso, um bando de românticos lutando contra aristocratas endinheirados que não desejavam apenas vencê-los, mas destruí-los completamente. Klopp, um aficionado por cinema — "Cresci vendo filmes como *Garra de campeões*" —, acreditava firmemente que os menos cotados poderiam fazer história. "Não somos o melhor time do mundo, mas podemos vencer o melhor time do mundo", previra.

Em Wembley, o Borussia Dortmund chegou muito perto de conseguir. Um característico Borussia a toda velocidade perseguia e assediava o Bayern, tomando conta do jogo e criando boas oportunidades de marcar. "Lembro-me de que deveríamos estar vencendo por 2 × 0, 3 × 0, com trinta minutos de partida", conta Gündoğan. Depois de a equipe bávara ter resistido à primeira tempestade, no entanto, o jogo foi ficando pouco a pouco mais distante do controle do Borussia. "Acho que era impossível manter o mesmo ritmo depois dos primeiros 45 minutos, que tinham sido espetacularmente intensos", descreve Bender. Um gol anotado por Mario Mandžukić colocou o time de Jupp Heynckes na liderança, 1 × 0, aos quinze minutos do segundo tempo.

Oito minutos depois, Gündoğan empatou em cobrança de pênalti. O Borussia tinha voltado ao jogo, embora se sentisse prejudicado. Dante, zagueiro do Bayern de Munique, que já tinha cartão amarelo, não fora expulso ao derrubar Marco Reus dentro da área. Gündoğan: "O árbitro (Nicola) Rizzoli disse: 'O que você quer? Já marquei o pênalti!'". O Bayern, impassível, demonstrava mais energia e categoria conforme se aproximava o fim de um jogo tenso e imprevisível. Arjen Robben marcou o gol da vitória aos 44 minutos do segundo tempo.

Klopp e seus jogadores saíram de campo aplaudidos pelos torcedores. Tinham caído de pé. "Temos de respeitar a conquista do Bayern", disse o treinador, com tranquilidade. "Não devemos nos esquecer de que muitas equipes desejam chegar até a final e que o Bayern destruiu metade da Europa em sua trajetória até aqui." O Bayern de Munique foi "aquele pouquinho melhor do que nossa equipe naquele ano", admite Watzke. Mas a leniência de Rizzoli ainda o irrita. "Foi um erro catastrófico. De cem árbitros, 99 provavelmente teriam mostrado cartão vermelho. Eu gostaria de ter visto o rumo que o jogo teria tomado..."

Imediatamente após o final do jogo, Klopp tinha descarregado sua raiva no túnel, gritando com Pierluigi Collina, chefe da comissão de arbitragem da Uefa. "Uma ou outra decisão poderia ter sido diferente" foi tudo o que ele disse na entrevista coletiva, acrescentando que o orgulho que sentia de seus jogadores logo voltaria a ser o assunto principal. No vestiário, Klopp consolou os atletas, que choravam, mostrando a eles o panorama todo. "Vocês sabem que num outro dia, com outro árbitro, teriam vencido." "Mas Klopp não fez muito drama", conta Subotić. "Ele disse: 'Lembrem-se de onde estávamos no início do ano e até onde chegamos. Alguém achava que chegaríamos à final da Champions League? Está tudo bem, pessoal. Aproveitem a noite'. É ele quem define o clima — para o clube, para o time, para todo mundo; principalmente em momentos difíceis, quando todos buscam um pouco de orientação." A postura resignada de Klopp abriu caminho para "uma ótima festa pós-jogo" no Museu de História Natural de Londres, conta Josef Schneck. "Depois de um tempo, ninguém mais estava pensando na derrota. Sempre fomos bons em festejar."

 Olhando para trás, Kehl se pergunta se uma vitória do Borussia Dortmund em Wembley não teria sido um "conto de fadas excessivo". "Ninguém se interessaria em ver um filme assim, teria sido uma porcaria nada realista", disse Klopp a Biermann. No entanto, um pouco depois, numa entrevista para o site da Uefa, ele já não tinha mais tanta certeza. "Teria sido insano se tivéssemos conquistado a Champions League na temporada passada. Acho que teríamos enlouquecido; teria sido uma história inacreditável — eu teria adorado assistir a essa história se fosse um filme. Uma história, não sei, como a do Cleveland Indians em *Garra de campeões*, o Borussia Indians. Mas teria sido muito insano. É por isso que está tudo bem e que ainda é muito especial. E há muito tempo para conquistarmos mais coisas."

12.
CAOS E TEORIA
Liverpool, 2016-2017

A viagem de pré-temporada dos Reds em 2016 para os Estados Unidos ofereceu uma oportunidade aguardada havia muito tempo para o treinamento de conceitos fundamentais. Ao menos uma das sessões duplas que ocorriam diariamente era dedicada a exercícios táticos detalhados. Jornalistas que cobriam a rotina do Liverpool ficaram tão impressionados com a complexidade dos exercícios coreografados exibidos no campo da Universidade Stanford que se questionaram se os treinamentos deveriam ser realmente abertos ao público. Eles estavam acostumados a técnicos da Premier League que escondiam os segredos de seu ofício atrás de muros de três metros, temerosos com a possibilidade de espiões terem sido enviados pelos adversários.

Jürgen Klopp não tinha esses receios. Quando o alemão ficou sabendo da preocupação dos repórteres, fez uso de sua melhor expressão de comediante de filme mudo: "Não faço ideia do que você está falando". "Aquilo? Aquilo é coisa de criança", disse a um funcionário do Liverpool, espantando com a mão uma mosca imaginária. "Tenho certeza de que

Arsène Wenger não ficaria nem um pouco surpreso com o que fizemos." O time comandado pelo francês, o Arsenal, seria o adversário do Liverpool na abertura da temporada, partida vencida pelos comandados de Klopp por 4 × 3.

Uma avaliação crítica dos primeiros oito meses de trabalho de Klopp em Merseyside indicava três áreas que poderiam ser aprimoradas. A primeira — a necessidade clara de uma implementação muito mais detalhada e sistemática da principal ideia de jogo da comissão técnica — foi finalmente abordada sob o sol da Califórnia. A ausência de competições europeias durante a temporada daria mais tempo para o time se preparar para os jogos.

O elenco, uma mistura de grandes talentos, jogadores com muito tempo de casa e contratações arriscadas que não tinham dado o resultado esperado, era o segundo ponto a ser trabalhado, e foi incrementado com a chegada dos zagueiros Joël Matip e Ragnar Klavan e do goleiro Loris Karius, do Mainz, *alma mater* de Klopp, todos vindos da Bundesliga; do meio-campista Georginio Wijnaldum (do Newcastle) e de Sadio Mané, do Southampton, o atacante senegalês que fora oferecido ao Liverpool duas temporadas antes por um terço de seu preço, definido no momento da contratação em 37 milhões de libras, mas que previamente não recebera uma nota alta o bastante pelo sistema de avaliação de jogadores do departamento técnico do clube.

Em terceiro lugar, Klopp e sua comissão técnica consideravam que os esforços físicos exigidos pela Premier League justificavam um aprimoramento do condicionamento do grupo. Andreas Kornmayer, um mini-Klopp de óculos e com a barba por fazer ("É engraçado como os dois são parecidos", conta, sorrindo, Lallana), foi contratado para chefiar a preparação física; e Mona Nemmer foi trazida para ser a nutricionista-chefe da equipe. Lallana, espontaneamente, afirma que o trabalho dos dois antigos empregados do Bayern de Munique surtiu um efeito positivo claro na temporada 2016-17: "A aquisição de Mona foi algo inacreditável. Ela chegou e fez com que atingíssemos níveis diferentes em relação a nossa alimentação. E Andreas, o chefe da preparação física, chegou e fez com que tivéssemos uma pré-temporada muito boa sob sua supervisão. Ele nos deixou em forma para atuar da maneira como o treinador deseja, que exige muito dos atletas".

Uma viagem até Wembley no começo de agosto ofereceu um vislumbre das empolgantes perspectivas de futuro. O gigante europeu Barcelona, fatigado e atrasado em termos de preparação física em relação a seu oponente inglês, perdeu por 4 × 0 dos Reds em partida válida pela International Champions Cup, um torneio semicompetitivo que teve Mané como atração principal. Contudo, 24 horas depois, com uma equipe muito alterada, o Liverpool perdeu um amistoso pelo mesmo placar justamente para o Mainz. O público presente na Opel Arena (em Mainz) — milhares de pessoas que haviam chegado mais cedo para receber o antigo herói local com aplausos efusivos — despediu-se de Klopp com mais uma ovação após o apito final. O treinador do Liverpool declarou-se agradecido por sua equipe tê-lo acompanhado em sua ligeiramente desconfortável volta olímpica. "Teria sido extremamente vergonhoso correr sozinho", disse, sorrindo. "Da maneira como aconteceu foi legal. Meus rapazes mostraram ter bons modos, ainda que não consigam jogar futebol. Mostraram sua estima pelo clima fantástico que encontramos."

Os dois placares absolutamente contrastantes, uma vitória e uma derrota por 4 × 0, assim como mais um par de jogos completamente antagônicos logo em seguida — um triunfo de tirar o fôlego sobre o Arsenal, por 4 × 3, e uma lamentável derrota por 2 × 0 contra o recém-promovido Burnley —, definiriam o ritmo de toda a campanha ao longo da nova temporada: uma trajetória fascinante e extenuante que terminou em alívio em vez de euforia, como acontece ao final de qualquer volta numa montanha-russa excessivamente longa. O Liverpool era um time propenso a atuações espetaculares contra algumas das melhores equipes do mundo e, ao mesmo tempo, se permitia sofrer derrotas vergonhosas para times seguramente de menor expressão. Esse padrão inquietante impediu, no fim das contas, uma posição melhor do que a quarta colocação;

porém, no período que antecedeu o Natal, a esperança de que o terrível intervalo de mais de um quarto de século sem a conquista do título do campeonato nacional pudesse chegar ao fim ardia forte em Merseyside.

Após o revés frente ao Burnley, os Reds bateram o campeão corrente Leicester (4 × 1), o futuro campeão Chelsea, em Stamford Bridge (2 × 1), e dez outras equipes, num hiato de invencibilidade de quinze partidas que, por um curto período, levou o clube ao topo da tabela e "fez com que os torcedores do Liverpool pudessem apreciar, bem, o fato de serem torcedores do Liverpool novamente", sentenciou o *Liverpool Echo*. "A torcida gosta de ver o time. Não vê a hora de vir para Anfield; a percepção do novo é ampliada por uma arquibancada principal reformada que está permitindo que o estádio redescubra um volume consistente nos gritos de apoio dos torcedores, não ouvido nas últimas quatro décadas." O silêncio resignado e apático que pairava sobre o estádio na maior parte do tempo desde o fracasso na luta pelo campeonato em 2014 havia se esvaído. "Passamos a intimidar as equipes rivais", conta Lallana. Como prometido, o futebol heavy metal havia chegado.

"Klopp é o melhor treinador do mundo para os espectadores, ele constrói equipes que atacam a linha defensiva adversária", disse o técnico do Manchester City, Pep Guardiola. Nem o catalão nem seus proeminentes colegas José Mourinho (Manchester United), Arsène Wenger (Arsenal), Antonio Conte (Chelsea) e Mauricio Pochettino (Tottenham Hotspur) foram capazes de impor uma única derrota sequer ao Liverpool ao longo da temporada.

A chegada de Mané deu ao ataque um nível extra de velocidade e dinamismo. O ex-atacante do Red Bull Salzburg e seus dois companheiros brasileiros, Philippe Coutinho e Roberto Firmino, mudavam constantemente de posição de maneiras pré-programadas para encontrar o caminho do gol, mesmo contra "equipes que atuavam tão recuadas que sua linha defensiva ficava bem junto à arquibancada", como diz o chefe dos olheiros de Klopp, Peter Krawietz.

Em uma célebre aparição no programa *Monday Night Football*, da Sky Sports, em setembro, o treinador do Liverpool reiterou seu mantra: o

Gegenpressing é "o melhor meia-armador que existe". No entanto, em Melwood a ênfase silenciosamente ia mudando do trabalho em busca da recuperação da bola para o trabalho com ela. O Liverpool, notara a comissão técnica, precisava de melhores soluções ativas para aquelas partidas em que era a esquadra dominante.

"Depois de terem se acostumado uns com os outros na primeira temporada, houve uma maior preocupação com a posse de bola no ano seguinte", revela Krawietz. "A ideia era controlar o ritmo da partida com a bola e usar o período entre os jogos para ir adotando um jeito de jogar futebol que pudesse, idealmente, ser reproduzido de modo flexível quando sob pressão." Com isso em mente, a comissão técnica passou muitas horas treinando para fazer o time aderir a determinados padrões de movimentação. Embora não incluíssem corridas predeterminadas, os movimentos consistiam de "procedimentos combinados" (Krawietz) para criar espaços em regiões específicas, onde os adversários eram supostamente mais vulneráveis. Em um desses procedimentos, por exemplo, dois jogadores correm sem a bola, levando consigo a marcação e abrindo espaço no meio para um terceiro correr livre em direção ao gol. Um movimento bastante simples, mas extremamente eficiente se executado em perfeita sincronia.

Krawietz: "O sistema por si só não é realmente importante no futebol. Ser treinador é tentar fazer com que o futebol, um jogo baseado em inúmeros eventos aleatórios, seja menos aleatório; dando uma força para a sua própria sorte. Minha frase favorita foi dita por Lukas Podolski: 'Futebol é como o xadrez que se joga com dados, só que sem os dados'. Eu mudaria um pouco, transformando em: 'Futebol é como o xadrez que se joga com dados, e pode manter os dados'. O que eu quero dizer com isso é que cada treinador passa uma enorme quantidade de tempo ponderando sobre todos os possíveis fatores envolvidos no jogo, o adversário, o clima e assim por diante, sabendo muito bem que o controle total da bola é inalcançável. Tudo o que se pode realmente fazer é encontrar uma orientação geral, um sistema de instruções para seus próprios jogadores que extraia o melhor de seu elenco. Uma combinação de sucesso no futebol depende de duas pessoas terem a mesma ideia ao mesmo tempo: uma tem a bola enquanto a outra começa a se movimentar. O trabalho do treinador é praticar essas movimentações para incutir uma ideia, com repetições e novas situações, aumentando a chance de isso funcionar em condições reais, em que existe pressão e um adversário interferindo. A alternativa seria confiar plenamente na qualidade individual, em simplesmente ser melhor; nunca tivemos condições de bancar esse tipo de jogador em nenhuma das equipes em que trabalhamos. É por isso que sempre priorizamos a ideia".

Naqueles meses dourados de outono, a simplicidade do conceito de jogo de Klopp ameaçou superar todos os adversários, muitos dos quais tinham dificuldades em aproveitar ao máximo o potencial de seus atletas. Se da última vez em que lutara pela conquista do campeonato, o Liverpool, comandado por Brendan Rodgers na temporada 2013-14, devia muito de sua força a um atacante espetacular (Luis Suárez), o novo time passou a ser uma equipe de fato, movimentando-se e jogando como se interligado por invisíveis cordões nervosos.

No rastro de apresentações sólidas, jogadores que havia muito tempo tinham sido descartados passaram, de repente, a brilhar. James Milner, um dos mais importantes líderes do time no vestiário, fora reinventado como lateral esquerdo. "Era bacana ver que atletas que já haviam disputado centenas de jogos pela Premier League estavam prontos para tentar um estilo diferente, para se adaptar a ele", relata Krawietz.

Dejan Lovren, zagueiro central, foi outro jogador que deixou os críticos consternados. "Quando chegamos ao Liverpool, todos nos informaram a respeito de seus problemas, das coisas que ele não conseguia fazer, mas nós estávamos determinados a olhar para ele, e para todos os demais, sob uma nova ótica", explica Krawietz. "Sentimos desde o primeiro dia que tínhamos um jogador de verdade ali, e seu desenvolvimento tem sido fantástico. Acho que um novo treinador tentando coisas novas e usando diferentes atletas, trazendo para si a responsabilidade do fracasso, foi visto por muitos como uma oportunidade para melhorar sua situação. E muitos aproveitaram isso." Adam Lallana e Roberto Firmino, que não enfrentaram dificuldades para se ajustar ao novo esquema tático graças ao passado de ambos em baluartes da marcação por pressão — o Southampton, no caso do primeiro, e o Hoffenheim, no do segundo —, surgiram como verdadeiros pilares da equipe, assim como o veterano meio-campista Lucas Leiva. Sua experiência, inteligência futebolística, capacidade de comunicação e habilidade para aprender fizeram do brasileiro um elemento-chave na nova configuração.

Klopp insistira em seu primeiro dia em Anfield que o Liverpool não era nem de longe tão ruim quanto uma ampla parte da imprensa e seus torcedores temiam. Talvez o elenco propriamente dito também tenha passado a achar a mesma coisa. "Ele ficava frustrado algumas vezes, nos dizendo que não acreditávamos em nossa qualidade", revela Lallana. O treinador e sua comissão técnica também perceberam que o público na Inglaterra, em geral, é muito rápido na avaliação de um determinado jogador e muito lento para rever seus pontos de vista quando confrontado com evidências que demonstram o contrário. Krawietz: "Uma vez que se convenceram, por exemplo, de que um goleiro é uma merda, ele permanece sendo uma merda para sempre; vão esperar o tempo que for necessário até que ele cometa um erro e então dirão: 'Está vendo, nós avisamos'. É uma profecia autorrealizável, no sentido negativo. É algo muito predominante aqui".

Um erro grosseiro de Loris Karius no final da partida que terminou em derrota por 4 × 3 para o Bournemouth, no início de dezembro, colocou fim à invencibilidade do Liverpool e fez com que o jovem goleiro alemão fosse substituído por Simon Mignolet no restante da temporada. O momento em que o péssimo resultado aconteceu — note-se que os Reds venciam por 3 × 1 a quinze minutos do fim do jogo — tampouco poderia ter sido muito pior: a equipe programara uma viagem à Espanha para uma festa de Natal. Klopp, porém, seguia inabalável. "Quando pousamos em Barcelona, uma música começou a tocar no rádio do avião e ele pegou o microfone", recorda-se Lallana, com um enorme sorriso, "e começou a falar: 'Escutem, rapazes, se podemos festejar quando vencemos, podemos festejar quando perdemos também, caralho'. Então todo mundo saiu do avião pensando: 'Está certo; é hora de festejar. Vamos festejar. Vamos beber alguma coisa'. O que só demonstra que existem mais coisas na vida além do futebol. Sim, fizemos nosso melhor e perdemos. E, sim, é uma merda perder, mas existem outras coisas além disso. Quanto mais velho você fica, acho que a derrota machuca mais, mas você a supera mais rapidamente também."

Klopp, que mora exatamente na frente da antiga casa de Lallana, em Formby, uma elegante cidade litorânea, é "simplesmente um cara legal", complementa Lallana. "Você pode vê-lo fumando até..." Antes de o meio-campista inglês mudar-se para Cheshire, seu filho caçula, Arthur, frequentemente acenava para o vizinho alto e loiro do outro lado da rua gritando "Klopp, Klopp!", e imitava o modo de celebração do treinador na linha lateral do gramado, levantando o braço com o punho cerrado. E Klopp infalivelmente sorria de volta, acenando, para o óbvio deleite do pequeno Lallana.

Contudo, sorrisos e comemorações com o punho cerrado ficaram mais difíceis de se ver depois da virada de ano. Uma sequência horrorosa com apenas duas vitórias em doze jogos em janeiro e fevereiro fez o time sucumbir em ambas as copas domésticas. Os torcedores acordaram de seus sonhos de conquistar o título da Premier League e passaram a temer pela classificação para a Champions League.

A escolha de times mesclados para as partidas da League Cup e da FA Cup "era a única maneira de lidar com aquela sequência de jogos e com as partidas que viriam depois", insiste Krawietz. Acostumar-se a um calendário que não é interrompido durante o Natal tem sido um dos maiores desafios para os alemães. "Faz uma diferença brutal. Se alguém não passou por isso, não é capaz de entender o quanto está longe de ser divertido."

Por mais vergonhosas e decepcionantes que tenham sido as eliminações frente ao Southampton e ao Wolverhampton Wanderers, time da segunda divisão, elas também ofereceram ao time a oportunidade de realizar um período de treinamentos sob um clima mais ameno em La Manga, em meados de fevereiro. Depois de vivenciar sua primeira temporada sem uma pausa de inverno, a comissão técnica alemã já passara a compreender a carga física e mental quase absurda de um calendário de futebol que nunca para. Os donos do Liverpool, o FSG, concordaram com a ideia de Klopp de que a equipe deveria, na primeira oportunidade que surgisse, passar uma semana sob o sol para recarregar as baterias todos os anos.

A viagem à Espanha não surtiu o efeito desejado; ao menos não a curto prazo. O Liverpool perdeu fora de casa para o Leicester, 3 × 1, na volta às suas atividades domésticas, apresentando o pior desempenho da temporada. Lallana: "A partida com o Leicester... perdemos de 3 × 1 em uma segunda-feira à noite. Aquele foi um momento muito ruim. Um resultado ruim. Eu não esperava. Aquele jogo... você percebia que o havia decepcionado. Sabe, você tenta o melhor, mas seu melhor não passou nem perto de ser o suficiente naquela noite. Sim, a final da Europa League contra o Sevilla foi decepcionante, mas (...) eles foram sensacionais, ganharam o torneio três vezes seguidas. Nunca vou me esquecer daquilo, mas consigo entender por que eles nos venceram, se é que isso faz algum sentido. Mas o jogo contra o Leicester foi realmente uma porcaria".

Klopp, que sabe muito bem como é passar por crises, apelou para uma visão mais abrangente naquelas semanas difíceis. "Temos de acreditar no projeto a longo prazo. Ninguém quer ouvir isso, mas perder faz parte do futebol. Não me importo com toda essa falação sobre chegar ao ponto mais baixo. Amo ir para o treinamento de manhã e trabalhar com os rapazes, mesmo que seja complicado. Não se pode desistir porque se está perdendo. É preciso tentar na próxima partida." Ele e a equipe haviam sido, até certo ponto, vítimas do próprio sucesso durante o outono. A invencibilidade do Liverpool, na série de resultados positivos, criara uma expectativa de que mais daquilo aconteceria, mas, na ausência de

Coutinho, machucado, e de Mané, que defendeu seu país na Copa Africana de Nações, a falta de profundidade no ataque ficou escancarada.

A situação da equipe não foi ajudada pelo desagradável ar de fatalismo que consumiu Merseyside feito um nevoeiro vitoriano denso e fedorento. O Liverpool, como clube, tinha de se livrar da ideia de que derrotas como as vividas na segunda parte do campeonato faziam, de alguma maneira, "parte de seu DNA", disse Klopp ao site lfc.tv ao término da temporada. Ele acredita que transformar essa mentalidade derrotista em uma visão muito mais confiante é um de seus principais objetivos nos próximos anos. Klopp quer que um resultado negativo seja esquecido rapidamente em vez de ser visto como o prenúncio de um destino inevitável. "Este clube, e talvez esta cidade, precisam aprender a aceitar momentos assim pelo que eles realmente são e não os transformar em algo maior. Na vida, não se pode ignorar coisas negativas que aconteceram. Se você pode mudá-las, mude; se não pode, deixe-as de lado. Assim são as coisas. Tudo está ligado à sua reação. No futebol e na vida. Se você levanta de manhã e a primeira hora do dia é ruim, isso significa que você volta para a cama? Não; quer dizer que você tenta de novo."

Depois de atingir uma espécie de fundo do poço no estádio King Power, o Liverpool recuperou sua forma a ponto de assegurar a quarta colocação no campeonato, transformando um primeiro tempo angustiante contra o Middlesbrough, em Anfield, pela última rodada da temporada, em uma chuva de gols na segunda etapa.

Mike Gordon descreve a vitória por 3 × 0 como "um dos momentos mais felizes" de sua administração. "Terminar entre os quatro primeiros, com esse grupo que trabalhou tanto, com meus parceiros John (W. Henry) e Tom (Werner) na plateia, poder comemorar com Jürgen e sua comissão técnica... você sente uma alegria plena. Foi realmente fantástico."

Olhando para trás, no entanto, há algum arrependimento acerca da grande oportunidade perdida? Com as exceções claras de Chelsea e

Tottenham, todos os grandes times tiveram, de uma forma ou de outra, um desempenho aquém do esperado. Será que o Liverpool poderia ter levado a Premier League com uma ou outra contratação pontual na janela de transferências de janeiro?

"Eu me arrependeria se não tivéssemos tentado contratar", afirma Gordon, tendo avaliado a pergunta com bastante atenção. "Mas claramente tentamos. A disponibilidade de jogadores na janela de janeiro diminui de maneira contínua, atualmente é uma anomalia conseguir trazer alguém. Não sei o impacto que teria no restante da temporada se tivéssemos encontrado a solução ideal. Teríamos ficado mais fortes? Ninguém sabe. Mas mostrar disciplina (no mercado de transferência) e manter-se fiel a seus princípios é muito importante, e essa foi uma das razões que fizeram com que não contratássemos ninguém. Tentamos. E o mesmo vale para todas as janelas de transferência. Buscamos qualquer benefício ou oportunidade para melhorar."

Krawietz diz que tampouco a comissão técnica se zanga ao pensar sobre aquela temporada. "Estamos chateados (por não termos ido melhor)? Não. O futebol é um sistema de aprendizagem, um jogo de desenvolvimento constante. Queríamos dar a nossos inúmeros jovens atletas uma oportunidade, uma perspectiva. Financeiramente, não sei se teria sido possível (fazer contratações em janeiro). Gastar muito dinheiro não é algo empolgante. Temos jogadores com grande potencial. Trent Alexander-Arnold, Ben Woodburn, Ovie Ejaria. Queremos que eles tenham a chance de treinar com nosso time para avaliar seu potencial. Sabíamos que não teríamos nenhuma partida internacional e fizemos uma ótima primeira metade da temporada, com vários jogos excelentes. Em janeiro, de certo modo, caímos em um buraco. Demos azar em algumas decisões da arbitragem e infelizmente sofremos com contusões. É preciso colocá-las na conta, mas buscamos, claro, evitá-las ao máximo. Progredimos de maneira sensacional em termos de desenvolvimento atlético dos jogadores e estamos esgotando todas as possibilidades de prevenção de lesões. Porém, sorte e azar sempre serão fatores. Gostaríamos de ter conquistado o título? Lógico. É isso que estamos buscando. Mas não saímos criticando decisões que tomamos no passado e lamentando oportunidades perdidas. Levamos tudo em consideração e guardamos em nossa mala de experiências. E então transformamos tudo isso em parte das nossas considerações futuras."

Na temporada 2017-18, com o Liverpool voltando a atuar duas vezes por semana — fazendo malabarismos a fim de conciliar o que a Premier League e as competições europeias exigem dos atletas —, jogadores, comissão técnica e a diretoria do clube concordaram que ter um elenco maior e mais forte é indispensável. "Entendemos a importância de ter qualidade na reposição do elenco", afirma Gordon. "Não é simplesmente ter os melhores onze titulares. É uma temporada muito longa em um esporte que exige demais, e muitos dos melhores atletas também atuam por suas seleções, além de defender seus clubes. Precisamos de reforços. Essa lição se mostrou muito necessária e relevante ao longo da última temporada e meia."

A avaliação feita por Lallana é igualmente sincera. "Acho que precisamos de mais três, quatro jogadores de ponta. Sem desrespeitar nenhum de nossos jovens atletas. Mas se você olha para nosso banco nos últimos três meses, há vários jogadores jovens ali. Quando você olha para o banco de reservas do Chelsea, eles podem utilizar (Cesc) Fàbregas, Willian. Às vezes, só o fato de manter jogadores assim no banco é suficiente para fazer com que, de modo inconsciente, os titulares fiquem mais espertos. Mais três ou quatro jogadores de ponta farão com que todos fiquem espertos, melhorando ainda mais a qualidade. E isso só irá nos ajudar. Com a Champions League na próxima temporada, vamos precisar de mais gente. Nesse ano também tivemos muitas lesões. Não há como fugir do fato de que precisamos de mais quatro ou cinco jogadores de ponta e o treinador entende isso. Jürgen não é idiota. Ele rodava bastante seus jogadores no Borussia para os grandes jogos. Se tiver elenco e confiar nos jogadores, vai rodar. Tenho certeza."

Krawietz concorda. "Um elenco maior e que possa ser rodado é a única solução para avançarmos mais, essa é a nossa conclusão. Precisamos estar numa posição em que possamos ser competitivos em todos os torneios e rodar o time mantendo o alto nível de qualidade."

Uma teoria interessante apresentada por jornais ingleses afirmava que o Liverpool poderia ter feito uso de um centroavante mais ortodoxo para atuar como referência no ataque durante aqueles dias sombrios de janeiro e fevereiro; algum especialista em forçar a jogada quando o jogo não está fluindo, alguém para quem se pode levantar a bola quando as pernas e o cérebro do time não conseguem mais avançar no gramado.

Krawietz não tem tanta certeza. "Não nego que é uma possibilidade que pode dar certo. Mas também não quero ser ingênuo. Continuarmos leais a nossas ideias também é importante. É claro que você deve adaptá-las, mas ainda assim temos que tentar ter sucesso com elas. Você não pode dizer: 'Pessoal, até agora jogamos assim, mas agora chegamos ao mês de janeiro, clima ruim, vento forte, vocês devem esquecer tudo aquilo que fizemos. Vamos jogar um futebol de merda e ver como nos saímos!'. Não, não pode ser assim. Existem inúmeras formas de se vencer uma partida. Algumas vezes, é preciso defender o tempo inteiro, deixar um cara sozinho lá na frente e vencer por 1 × 0 em jogadas de contra-ataque. Isso pode acontecer. Mas não faremos disso uma estratégia ao nos prepararmos para uma partida e nem vamos começar a fazer concessões em relação às nossas ideias. Temos nossos próprios princípios de jogo e não vamos abrir mão deles. Seguimos com o nosso plano."

Mas por que o plano de jogo funcionou tão melhor contra as principais equipes da Premier League do que contra aquelas situadas do meio da tabela para baixo? O Liverpool teria vencido um minitorneio que contasse com os seis times do topo da tabela (cinco vitórias, cinco empates), mas perdeu para Burnley, Bournemouth, Hull City, Swansea e Crystal Palace e empatou com Sunderland e Bournemouth. Será que o futebol de Klopp precisa aprender a tirar o pé do acelerador para enfrentar as costumeiras viagens a destinos menos glamorosos, chegando lá em rotação mais baixa?

Curiosamente, Lallana acredita no oposto. Ele acha que os problemas enfrentados pelo Liverpool em partidas teoricamente mais fáceis se devem à crença subconsciente de que 80% ou 90% do esforço serão suficientes. "Tem a ver com a mentalidade. Quando você está com a mentalidade certa, seu plano tático funciona melhor. O treinador sabe disso e não é algo que pode ser mudado da noite para o dia. Mas ele está ressaltando que precisamos acertar isso. Assim que conseguirmos render também nesse tipo de partida, acho que podemos conquistar alguma coisa realmente especial."

"Se Adam pensa assim, então estamos um pouco mais perto da solução", observa Krawietz, satisfeito, ao ouvir as ideias de seu meio-campista. "Acho que é uma coisa humana pensar (em partidas menores) dessa maneira. Acho que mesmo para os jornalistas. Você vai para um Aston Villa × Burnley e pensa: 'Tudo bem, vamos dar uma olhada no que acontece'. Mas em um Chelsea × Tottenham Hotspurs seu lápis está muito bem apontado. Um jogador, no entanto, deveria ser proibido de pensar assim. Nós lutamos contra isso. Reiteramos que o mesmo número de pontos está em jogo, independentemente do adversário. O que queremos é uma energia consistentemente alta. Ter a bola e dominar o ritmo do jogo dependem de um determinado nível de intensidade. É assim que são as coisas. Noventa minutos de futebol são a) insalubres e b) exaustivos. Isso não vai mudar."

Jamie Carragher, ex-zagueiro do Liverpool e comentarista de futebol pela Sky, coloca a responsabilidade em outro fator. "Não acho que o problema do Liverpool seja a atitude. Você jamais criticaria a atitude de uma equipe treinada por Klopp. Todo time tem um dia ruim de vez em quando, claro, mas acho que é tática a questão. O jogo do Liverpool funciona contra times que constroem suas jogadas desde a defesa, que adiantam sua linha defensiva e deixam espaços para jogadas de contra-ataque. Se a estatística de posse de bola é de 50% para cada lado, isso quer dizer que o Liverpool tem menos chance de ser pego em um contragolpe. É isso que parece ocorrer nas partidas menores. As duas melhores opções para uma equipe menor marcar um gol são jogadas ensaiadas e de contra-ataque rápido. Aí é que o Liverpool é muito vulnerável. É preciso resolver isso, fazer mudanças. O Liverpool precisa comprar alguns jogadores altos. Acho que mesmo para o ataque. Também se pode segurar um pouco mais a linha defensiva para deixá-la menos vulnerável ao contra-ataque. Talvez, às vezes, faça sentido deixar times mais fracos com a bola porque eles não estão preparados para isso."

A comissão técnica de Klopp está bastante ciente de que jogadas de bola parada têm sido o calcanhar de Aquiles da equipe. Krawietz, em particular, ficou muito impressionado com o alto nível das jogadas ensaiadas na Inglaterra. "É uma tradição. Você pode olhar até a quarta divisão aqui e encontrará verdadeiras coreografias, ótimas ideias. Todo time tem ao menos um jogador que faz cruzamentos muito perigosos e cinco, seis gigantes que vão atacar a bola sem medo, com velocidade e uma força inacreditável. A Premier League está cheia desses jogadores. Eles podem não ser craques, mas sua qualidade individual nesse quesito é incrível. Além disso, o goleiro não é tão protegido como na Alemanha. Na Bundesliga, se você toca a camisa do goleiro, já é falta. Aqui, isso faz parte do aquecimento. Então, o pandemônio rola solto na área. Entendemos isso e a importância de defender jogadas de bola parada. E também passamos muito tempo pensando em maneiras de evitar conceder ao time adversário oportunidades para tentar esses lances."

A capacidade das equipes menores de impor um elemento de caos ao jogo com medidas simples, mas altamente eficazes, também pode ser uma explicação para o fato de o Liverpool de Klopp ter achado mais fácil, paradoxalmente, atuar contra times melhores. O jogo deles segue um padrão mais reconhecível, um código que a comissão técnica consegue decifrar e anular. Seus programas são fáceis de serem hackeados, pois são programas. O modo operacional muito mais aleatório das equipes abaixo das posições de classificação para a Champions League, por outro lado, precisa de respostas bem mais espontâneas e musculares que o Liverpool nem sempre reunia.

"Como disse anteriormente, estamos aprendendo. O tempo todo. É um processo", enfatiza Krawietz. "Você pode achar que está no controle da partida, mas então o árbitro marca uma falta no último minuto e o estádio se incendeia e o campo vira um caldeirão. Não se pode ignorar isso. É um desafio enorme para nós, mas estamos preparados para lidar com ele, prontos para nos preparar para ele, para nos adaptar a ele. Sabemos muito bem que vamos cair do cavalo se não fizermos isso."

Raphael Honigstein

13.
SUCESSO NA TELINHA

Nos anos subsequentes à conquista da Alemanha na Copa do Mundo de 1990, a televisão privada começou a se interessar como nunca pelo esporte preferido da nação. A SAT1 revolucionou a maneira como os melhores momentos da Bundesliga eram exibidos nas noites de sábado ao dedicar tanto tempo ao espetáculo que cercava o gramado — a presença das namoradas dos jogadores em áreas VIP, presidentes de clubes furiosos, axilas suadas dos treinadores — quanto aos jogos propriamente ditos.

O formato de série de televisão, acompanhando a vida das pessoas, do programa *ran*,[1] exibido pela SAT1, valia-se de toda uma gama de emoções humanas, oferecendo trama e entretenimento que não dependiam de um futebol particularmente cativante. A ênfase dada pelo *ran* aos elementos do showbiz teve, involuntariamente, um impacto nos protagonistas, e mais ainda na maneira como se discutia e se pensava futebol na Alemanha. Vencedores ganhavam porque tinham mais desejo de vitória

---

[1] *ran* é o nome dado ao programa esportivo que, àquela altura, fazia parte da grade da rede de televisão alemã SAT1. (N. do T.)

e perdedores fracassavam... porque é isso que perdedores fazem, não é mesmo? Jogadores e treinadores que não arrotavam declarações grandiosas e carregadas de adrenalina nos microfones da SAT1 após o apito final eram tidos como fracos e desafortunados. A eles faltavam, claramente, a confiança e a determinação necessárias para prosperar nesse mundo dominado por machos alfa.

A transformação do jogo de um passatempo um tanto rude, do proletariado e de outros párias sociais, em uma *commodity* compatível com o mercado de consumo de massa injetou milhões de marcos alemães em um esporte que até então nunca havia sido lucrativo. No entanto, a simplificação deliberada de sua apresentação cobrou um preço muito alto: o modo como o *ran* exibia a Bundesliga era, em seu cerne, oco. Era o futebol "desfutebolizado", despreocupado com a forma e voltado apenas para o sucesso. Essa desavergonhada falta de qualquer tentativa de análise séria contribuiu para que os clubes e a seleção nacional ficassem completamente para trás ao longo das décadas seguintes. Não havia nem vocabulário nem estrutura técnica para introspecções.

"Eu me pergunto se alguém na Alemanha realmente quer ouvir informações substanciais sobre o esporte", disse Klopp à revista *Der Spiegel*, em novembro de 2004. "Alguém quer escutar: 'Eles não deveriam ter corrido mais, deveriam ter corrido de maneira inteligente'? Duvido. Talvez em algum canal voltado a um nicho específico, em um programa para pessoas exóticas." Àquela altura, o momento era, de fato, propício para mudanças. Dentro de oito meses, o treinador do Mainz seria não só o maior beneficiado dessa ausência de análises futebolísticas aprofundadas, como também surgiria como o catalisador de uma transformação, conquistando prêmios por seus comentários e a ovação de Franz Beckenbauer. Porém, o que a maioria não sabe é que seu repentino sucesso na TV vinha sendo construído havia muito tempo.

A SAT1, primeiro canal de televisão estatal alemão a se tornar de propriedade privada, começara suas transmissões em 1985. Seu escritório regional para o estado da Renânia-Palatinado localizava-se na capital, Mainz, e o CEO do canal, Jürgen Doetz, era membro da diretoria do Mainz 05. Quando, antes do início da temporada 1990-91, o clube estava, uma vez mais, enfrentando dificuldades para pagar suas contas, o chefe da rede de televisão interveio. A SAT1 passou a ser patrocinadora da camisa do time.

Pouco tempo depois, um dos jogadores do clube começou a estagiar na editoria regional de esportes: Klopp. "Ele já era o cara mais barulhento do time, um campeão mundial no quesito conversa", conta Martin Quast. "Doetz disse a ele: 'Kloppo, se esse negócio com o futebol não der certo para você, vou transformá-lo em diretor de comunicação da SAT1. Não tem erro'." Doetz falava realmente sério. A SAT1 ainda era, naquela época, um canal iniciante e pequeno. Somente uma minoria de telespectadores que contava com conexões a cabo conseguia assistir aos programas. O minúsculo departamento regional de esportes alojava-se em alguns contêineres de metal anexos ao prédio da empresa. Seu quadro de funcionários era composto por um bando de freelancers sob contratos com duração determinada e uma variedade de estudantes e formandos ávidos por aprender sobre o ofício. Klopp, que sempre temeu que sua carreira mal remunerada pudesse acabar caso o Mainz fosse rebaixado para divisões semiprofissionais, agarrou a chance de ver como se sairia no novo meio de comunicação; isso após os treinamentos e paralelamente a suas aulas de ciências do esporte na Universidade de Frankfurt.

Certo dia, o apresentador do quadro esportivo *Wir im Südwesten*, que ia ao ar às quintas-feiras à noite, anunciou aos telespectadores uma reportagem sobre as irmãs Röschinger, de Bad Vilbel, as duas mais bem-sucedidas praticantes de snowboard da região de Hesse, "feita por Jürgen Klopp". Ele realizara as entrevistas com as duas irmãs, a narração e também a edição. Quast lembra-se de que ficara muito boa, cheia de apartes e detalhes interessantes. "Ele tinha talento e havia se divertido fazendo aquilo. Tempos depois, Klopp disse: 'Se não tivesse dado certo no futebol, eu provavelmente teria acabado sendo repórter esportivo'."

Em 15 de maio de 1992, a tendência de Klopp de se meter em (e sair de) situações difíceis provaria ser um verdadeiro golpe de mestre. Uma das lutas mais acirradas pelo título na história da Bundesliga deixara a equipe que liderava a competição, o Eintracht Frankfurt, empatada em pontos com o Stuttgart e o Borussia Dortmund faltando uma rodada para o término da temporada 1991-92. O muito admirado *Fußball 2000* do Eintracht Frankfurt, liderado por Andy Möller, Uwe Bein e Anthony Yeboah, propiciara ao clube um saldo de gols melhor que o de seus adversários. Uma vitória contra o rebaixado Hansa Rostock daria à equipe o primeiro título do campeonato alemão desde 1959.

No dia em que o Eintracht Frankfurt viajou para o nordeste do país, o técnico Dragoslav "Stepi" Stepanović proibiu qualquer contato com a imprensa. Todos haviam tentado conseguir uma palavra do badalado sérvio antes da dramática conclusão da temporada, mas Stepanović recusara todas as entrevistas. A SAT1 enviou o estagiário Klopp como sua arma secreta, aquele que, de alguma maneira, sempre conseguia fazer com que as coisas acontecessem. Ele tinha sido jogador de Stepanović no Rot-Weiss Frankfurt alguns anos antes, mas seu contato principal acabou sendo seu companheiro de Mainz, Hendrik Weiß, cuja mãe trabalhava como assessora de imprensa do aeroporto de Frankfurt. Ela deixou Klopp passar pela segurança e chegar até as portas do avião, onde ele interceptou Stepanović e conseguiu a única entrevista antes da partida em toda a Alemanha. "Aquilo foi um feito jornalístico tremendo", afirma Quast. Contudo, para o Eintracht Frankfurt, o resultado foi bem menos feliz. No dia seguinte, eles perderam por 2 × 1 em Rostock em circunstâncias controversas, dando ao Stuttgart a chance de um título inesperado.

A vida cotidiana dentro do contêiner da SAT1 não era assim tão empolgante. Como o mais novo membro da equipe editorial, a principal incumbência de Klopp era conseguir um suprimento regular de balinhas de Coca-Cola vindas de um mercado da redondeza. "Ele cumpria a tarefa com satisfação, mas sugeriu que transformássemos aquilo em um jogo; com Kloppo tudo era uma competição", conta Quast, um dos diretores esportivos do canal. "Nós nos sentávamos e jogávamos as balas na boca uns dos outros a três, quatro metros de distância — era melhor de dez; o perdedor tinha de comprar uma cerveja para cada um. Essas cenas me vêm à cabeça quando o vejo, agora, treinando o Liverpool."

Depois de seu período formal de três meses como estagiário, Klopp continuou a ir até os contêineres para realizar uma ou outra reportagem, ou simplesmente sair com os ex-colegas que tinham se tornado seus amigos. Um deles era Martin Schwalb, jovem atleta de handebol que tempos depois conquistaria a Champions League de 2013 nesse esporte como treinador do HSV Hamburgo.

As tiradas de Klopp nas "entrevistas-relâmpago" logo após o término de suas partidas como jogador e treinador do Mainz fizeram dele um dos queridinhos dos repórteres da DSF, o canal privado que transmitia a Bundesliga 2 na Alemanha. Em setembro de 2001, Klopp e Ralf Rangnick — que estavam na liderança e vice-liderança do campeonato com o Mainz e o Hannover 96, respectivamente — foram convidados pelo canal para participar do programa de entrevista *Viererkette*, discutindo a crise do futebol alemão com Paul Breitner, campeão do mundo pela seleção alemã em 1974 e um dos comentaristas mais proeminentes da televisão no país. Após uma Eurocopa tenebrosa, em 2000, a seleção alemã corria sério risco de ficar de fora da Copa do Mundo de 2002 após o empate por 1 × 1 no primeiro jogo da repescagem, disputado contra a Ucrânia.

De acordo com Jörg Krause, produtor do *Viererkette*, Breitner relutou em dividir o palco com Klopp e Rangnick. Eles eram treinadores da segunda divisão; o que sabiam sobre os problemas da seleção nacional? O ex-meio-campista do Bayern de Munique e do Real Madrid aceitou, no fim das contas, sentar-se ao lado desses dois quase desconhecidos. Instigado por Rudi Brückner, Breitner apresentou uma série de motivos parcialmente contraditórios para o declínio da Alemanha, incluindo o excesso de pressão da Federação Alemã de futebol, a ausência de um planejamento de longo prazo por parte de seus diretores e a fraca mentalidade do elenco da *Nationalmannschaft*. Rangnick, calejado pelos efeitos de sua famosa aparição no programa ZDF *Sportstudio* três anos antes, quando pontificara sobre as vantagens da marcação por zona e, por isso, recebera o escárnio de colegas da Bundesliga e dos tabloides, foi cuidadoso para não contestar muito abertamente a impositiva e bem-vestida figura composta por Breitner. Klopp, aos 34 anos, barba feita e trajando camisa polo marrom, calças cáqui e tênis, mais parecido com um estudante universitário, mal conseguia fazer seu corpanzil caber na poltrona de couro. Ele também mostrou certa deferência no início, além de algum nervosismo. Sua voz, levemente marcada pelo sotaque suábio, revelou, nas discussões introdutórias, um sentimento de desconforto.

Com o decorrer do programa, Rangnick (vestindo camisa social cinza sobre uma camiseta preta, tal qual um designer gráfico de folga) e Klopp ganharam confiança. Entre si, discretamente identificaram as duas razões mais importantes para os problemas do futebol alemão: deficiência no desenvolvimento de jovens atletas e o fracasso na tentativa de entender o futebol como um jogo coletivo. "Jovens atletas treinam dez horas por semana e o auxiliar responsável por eles decide se podem ir a campo durante as folgas escolares", disse Rangnick. "Temos de fazer com que treinem trinta, quarenta horas por semana." Ele ainda explicou que os jogadores profissionais jovens também esperavam continuar a aprender seu ofício, instruídos por treinadores "que deem treinamentos apropriados, os tratem com respeito, mostrem suas falhas e tenham como objetivo fazer com que se desenvolvam mais".

Breitner opôs-se àquela ideia, dizendo que profissionais da Bundesliga eram, por definição, tão bons que não precisavam ser ensinados a respeito dos detalhes do jogo — muito menos por autoproclamados modernizadores e novatos que nunca haviam atuado nos mais altos níveis. "Não quero menosprezar ninguém aqui", disse ele, fingindo diplomacia, "mas a qualidade individual (dos melhores jogadores) é tão alta que muitos treinadores não são capazes de acompanhar. Nesse nível, você aprende olhando para seus companheiros, como aprendi com Franz (Beckenbauer) e Gerd (Müller) nos treinos no Bayern de Munique. Não é preciso um treinador para explicar por que você só acertou o lado de fora da trave e não a parte de dentro em um chute a vinte metros de distância, ou para apontar pequenos erros técnicos."

Klopp esteve a ponto de se opor de maneira contundente, mas uma pausa para os comerciais poupou Breitner do desprazer de ser contrariado ao vivo na televisão por um treinador de óculos e costeletas longas que comandava o Mainz. Quando as câmeras retornaram, Klopp sorriu placidamente e brincou dizendo que a técnica de chutes a gol na Bundesliga 2 não era "tão ruim assim". "De qualquer modo", prosseguiu, "o que é muito mais interessante é aprimorar o time como um todo, preparando cada jogador para que a combinação de todos funcione bem." Klopp prontamente admitiu não ter sido dos melhores jogadores; era mais um carregador de piano de segunda categoria. Mas por que isso deveria desqualificá-lo como treinador? "Sim, eu ensino a eles mais do que jamais soube", concordou alegremente com Brückner.

Levar o Mainz à Bundesliga e para uma posição no meio da tabela sem investimentos significativos no elenco e com atletas praticamente sem nenhuma experiência na primeira divisão comprovou, poucos anos depois, o ponto de vista de Klopp. Sempre com jeito de professor, ele parecia gostar de falar sobre ideias e métodos em público quase tanto quanto treinar os atletas. "A maior parte das coisas que aprendi na vida eu aprendi porque alguém me deu o conselho certo na hora certa, sem que eu pedisse", disse ao *Sunday Times*, anos depois. "Fui uma pessoa de sorte. Conheci pessoas ótimas no início: professores, treinadores e, claro, meus pais. Acho que é assim que a vida deve ser: você desenvolve suas próprias experiências e, independentemente de serem boas ou ruins, você as compartilha — assim outros podem evitar cometer os mesmos equívocos. Também acho que é assim que o futebol deve ser."

Diferentemente de um ou outro de seus jovens contemporâneos iconoclastas, Klopp moderou o impacto de sua declaração de princípios fazendo uso de um humor autodepreciativo, minimizando cuidadosamente sua importância e enfatizando a dos seus colegas de viagem na jornada em direção a um jogo mais rápido, mais integrado. A disseminação entusiasmada de Klopp em relação ao novo jeito de pensar nunca se tornou um autoelogio ou um desrespeito aberto ao *establishment*.

Dieter Gruschwitz, antigo editor de esportes da rede de televisão estatal ZDF, gostava de conversar com Klopp sobre futebol tomando cerveja em um bar não muito longe da casa do treinador do Mainz, nos arredores de Gonsenheim. "Nos encontrávamos sempre e ficamos amigos", conta Gruschwitz. "Klopp tinha essa maneira muito atraente, muito cativante de conversar com as pessoas. Então, isso me deu algumas ideias..."

A ZDF era a detentora dos direitos de transmissão da Copa das Confederações que iria ser realizada em 2005, na Alemanha, como ensaio para a Copa do Mundo de 2006. A ADR, emissora rival (com quem mantinham uma relação amistosa), contava com a premiada dupla formada pelo apresentador Gerhard Delling e o comentarista Günter Netzer, ex-meia da seleção alemã, cuja sagacidade e, algumas vezes, honestidade constrangedora haviam sempre significado uma espécie de alívio frente aos desempenhos mais ineptos da seleção nacional a partir da virada do século. Netzer, jovem rebelde nos anos 1970 que com o passar do tempo se tornara um verdadeiro representante da aristocracia — se vivesse na Inglaterra, seria há muito *lord* Netzer ou ao menos *sir* Günter —, funcionava como lembrança viva de épocas muito melhores e mais gloriosas, e parecia sempre se sentir pessoalmente insultado por desempenhos futebolísticos medíocres que afrontavam suas elevadas sensibilidades estéticas.

O grande nome da ZDF para os dois principais torneios que viriam a ocorrer em solo alemão era Franz Beckenbauer. Porém, como chefe do comitê organizador, ele só estaria disponível para algumas transmissões. Gruschwitz: "Fora Beckenbauer, não tínhamos ninguém do nível de Netzer. E tampouco podíamos fingir ter. A única saída era fazer as coisas de maneira muito diferente — com um árbitro como comentarista, Urs Meier, e com Jürgen Klopp fazendo as análises numa nova ferramenta: uma tela sensível ao toque que combinava imagens de vídeo e a possibilidade de se realizar desenhos sobre essas imagens; e ainda fazer tudo isso ao vivo em frente a uma plateia, em Berlim".

Klopp não precisou pensar muito sobre a oferta: "Gruschwitz veio até minha sala e perguntou se eu me via trabalhando como comentarista. Tudo que pensei foi: 'Posso assistir aos jogos da Copa do Mundo!'. Então perguntei se conseguiriam ingressos gratuitos para meus dois filhos. Ele disse que sim. Isso tornou a decisão mais fácil".

No entanto, o executivo da ZDF tinha uma preocupação séria: "Sabia que ele podia analisar uma partida, não havia dúvida em relação a isso, mas será que os telespectadores acreditariam em um treinador da segunda divisão falando sobre futebol internacional em seu mais alto nível? A diferença entre o Mainz e a seleção brasileira não era grande demais?".

Beckenbauer parecia achar que sim. *Der Kaiser* mostrava-se um pouco ressabiado e perplexo, a princípio, com as declarações de Klopp no estúdio. "Contudo, depois de duas ou três vezes, ele falou: 'Uau, o modo como ele explica o jogo é ótimo'", conta Gruschwitz. "Após algumas partidas da Copa das Confederações, Beckenbauer estava absolutamente surpreso com Jürgen." "A aprovação de Beckenbauer era, para Klopp, o mesmo que ser condecorado cavaleiro britânico. Se o *Kaiser* achava que ele sabia das coisas — ele realmente sabia das coisas", afirma Jan Doehling, que trabalhava como editor do programa.

Não houve período de experiência. "Jürgen simplesmente foi lá e fez seu trabalho. Ele possui um talento nato", relata Gruschwitz. "Logo deixou de haver qualquer dúvida sobre se Klopp iria se conectar com o público; ele podia falar sobre futebol sem ser moralista, contundente ou excessivamente professoral. Até uma vovó distraída entendia o que ele explicava. Em uma Copa do Mundo, não se tem somente torcedores de futebol como espectadores; famílias inteiras se sentam em frente à televisão, incluindo muitas pessoas que não se importam tanto com o esporte no dia a dia. Ele era perfeito para explicar as complexidades do jogo também a essas pessoas, de modo informativo e divertido. É assim que ele é. É um dom que possui, seu grande talento."

O estilo casual e elegante de Klopp era condizente com sua escolha de vocabulário. Pequenas observações interessantes — um lateral esquerdo estava muito recuado, um meio-campista se desligara do jogo — eram embaladas numa linguagem sem exageros e não televisiva, que não soava falsa nem condescendente, mas sim como se alguém bem informado simplesmente estivesse conversando com seus amigos em um bar. Havia uma audiência de 25 milhões de pessoas, mas a postura de Klopp não deixava isso transparecer. Gruschwitz: "Ele tinha uma leveza, uma confiança e autenticidade que conquistavam as pessoas logo de cara — incluindo Pelé, convidado ocasional nos programas sobre a Copa do Mundo, que prontamente também se encantou com ele".

A paixão do jovem treinador pelo esporte, complementa Gruschwitz, foi o aspecto mais bem recebido pelos telespectadores. A combinação de seu comportamento engraçado na linha lateral comandando o Mainz com o entusiasmo que ele demonstrava ao falar sobre a formação da Costa Rica indicava ao telespectador que "ali estava alguém que realmente vivia para o esporte".

O estilo relaxado, porém repleto de conteúdo, dos comentários de Klopp "mudou a maneira como olhávamos para o futebol nos escritórios (da ZDF)", revela o ex-chefe da rede de televisão. Doehling concorda. "Ele nos ensinou a fazer uma análise. A coisa mais importante que aprendi com Klopp foi que não havia uma verdade absoluta. Você não olha para um videoteipe e vê apenas uma coisa específica; tudo é aberto a interpretação; ele também dizia que era preciso ver o jogo duas ou três vezes, que não se podia enxergar as coisas com verdadeira clareza na primeira vez. É possível que você perceba que há alguma coisa errada, mas não vai saber *o que* está errado imediatamente. Isso me ajudou a superar meus próprios medos. Você pode ir se capacitando aos poucos. Pode adotar uma rotina, se desenvolver. É um processo, um ofício. Não é uma questão de 'ou você consegue ou não consegue'. E é isso que eu digo para meus colegas hoje em dia: análise de vídeos não é bruxaria. Você não conseguirá fazer isso logo de cara, mas pode aprender."

RAPHAEL HONIGSTEIN

A atraente oferta da ZDF, complemento perfeito para a campanha inesperadamente empolgante da Alemanha até a semifinal, o clima fantástico e a atmosfera de festa por todo país ensinavam, basicamente, a mesma lição aos telespectadores. Décadas de um tipo de psicologia de botequim que envolvia pensamentos vagos sobre o nervosismo de um time e a força mental de seu adversário, que era exclusividade dos melhores jogadores, foram colocadas de lado em favor de explicações factuais de pequenos detalhes, tangíveis e prontamente identificáveis, que podiam fazer toda a diferença. "Klopp desenvolve algo que não existia antes de sua estreia na Copa das Confederações, fala simplesmente sobre o que está acontecendo no campo de jogo", escreveu Christoph Biermann, um dos primeiros jornalistas alemães a discutir táticas extensivamente, no *Süddeutsche Zeitung*. O olhar atento de Klopp sobre as maquinações de uma partida refletiam intimamente sua educação futebolística com Wolfgang Frank. "Todos atuavam utilizando a marcação homem a homem", disse ele. "A questão: 'Essa bola teria entrado se tal jogador não tivesse perdido seu um contra um?' era relevante naquela ocasião. Atualmente, a marcação por zona é mais bem compreendida, mas muitas perguntas ainda estão ligadas a conceitos daquela época. Devemos falar menos sobre os jogadores e mais sobre o jogo."

Os telespectadores se sentiram emancipados. Receberam ferramentas para pensar o futebol de maneira muito menos abstrata. Ao favorecer os pontos de vista mais elaborados em vez de status e experiência, a cobertura da ZDF democratizou o discurso do público a respeito do esporte. Se um treinador da segunda divisão podia persuadir Beckenbauer a prestar atenção, então talvez todos pudessem.

Mas a coisa foi ainda muito além. O sucesso de Klopp ao fazer uso do aparelho com uma tela sensível ao toque durante a Copa do Mundo alterou as antigas percepções sobre os requisitos fundamentais necessários para ser treinador, acredita Doehling. "Se você tinha atuado na primeira divisão, estava destinado a ser um treinador da primeira divisão. Se houvesse jogado na segunda divisão, era um técnico da segunda divisão. Assim eram as coisas. O que Klopp fez foi demonstrar — em frente de milhões de pessoas — que o conhecimento podia ser adquirido, que ser treinador era um ofício que podia ser aprendido. Você conclui sua aprendizagem, se forma, passa para o próximo estágio, faz mais um exame; desenvolve-se, passo a passo, até se tornar um treinador, e por mérito do que você é capaz de fazer à beira do campo, não pelo que fez dentro dele. Uma nova geração de jovens treinadores que nunca havia chegado aos mais altos níveis do esporte como atleta se inspirou naquilo."

Os resultados de Klopp com o Mainz e sua passagem triunfante como *Fernseh-Bundestrainer* (Gruschwitz), o treinador de todo um país na TV, abriu portas para que treinadores ainda mais desconhecidos tivessem sucesso na Bundesliga. Nomes como Thomas Tuchel e Julian Nagelsmann perceberam que suas limitadas habilidades práticas não eram necessariamente um obstáculo para progredirem. Os clubes também se sentiram encorajados a ignorar a experiência futebolística prévia.

No geral, a Copa do Mundo tirou o futebol alemão de sua passividade e aumentou a força dos reformadores. Em poucas semanas, muitos dos métodos mais controversos de Jürgen Klinsmann — goleiros mais proativos que permitiam uma linha defensiva mais alta, exercícios de estabilidade do *core* com preparadores americanos, forte ênfase no desenvolvimento da personalidade e ajuda de psicólogos do esporte — tornaram-se práticas aceitas na elite.

Para Klopp, o trabalho na ZDF ofereceu a oportunidade de estudar mais de perto jogos de seleções internacionais que raramente eram vistos na televisão alemã. O período na TV também lhe rendeu algumas outras lições valiosas. Primeiramente, ele reconheceu o potencial de novos recursos visuais e rapidamente passou a utilizar a tecnologia da tela sensível ao toque em seu próprio trabalho no Mainz. "Essa foi a segunda pergunta que ele fez, em 2005: 'Posso usar isso em meu computador dentro do vestiário?'", conta Doehling. "A primeira havia sido: 'Onde é o banheiro?'. Klopp é esperto assim. Ele pensa a respeito das coisas. Não é um desses treinadores preocupados em encher o bolso o mais rápido possível. Ele se preocupava em fazer as coisas darem certo, em conseguir tirar o máximo delas. Máxima diversão, máxima utilidade. Desejava aprender. Ninguém realmente conhecia as possibilidades daquele sistema na época, ninguém estava trabalhando com algo parecido na Bundesliga. Fizemos com que fosse possível para ele, e foi ótimo para nós que ele já tivesse utilizado a nova tecnologia durante a temporada, porque Klopp se mostrou mais bem preparado quando chegou o momento de se valer daquele recurso na TV durante a Copa do Mundo. No Mainz, era função de Peter Krawietz produzir os vídeos que seriam usados no intervalo ou em palestras anteriores ao jogo."

Uma segunda percepção que se disseminou tinha a ver com o poder da torcida em empurrar uma equipe até seus limites — e para além deles. Como muitos outros comentaristas, Klopp era cético em relação às chances da *Nationalmannschaft* nas duas competições, relata Doehling. "Todo mundo sabia que Klinsmann não era o melhor estrategista do mundo e todos nós subestimávamos a influência de (seu assistente) Löw. O sucesso da Alemanha foi uma surpresa. Acredito que Klopp notou a diferença que a motivação fez. Foi graças à motivação que o time superou eventuais carências táticas e deficiências técnicas. Klopp sempre soubera manejar o apoio da torcida, mas na Copa do Mundo viu como o público pôde realmente participar do jogo. Foi o que aconteceu contra a Polônia; David Odonkor (reserva da equipe), surfando em uma onda de euforia, fez o cruzamento de sua vida (para decidir a partida). Atmosfera pura. Foi possível observar a mesma coisa quando Klopp incitou a torcida do Liverpool no jogo contra o Borussia Dortmund. O público em Anfield carregara o time mais fraco nas costas naquela noite. Chegando até a marcar o gol decisivo."

Gruschwitz soa como se estivesse a ponto de chorar ao recordar aqueles verões trabalhando com Klopp. "Ele era um excelente companheiro. Não chegava pouco antes de irmos ao ar, envolvia-se em todo o processo com horas de antecedência, dando suas opiniões. Havia longas discussões sobre o que deveria ser exibido, ele não deixava nada ao acaso. Nos dias de folga, saíamos para comer juntos. Ele queria verdadeiramente fazer parte da equipe; era de fato um de nós. Não há outra forma de explicar."

Isso não quer dizer que não tenha havido um ou outro ataque de raiva esporádico. Na véspera do dia de abertura da Copa do Mundo, um Klopp enfurecido chutou uma parede cenográfica da recepção do estúdio, fazendo nela um buraco; e ainda gritou com as pessoas porque o sistema não havia funcionado. "Mas tudo bem, não foi um problema", conta Doehling. "Ele fez isso uma vez porque queria que as coisas dessem certo. Incrivelmente certo. Klopp sempre dizia: 'Vamos criar algo que funcione incrivelmente bem amanhã'; estava interessado no trabalho, não em parecer bem na televisão. Dessa vez, ele perdeu um pouco o controle e todos se mexeram um pouco mais por isso e a porcaria toda funcionou e todo mundo se divertiu. E Klopp mencionava o nome dessas pessoas ao vivo, aquelas que trabalhavam nos bastidores, para fazer com que se sentissem parte de tudo aquilo. 'Mike, roda o vídeo', ele dizia. Os chefes avisaram que não era daquela maneira que as coisas eram feitas na TV, mas Klopp não se importou."

Naquela época, sua popularidade se aproximou dos níveis de aceitação da seleção nacional e de sua comissão técnica. As pessoas paravam para tirar fotos com ele e pedir autógrafos do lado de fora do estádio em Berlim. O dr. Theo Zwanziger, presidente da federação alemã de futebol, brincou em uma reunião de treinadores bávaros que sua tia havia lhe dito para escolher Klopp — convidado de honra do evento — como o próximo *Bundestrainer* (treinador da seleção).

No primeiro amistoso do Mainz na pré-temporada depois do torneio, o locutor no minúsculo estádio em Bad Göging apresentou Klopp como "aquele cara famoso da televisão" e perguntou se ele iria continuar a trabalhar no futebol. O treinador do Mainz cautelosamente admitiu que as pessoas precisavam de "um rosto" para representar e simbolizar o clube, mas se mostrou contra a ideia de ser o único foco de atenção. Testemunhas presentes na partida relataram que muitos torcedores queriam um autógrafo de Klopp, mas ninguém pediu autógrafos para os jogadores do Mainz.

A cobertura da Copa do Mundo realizada pela ZDF conquistou, em novembro de 2006, o prêmio de melhor programação esportiva na TV alemã; o contrato de Klopp com o canal foi estendido até a Eurocopa de 2008. Dois anos depois, ele venceu o prêmio novamente por seus comentários durante a Copa do Mundo de 2010 para o canal de televisão RTL. Mais prêmios cobiçados viriam a ser conquistados pouco tempo depois.

14.
SESSENTA MIL LÁGRIMAS

Mainz, 2007-2008

Em maio de 2007, poucas semanas após o primeiro rebaixamento de Jürgen Klopp como jogador ou treinador, ele comandava um albergue na zona rural da Turíngia, bem na antiga "faixa da morte" que no passado dividia as Alemanhas Ocidental e Oriental. Temporariamente, Klopp levara o elenco do Mainz a uma cabana que não contava com os confortos de aparelhos domésticos para um exercício de formação de equipe similar àquele realizado quatro anos antes, no período que antecedeu a ascensão do clube para a Bundesliga, na temporada 2003-04. A viagem de volta à floresta com os atletas do time de 2007-08 deveria surtir o mesmo efeito e resultado positivos.

Trinta rapazes dormiam em beliches de um mesmo quarto. Os dias começavam às seis horas da manhã, com Klopp colocando para tocar no volume máximo o clássico *Schlager*[1] alemão "Guten Morgen, Sonnenschein" em um aparelho de som. "Jamais me esquecerei daquilo", diz Ne-

---

[1] Tipo de música popular na Alemanha e em partes da Europa composta normalmente por baladas sentimentais. (N. do T.)

ven Subotić, embora ele não consiga se lembrar exatamente se o prazer auditivo vinha da versão acústica original da cantora grega Nana Mouskouri ou do cover de Ireen Sheer, de 1989. "Estávamos completamente esgotados todas as manhãs, mas tínhamos de nos levantar, preparar nosso café, almoço e jantar. Descascar as cenouras, esse tipo de coisa. (O meio-campista) Milorad Peković estava machucado e não podia participar dos exercícios — atividades na floresta onde tínhamos de cooperar em busca de um bem comum —, então era a 'mãe' do grupo: mexia uma panela gigante de sopa por algumas horas até todos voltarem para o almoço."

Muito perto da modesta acomodação, um pedaço da cerca de arame, uma torre de guarda e um museu lembravam os visitantes do tempo em que a Alemanha vivera dividida. "Os jogadores, na medida em que são suscetíveis a tais associações, podem entender o simbolismo da escolha do local como base para a equipe: o Mainz está ansioso para atravessar a mesma fronteira que recentemente cruzou na direção oposta, após o rebaixamento", escreveu o *Die Welt*. Em termos físicos, brincou Klopp, eles já "passaram do limite" durante o período de treinamento.

O treinador, aos quarenta anos, via o retrocesso como uma oportunidade para aprimorar sua expertise. "Na segunda divisão, o estilo de jogo — o trabalho da comissão técnica — tinha uma influência muito maior no sucesso ou no fracasso do que na Bundesliga, em que a qualidade individual do adversário pode arruinar o melhor dos planos de atuação", explicou. Uma boa campanha, suspeitava o *Die Welt*, "pode fazer com que Klopp atravesse uma fronteira pessoal (para um novo clube) mais tarde".

A cidade de Mainz manteve a esperança. Todos os 15 mil carnês de ingressos para os jogos da temporada haviam sido vendidos e a Coface, empresa de crédito local, concordara em adquirir os direitos para batizar o novo estádio, moderno e de alto nível (custo: 60 milhões de euros; capacidade: 35 mil pessoas), que a prefeitura planejava construir em uma zona industrial abandonada, a cinco minutos de carro da cidade, não muito longe da residência de Klopp, em Gonsenheim.

Três dos melhores atletas da temporada anterior — Manuel Friedrich, Leon Andreasen, Mohamed Zidan — não acompanharam o Mainz na segunda divisão. Surgiu um meio de campo quase inteiramente novo, composto por Miroslav Karhan, jogador da seleção eslovaca e que por muito tempo atuara no Wolfsburg, por Tim Hoogland (vindo do Schalke) e Daniel Gunkel (do Energie Cottbus). E também apareceu como novidade um zagueiro central adolescente que, atuando com a tranquilidade de um atleta bem mais experiente, logo se tornou indispensável: Subotić. Depois de ter tido o gostinho do que era jogar na equipe principal no embate contra o Bayern, no encerramento da Bundesliga, o sérvio progrediu rapidamente e participou de 33 dos 34 jogos na segunda divisão, cometendo poucos erros. Ele creditou as boas atuações ao tratamento cuidadoso, embora nem sempre gentil, dispensado por Klopp.

"Klopp age num espectro muito amplo", conta. "Podia ser muito duro. E eu pensava: 'Ei, esse cara está gritando comigo. Pode relaxar, pô'. Mas eu provavelmente precisava daquilo naquele momento. A posição dele era a melhor para avaliar isso. Esse lado dele era mais tradicional, de mais austeridade. Mas havia também aqueles momentos em que ele vinha até mim e perguntava: 'Está tudo bem? Se tiver alguma coisa de que você precise, nos avise. Queremos ajudar. Estamos aqui por você. Queremos que você jogue bem'. Nesse sentido, ele era como um colega, não como um chefe. Percebi que podia me aproximar dele. Isso afastou muitas das minhas inseguranças. Eu era um adolescente vivendo sozinho, em um país diferente, recebendo para jogar futebol. Na verdade, era algo surreal, uma situação muito estranha. A última coisa que você precisa é de um treinador dizendo: 'Você tem de jogar bem agora, caso contrário será dispensado no ano que vem'. Me deram tempo para crescer."

Os níveis de decibéis podem ter subido de tempos em tempos no centro de treinamentos, mas as reprimendas de Klopp sempre tinham o jogador como alvo, nunca a pessoa, explica Subotić. "Levar bronca era, para mim, como ouvir um sinal de alarme. Eu sabia que tinha cometido um erro, que poderia ter feito melhor. Sempre foi algo muito respeitoso, nunca como os insultos que se ouvem algumas vezes dos treinadores na Bundesliga 2, coisas que fazem você mijar nas calças de tanto rir."

Assistindo a inúmeras sessões de treinamento do lado de fora do gramado, Doehling não notava nada fora do comum na maneira como Klopp abordava seus jogadores. "Mas, se você visse como os atletas reagiam às orientações dele durante as partidas, imediatamente perceberia que ele tinha encontrado uma forma de se comunicar com aquelas pessoas no vestiário. Não se pode tratar todos de modo igual. Isto é inteligência social: é preciso avaliar como conversar com cada um. Tenho certeza de que algumas vezes ele errou o tom, mas, na maioria dos casos, era preciso. Essas histórias que você ouve de outros treinadores de ponta — que não falam com os jogadores por semanas ou acabam com eles na frente do grupo — nunca se ouviram a respeito de Kloppo. Ele não faz essas coisas."

"Com Kloppo tudo era muito humano", confirma Subotić. "Eu sabia que aquelas coisas eram ditas por uma razão, para motivar, como um meio para se chegar a um fim, ao topo. Klopp tinha as duas coisas: a dureza e a sutileza."

Naquele ano, o Mainz também mostrou dois lados distintos. O time começara bem a temporada, com uma vitória por 4 × 1 contra o Koblenz. No entanto, três derrotas para as melhores equipes do campeonato — o assustador time do Greuther Fürth (3 × 0); o Kickers Offenbach (2 × 0), treinado pelo mentor de Klopp, Wolfgang Frank; e o Hoffenheim (1 × 0), um conjunto de jogadores caros comandados pelo especialista Ralf Rangnick — nos sete jogos subsequentes propiciaram um vislumbre de possíveis falhas. Na parada de inverno, o time estava na segunda colocação, com 31 pontos conquistados, pouca coisa à frente de Colônia e Freiburg (ambos com 30 pontos), Fürth (29) e Munique 1860 (28).

Em 9 de janeiro de 2008, o telefone celular de Klopp tocou. Era um número desconhecido. Heidel, sentado ao lado dele no hotel em que a equipe realizava seu período de treinamento de inverno, em Costa Ballena, na Espanha, sabia de imediato que era importante. "Klopp se ajeitou na cadeira, assentindo com a cabeça: 'Sim, sim...', como um menino educado." Uli Hoeneß, diretor executivo do Bayern, estava na linha. O homem mais poderoso do futebol alemão telefonando para o Mainz, ligando para Klopp. Os donos do recorde de títulos na Alemanha estavam no mercado em busca de um treinador para substituir, na temporada seguinte, o veterano Ottmar Hitzfeld. Hoeneß: "Estamos avaliando uma opção internacional, um grande nome, e um nome menor, alemão. Você é a opção local. Consegue se ver trabalhando aqui caso a gente opte pela alternativa alemã?". "Podemos conversar", respondeu Klopp, modestamente.

"Eu disse que ele tinha de aceitar", conta Heidel. "Falei: 'Você está completamente maluco se não topar'." A relação dos dois era tão íntima, acrescenta, que Klopp sempre lhe contou sobre as abordagens de outras equipes. O poder de atração de uma investida do Bayern era altíssimo. Klopp tinha consciência de que era apenas uma segunda opção para o cargo na Allianz Arena, um candidato reserva caso as negociações altamente secretas e complexas dos bávaros com o incógnito peso pesado internacional dessem errado. Mas isso não ajudou a diminuir sua decepção ao ouvir, dois dias depois, que tinha sido preterido. "Decidimos optar pelo outro Jürgen", declarara o patriarca do Bayern. "Que outro Jürgen?", respondeu Klopp, aturdido por um instante. Ele achava que o maior clube da Alemanha havia ido atrás de um supertreinador estrangeiro, mas "a grande opção internacional", agora se revelava, era o morador da Califórnia Jürgen Klinsmann, ex-técnico da seleção alemã. Heidel: "Hoeneß acrescentara ainda que a escolha feita pelo Bayern era 'muito similar a você, sr. Klopp'. Ele não admitiu, mas pude perceber que havia sido um duro golpe; ficou um pouco magoado". O repórter Reinhard Rehberg depois recordou que Klopp estava de mau humor no comando do treinamento naquele dia. "Mas ele rapidamente superou aquilo", conta Heidel. "Klopp é ótimo em superar adversidades."

Por mais que o treinador do Mainz estivesse aborrecido por perder o cargo para seu homônimo e conterrâneo suábio, essa foi uma derrota que rapidamente se tornou uma vitória. A confirmação pública de Hoeneß de que Klopp, o treinador da segunda divisão que sete meses antes comandara um time que fora rebaixado, havia sido uma alternativa seriamente considerada para o cargo mais glamoroso em um clube de futebol alemão "reforçou ainda mais sua beatificação", escreveu o *Frankfurter Rundschau*. "Ele era erroneamente reduzido à figura de guru motivacional com talento para relações públicas aperfeiçoado por seu trabalho na tv. Sua escolha como candidato para suceder Hitzfeld, por si só, direcionou as atenções para outras (de suas) qualidades". "O Bayern ter pensado em mim foi uma honra", disse Klopp.

Heidel acredita que "o Bayern não teve coragem" de escolher um treinador sem um histórico na elite do futebol, ignorando o fato de que, àquela altura, Klopp era um técnico muito mais experiente do que Klinsmann. "Fui convencido a embarcar na aventura Klinsmann", admitiria, tempos depois, um pesaroso Hoeneß. "Contratamos o Jürgen errado. Todos sabemos que foi um grande erro." A agenda reformista de Klinsmann, embora "convincente no papel" (Hoeneß), não conseguiu conquistar os jogadores e o clube por conta da sua grande carência em relação aos detalhamentos táticos. O ex-atacante do Stuttgart foi demitido dez meses depois, em sua primeira temporada no time bávaro, com o Bayern correndo o risco de não conquistar sequer a vaga para a Champions League.

Na segunda metade da temporada, os resultados do Mainz continuavam a ser decentes, mas o time não chegava a decolar. Os jogadores de Klopp formavam, tranquilamente, o elenco mais forte do campeonato depois de Borussia Mönchengladbach e Hoffenheim — paciente com a bola nos pés e muito mais sofisticado tecnicamente do que a ampla maioria dos adversários. Essa superioridade, infelizmente, traduziu-se em uma certa complacência. Jogos que deveriam ter sido vencidos acabaram empatados; partidas que deveriam ter acabado em empate transformaram-se em derrotas.

Raphael Honigstein

O Mainz, no entanto, nunca perdeu contato com os lugares que garantiriam o acesso; e o potencial de mercado de Klopp também não foi prejudicado pela campanha pouco impressionante de sua equipe. Pelo contrário: encorajados pela investida do Bayern, diversos clubes da Bundesliga imaginaram que as perspectivas incertas do Mainz poderiam tornar mais fácil tirar Klopp de seu habitat natural em Bruchweg. O Colônia, comandado pelo idiossincrático Christoph Daum — que desperdiçara a oportunidade de ser treinador da seleção alemã após ser reprovado em um exame para detectar o uso de drogas, em outubro de 2000 —, procurou Klopp. Heidel: "As coisas sempre foram abertas e transparentes entre nós. Kloppo me disse: 'Vou me encontrar com (o diretor esportivo do Colônia, Michael) Meier. Na verdade, não tenho interesse, mas quero ouvir o que eles têm a dizer e quero que você saiba disso'. Eu respondi: 'Não tem problema. Vá e escute o que eles têm a dizer. Você só vai descobrir como sua vida aqui no Mainz é boa. Mas, por favor, certifique-se de que ninguém descubra'". Como Heidel previra, o encontro secreto na casa de um dos parentes de Meier, em Frankfurt, não deu em nada. Klopp deixou a reunião pouquíssimo impressionado (o Colônia, rival na luta pelo acesso, reclamou depois, descaradamente, que o Mainz estava tentando semear a discórdia ao alegar falsamente que Meier contatara Klopp, o que levou Heidel a tornar público o encontro frustrado).

Naquele mês de fevereiro, uma delegação de executivos do Hamburgo — o diretor esportivo, Dietmar "Didi" Beiersdorfer, o CEO, Bernd Hoffmann, e a diretora de marketing e comunicações, Katja Kraus — também visitou os Klopp em sua residência em Gonsenheim. Em meio a pizzas, bolo e café, os nortistas sondaram a disposição e a disponibilidade do treinador do Mainz em assumir um dos grandes nomes da história do campeonato alemão na temporada seguinte. Hoffmann e Kraus tinham certeza de que tinham encontrado a pessoa certa, um treinador jovem e cheio de energia que iria transformar seu elenco razoavelmente valioso em candidato ao título do campeonato novamente. Já Beiersdorfer não estava tão seguro. Será que um clube da estatura do Hamburgo podia nomear como treinador alguém cujo apelido era "Kloppo", indagara o ex-defensor, na presença de Klopp. "Você tem um diretor esportivo chamado Didi, não tem?", retrucou o treinador do Mainz, com um sorriso.

Olheiros foram instruídos a, discretamente, observar Klopp (e outros candidatos ao cargo, como Bruno Labbadia e os holandeses Fred Rutten e Martin Jol) trabalhando. Os resultados foram reunidos em um dossiê e apresentados em uma reunião da diretoria. O estilo de jogo e de treinamento de Klopp foram muito elogiados, mas os espiões do Hamburgo também notaram que ele não mantinha a barba feita, atrasara-se para um treinamento, trajava *jeans* surrados e falava de maneira rude com os repórteres esportivos locais.

"Uma história típica de Hamburgo", afirma Heidel, balançando a cabeça. "Furos nas calças, disseram; e esse boato de que ele estava atrasado para o treino? Jürgen Klopp nunca se atrasou para um treinamento, nenhuma vez em todos aqueles anos. E eles disseram que era insolente com os jornalistas. Sim, era; Klopp conhecia aqueles caras havia quinze anos, tratava todos pelo primeiro nome. Eles já o tinham massacrado como jogador. Eram como amigos. Quando dizia: 'Vocês estão completamente malucos, pô!' numa entrevista coletiva, sem nenhuma câmera gravando, eles sabiam exatamente como lidar com aquilo. Mas os caras de Hamburgo concluíram: 'Ai meu Deus, ele não pode ir para Hamburgo. Impossível!'."

Klopp não ficou feliz quando ouviu sobre as constatações dos olheiros. "Aqueles que atuam no futebol deveriam saber como trabalho e como é minha aparência. Não é preciso colocar um olheiro na lateral do campo para isso. Isso é amadorístico", disse ao *Bild am Sonntag*, em 2011. "Me dói ouvir que eu não fui pontual. Provavelmente não existe ninguém mais pontual do que eu. Com a barba por fazer — só essa parte é verdadeira. Liguei para o sr. Beiersdorfer e disse: 'Se o senhor ainda está interessado em mim... eu passo. Por favor, nunca mais me telefone'."

O fracasso do Hamburgo em fechar com Klopp, o técnico mais promissor de sua geração, passou a ser parte do folclore do futebol local, a versão da Bundesliga para Dick Rowe, o chefe da Decca Records que recusou os Beatles. No entanto, afirmar que a postura informal de Klopp realmente tinha feito a balança pesar contra ele é um tanto duvidoso. Um antigo membro da diretoria do Hamburgo que esteve diretamente envolvido na negociação insiste, de maneira confidencial, que Jol — que levara o Tottenham Hotspur ao quinto lugar na temporada 2006-07 e estava sem contrato — simplesmente foi considerado a melhor opção pela maioria dos componentes da diretoria, independentemente das questões de indumentária de Klopp. De qualquer maneira, após um sucesso inicial sob o comando de Jol, que chegou até as semifinais da Copa da Uefa e da DFB Pokal na temporada 2008-09, o Hamburgo logo se arrependeu de sua decisão. "Talvez não tivéssemos chegado até a final da Champions League sob o comando de Klopp, mas tenho certeza de que o clube estaria hoje em uma situação melhor", declarou um pesaroso Hoffmann ao *Sport-Bild*, em 2014. Beiersdorfer também admite ter enfrentado "algumas noites sem dormir" por ter perdido Klopp. Quando o técnico deixou o Borussia Dortmund em 2015, o Hamburgo havia contratado doze treinadores diferentes (incluindo Labbadia em dois períodos distintos), trocado a presença em competições europeias por lutas constantes contra o rebaixamento e se transformado em sinônimo de incompetência em série.

Em abril de 2008, o burburinho da imprensa a respeito do futuro não resolvido de Klopp — seu contrato acabaria em junho — aumentava. Os torcedores organizados do Mainz estavam tão preocupados com a possibilidade de o treinador deixar a equipe que desobedeceram a um acordo feito na pré-temporada de não chamar Klopp para se aproximar da parte que ocupavam na arquibancada a fim de entoar a habitual *Humha*[2] após

---

[2] Celebração comum em estádios alemães após vitórias, que envolve torcedores e atletas, ou treinadores, como no caso. Tradicionalmente, aquele que foi fundamental na vitória comanda a multidão, empunhando um megafone, enquanto os demais jogadores dão as mãos e saúdam os torcedores.

o término das partidas. Klopp desejava que os jogadores fossem o único foco dos elogios da torcida, mas, após a vitória de 3 × 0 no clássico contra o SV Wehen Wiesbaden, pela 27ª rodada, o canto "Jürgen junto à torcida" ecoou repetidamente até que o treinador enfim cedesse. O espetáculo de adulação vindo das arquibancadas era uma óbvia tentativa de influenciar a decisão de Klopp. "Entendo o motivo deles e foi por isso que concordei (em cantar com eles)", afirmou o treinador, acrescentando estar plenamente ciente do poder do sentimento que tomara o estádio.

Alguns dias depois, Klopp disse aos jornalistas que havia tomado uma decisão: se conseguissem a promoção de volta para a Bundesliga na temporada seguinte, assinaria um novo contrato com o clube. "Tivemos inúmeras conversas, muito emotivas, e concordamos que fracassar na tentativa de subir com a equipe seria um bom momento para seguirmos caminhos separados", explicou. Os jornais registraram a declaração de Klopp como "um evidente *Jein*" ao seu clube — era tanto um *Ja* (sim) como um *Nein* (não). No entanto, a perspectiva imediata para o Mainz permanecia ensolarada. Faltando três partidas para o término do campeonato, o clube ocupava a segunda posição na tabela, com dois pontos de vantagem para o Hoffenheim.

Klopp exigiu que a torcida se fizesse ouvir em Bruchweg no jogo contra o Alemannia Aachen, em casa. O principal "garoto-propaganda" do Mainz (*Süddeutsche Zeitung*) teve seu desejo atendido. O clima nas arquibancadas era de arrepiar, o estádio "estava barulhento como há muito não se via", escreveram Rehberg e Karn. Mas foi uma daquelas partidas: o Mainz criou inúmeras chances e não converteu nenhuma; uma jogada de contra-ataque do Aachen a quinze minutos do término do jogo acabou em gol. O time de Klopp caiu para a quarta colocação. Três dias depois, após uma equipe assolada por contusões ter fracassado e perdido por 2 × 0 para o Colônia, o Mainz permaneceu na mesma posição. Ainda havia esperança, uma possibilidade: o Hoffenheim, terceiro colocado, tinha

---

(N. do T.)

de perder ou empatar com o Greuther Fürth e o Mainz bater o St. Pauli. O último jogo de Klopp como treinador do Mainz acabou em uma vitória por 5 × 1 contra o autoproclamado clube de futebol punk de Hamburgo. O Hoffenheim, no entanto, venceu o Fürth por 5 × 0. Eles subiram para a Bundesliga; o Mainz permaneceu na segunda divisão. Os dezoito anos de Jürgen Klopp em Bruchweg — pouco menos de onze como jogador, pouco mais de sete como treinador — terminaram em silencioso desespero, no pior sentimento existente no futebol: impotência absoluta. Nada que ele ou sua equipe tivessem feito naquele dia teria sido suficiente para levar o Mainz à Bundesliga e estender a relação entre o clube e o treinador.

Vinte mil torcedores no estádio ficaram de pé para saudar um treinador aos prantos com "You'll Never Walk Alone". Klopp conseguiu realizar somente dois terços da volta olímpica antes de cair no choro; e fugiu para o vestiário, correndo pelo campo, para longe da tristeza. "Para o Mainz, é o começo de um novo mundo que nunca desejamos", afirmou Heidel. "Se dependesse de mim, teríamos seguido trabalhando juntos por mais dez anos."

Trinta mil pessoas foram para a Gutenbergplatz na noite da sexta-feira seguinte oferecer a Klopp um segundo adeus, mais alegre. Mais cedo, naquele mesmo dia, ele havia sido anunciado como novo treinador do Borussia Dortmund. Na volta à cidade natal, a voz de Klopp cedeu ao peso das lágrimas. "Tudo o que sou, tudo o que posso fazer, vocês que tornaram possível — tudo", balbuciou, no palco.

"As pessoas estavam chorando", conta Subotić. "Homens adultos, mulheres, os mais jovens. Crianças que não entendiam o que estava acontecendo também choravam porque todos estavam chorando. O adeus mostra uma vez mais quantas emoções ele provocou, como aproximou as pessoas. Eu já o tinha visto festejando, já o tinha visto perdido em seus pensamentos antes, mas esse era um aspecto diferente dele. Não era tristeza, era afirmação. O trabalho ao qual dedicara a vida tinha sido reconhecido; ele era a estrela da equipe, o principal protagonista de uma história extraordinária. Naquela noite, foi possível ver o quanto ele significava para toda aquela cidade. Foi muito emocionante, inesquecível."

"No que diz respeito a despedidas, Klopp é o número um do mundo", afirma Heidel, orgulhosamente. "Não conheço nenhum outro treinador que tenha tido esse tipo de despedida, com um palco no centro da cidade e 30 mil pessoas todas ali para ver uma única figura. Normalmente treinadores são, no fim, demitidos; ou saem, de alguma maneira, com um buquê de flores nas mãos. Em Mainz, foi de forma muito dramática, com uma faixa enorme: 'Obrigado, Kloppo!'. Foi a despedida mais emocionante que se pode imaginar. E não digo isso porque fui o responsável pela organização do evento."

Klopp garantiu aos leais torcedores do Mainz que jamais os esqueceria e que celebraria alegremente o acesso da equipe na praça da cidade — de uma perspectiva diferente — na temporada seguinte. Ele agradeceu Christian Heidel e Harald Strutz por "terem me dado a chance de escolher meu emprego dos sonhos"; depois repreendeu um jornal local, sem citar qual era, por ter publicado críticas "feitas por alguns idiotas" sobre seu sucessor, o norueguês Jørn Andersen, e ameaçou "não dar mais nenhuma entrevista para eles". Pode ter soado grosseiro e ofensivo para os não iniciados, mas o treinador de quarenta anos simplesmente reiterou um ponto que enfatizara inúmeras vezes aos jornalistas no passado: um clube da estatura do Mainz e com os recursos que possui, ele disse, no palco, em tom de sermão, só pode ser bem-sucedido se "todos caminharem na mesma direção, se todos pegarem o enorme coração dessa cidade nas mãos ao irem ao estádio ou assistirem ao Mainz de suas casas para realmente nos incentivar a ir para cima e nos apoiar com toda força. Se não aprendemos essa lição depois desses dezoito anos, eu não sei de mais nada".

Subotić recorda-se bem daquela noite por uma segunda razão, mais pessoal. No meio das festividades emotivas, Klopp o chamou de lado para pavimentar o caminho para a ida do zagueiro ao Borussia Dortmund, junto com ele. "Klopp tinha milhões de coisas para pensar naquela noite, então achei que a última coisa de que ele precisava era que eu o parabenizasse (por sua magnífica despedida) e perguntasse: 'Como estão as coisas?'. Mas ele veio até mim e disse: 'Se você quiser ir para outro lugar algum dia, me telefone antes'. Havia 30 mil pessoas ali, sua família, amigos e todos os jogadores que ele tinha comandado e, além disso, as avós de todo mundo, mas ele dedicou alguns minutos para falar comigo. Aquilo foi sensacional. Nunca vou me esquecer daquele momento, principalmente pelas circunstâncias. Ele já tinha bebido alguma coisa, isso deve ser dito, e merecia. Não era uma celebração fúnebre, mas uma festa. E mudou para sempre a minha vida."

15.
IN ZEITEN DES ABNEHMENDEN LICHTS [1]

Borussia Dortmund, 2013-2015

[1] *In Zeiten des Abnehmenden Lichts* (algo como: *Em momentos de luzes ofuscantes*) é o título de um romance do escritor alemão Eugen Ruge. (N. do T.)

O Borussia Dortmund tinha pressionado muito a melhor equipe da Europa na final da Champions League, em 2013, realizada em Wembley. Mesmo assim, contudo, a diferença de 25 pontos para o Bayern de Munique ao final da campanha pela Bundesliga impunha uma desagradável pergunta: por que o Borussia perdera tanto terreno na competição local? Dois empates por um gol nos jogos do campeonato contra os vencedores da tríplice coroa sugeriam que a incapacidade de derrotar equipes inferiores fora o principal problema. Klopp e sua comissão técnica acreditavam que a resposta não era uma mudança, mas mais do mesmo: melhor e mais rápido. "Queremos construir uma nova máquina de pressionar", anunciou antes de sair para as férias de verão.

Mario Götze juntara-se ao time de Pep Guardiola; Robert Lewandowski ainda não. A relutância do Bayern de Munique em realizar uma oferta apropriada pelo atacante polonês antes do término de seu contrato com a equipe de Signal Iduna Park, que acabaria em 2014, esfriou a relação entre os clubes a temperaturas muito abaixo de zero. Matthias

Sammer, ex-ídolo do Borussia que assumira o cargo de diretor esportivo do Bayern, provocou especial irritação. "Se eu fosse ele, todas as vezes que entrasse no centro de treinamentos do Bayern, agradeceria a Deus por alguém ter tido a ideia de me contratar", disse Klopp. "Não sei se o Bayern teria conquistado sequer um ponto a menos sem Sammer."

"Jürgen tem essa capacidade de ir direto ao ponto", afirma Hans-Joachim Watzke, CEO do Borussia Dortmund. "Quando disse aquilo sobre Sammer, duzentas pessoas me falaram: 'Finalmente alguém teve coragem de dizer'. Sem medo de qualquer tipo de recriminação. Ele não está nem aí; é destemido nessas horas. Não se importa com o que os outros podem dizer. Às vezes, passa do ponto, mas isso faz, na minha opinião, com que seja ainda mais digno de estima."

Entretanto, a situação não resolvida de Lewandowski realmente "acabou sugando um pouco da nossa energia naquele ano", confessa Watzke, ainda que o próprio jogador tenha sido pouco afetado pelo cabo de guerra nada edificante. O polonês marcaria vinte gols na temporada, vencendo pela primeira vez o *Torjägerkanone*, troféu de artilheiro da competição.

Uma vitória expressiva e brilhantemente orquestrada em jogadas de contra-ataque sobre o Bayern (4 × 2) do recém-chegado Pep Guardiola, pela Supercopa da Alemanha, deu esperanças de que uma nova temporada empolgante aconteceria; e logo a máquina de pressionar 2.0 de Klopp, com os acréscimos reluzentes de Pierre-Emerick Aubameyang e Henrikh Mkhitaryan, estava colecionando vitórias na Bundesliga também. Após onze partidas disputadas, o Borussia Dortmund encontrava-se apenas um ponto atrás dos bávaros no topo da tabela.

Então, o clima escureceu. Uma derrota para o Wolfsburg despertou a atenção para uma longa lista de jogadores contundidos. Seria o estilo de jogo de alta intensidade e atletismo extremo da equipe de Klopp o responsável por essa situação, indagou um jornalista na entrevista coletiva antes da visita que o Bayern de Munique faria à Renânia do Norte-Vestfália. "Uma pergunta infeliz", disse o treinador, sarcasticamente, mal controlando sua raiva; "somos um time que se doa ao máximo e vocês já nos elogiaram por isso inúmeras vezes". Klopp fez referência a um calendário de jogos mais complicado — meia dúzia de seus jogadores faziam parte da seleção da Alemanha — e ao aumento da pressão como motivos para os problemas físicos. "O Bayern de Munique também tem contusões, mas pode compensá-las melhor", complementou. O tom ríspido de sua resposta deixou pouca dúvida de que ficara pessoalmente ofendido com a sugestão. Aquilo também seria algo perigoso, que poderia ameaçar o ânimo do time, enfatizara o treinador: "No momento em que a cobertura de vocês conseguir eliminar o apetite dos atletas em relação ao quanto eles se movimentam em campo, nós automaticamente enfrentaremos dificuldades".

E a fase difícil estava mesmo chegando. A vitória de 3 × 0 do Bayern em Signal Iduna Park, numa partida que teve o placar inaugurado por Mario Götze, justo ele, deu início a um período de resultados negativos. O Borussia Dortmund fechou o ano em uma decepcionante quarta colocação, depois de um "último trimestre de bosta" (Klopp), doze pontos atrás do líder Bayern, que disputara um jogo a menos.

O Borussia perdia muitas chances e tinha dificuldades para criar espaços contra times que preferiam se manter totalmente recuados. Passou a ficar mais evidente do que nunca que, como precursores táticos, eles haviam cuspido para cima: mesmo equipes recém-promovidas e que individualmente não se encontravam no mesmo patamar tinham aprendido a adotar estratégias inteligentes para anular os aurinegros. "Você atua do mesmo jeito que o ano anterior, mas os adversários estão lá. Você tenta de novo; e eles estão lá novamente", relata Subotić. "É sempre mais complicado se você é obrigado a superar os oponentes já bem posicionados atrás em vez de se concentrar na transição", afirma Hummels. "Tivemos dificuldade para embalar."

Um Klopp cada vez mais irritado e grosseiro recusava-se a acreditar que a culpa era "a falta de um plano B", como apontavam vários comentaristas. O problema, insistia, estava na execução, não na estratégia. E as contusões? Azar, simplesmente. Ou talvez não? Alguns se perguntavam se a coisa não havia começado a degringolar após a saída do preparador físico Oliver Bartlett, em 2012. Porém, essa justificativa não é corroborada por nenhum dos jogadores ou membros da diretoria do Borussia Dortmund que contribuíram com este livro.

Previsivelmente, "as coisas ficaram menos tranquilas durante os treinamentos", conta Hermann Hummels. "Nem sempre era bacana. Mas é normal. Trabalhar com um treinador por tanto tempo é como estar em um relacionamento. Existe tensão; é inevitável."

Havia também discussões sobre aspectos táticos. Alguns dos jogadores mais experientes talvez estivessem se mostrando um pouco menos propensos ao mantra "corra, corra" do que em outros momentos. Subotić: "Quando um jogador passa a ter a sensação de que já conquistou alguma coisa, que tem um pouco mais de experiência, ele de repente não quer mais dizer sim para qualquer coisa. Acho que é a natureza humana. Se fosse necessário, Klopp aumentava o tom. Ele nos sacudia um pouco, para nos acordar. Não dizendo: 'Vocês têm de mostrar algo diferente; vai ser difícil'. Não; ele se dirigia até um jogador e dava um tapa em sua cara. E você pensava: 'Pode ser que tenha revide'. Era uma atitude mais severa, mas você sabia que ele não fazia aquilo simplesmente a fim de se desestressar; era para que aumentássemos a intensidade. Nós entendíamos. E a agressividade era sempre contida. Nunca descontrolada, pois isso não teria dado certo".

"Aconteceram algumas brigas também, e às vezes elas se tornam pessoais. Mas isso também é normal", conta Gündoğan. "O importante é concordar em encontrar um caminho juntos para seguir em frente depois, de forma que não fique nenhum tipo de ressentimento. Com Kloppo, nunca havia questões em aberto. Sempre encontrávamos uma maneira de resolver tudo."

Naquela época, prevalecia uma ideia equivocada de que o treinador do Borussia era o melhor amigo dos jogadores, explica Watzke. "Jürgen era mais do que um técnico para todo mundo. Mas não era um irmão; e tampouco o irmão um pouco mais velho e afetuoso. Ele impunha bastante respeito e nem sempre era tão amigável quanto parecia; podia alterar o tom, era imprevisível; e podia explodir de uma hora para outra, quebrando tudo. Mas, de alguma maneira, sempre conseguia manter tudo em segredo."

O Borussia, como todas as melhores famílias, não permitia que suas brigas viessem a público. As desavenças nunca deixavam o vestiário, não provocavam rompimentos. O caso de amor vertiginoso e adolescente entre Klopp e seus jogadores evoluíra para uma relação mais ordinária, com os habituais altos e baixos, mas a adoração mútua em si ainda seguia bastante presente. Klopp tratava seus atletas como um pai severo trataria, tornando a vida deles desagradável para que pudessem atingir seu melhor, sem jogar sobre eles a culpa ou descarregar suas frustrações. Jamais falou mal de um jogador seu na imprensa, nunca fez joguinhos. "Eram sempre questões ligadas ao futebol. E todos sabiam exatamente o que ele pensava a respeito de cada um", afirma Subotić.

A relação profunda e pessoal do treinador com os torcedores também seguia firme. Quando Jan-Henrik Gruszecki, membro da torcida organizada do Borussia Dortmund, aproximou-se de Klopp pedindo para que um de seus bonés fosse a leilão em prol de um filme, a ser bancado por meio de financiamento coletivo, sobre o fundador do Borussia, Franz Jacobi, ele recusou sem hesitar. "Porém, imediatamente, acrescentou: 'Podemos fazer algo muito melhor. Vou conceder um dia todo a você', conta Gruszecki. "Nós o 'vendemos' para as maiores empresas de Dortmund para uma sessão de autógrafos e angariamos 20 mil euros, valor equivalente a um décimo do orçamento."

Watzke: "Entre as principais razões que permitiram que tirássemos tanto de nossos jogadores estavam as relações extraordinárias entre os atletas e o clube e entre o treinador e os jogadores. Sei que pode soar como clichê, mas éramos um grupo extremamente unido. Todos esses jogadores que acabaram voltando para o nosso clube demonstram isso. Eles não vivenciaram essa combinação de alegria e familiaridade, de apoio e integridade, em nenhum outro lugar". Şahin e Kagawa retornaram para atuar com Klopp no Borussia depois de períodos de insucesso no exterior; e até Götze assinou um novo contrato com o Borussia em 2016, após quase ter voltado a trabalhar com Klopp no Liverpool. "Ele tinha explosões esporádicas, mas sempre foi muito sensível e compreensivo em relação a seus jogadores. Todos estimavam isso."

Buvač, responsável pelos detalhes táticos, também continuou a desfrutar de amplo apoio. O braço direito de Klopp foi obrigado a comandar o time em duas partidas pela fase de grupos da Champions League quando seu chefe foi suspenso pela Uefa. Um Klopp irado havia gritado "Mais quantos erros você quer cometer? Mais um e serão quinze hoje!" bem na cara do quarto árbitro, quase deslocando sua mandíbula de raiva. Proibido de ficar na lateral do campo, assistiu ao restante do jogo pela televisão do escritório do responsável pelo gramado do estádio. "A cara que fiz poderia ter me garantido uma punição de cinco jogos", admitiu, pesaroso, depois. "Às vezes, não me reconheço na lateral do campo." "Estávamos todos felizes por Chucky", conta Subotić. "Ele não é uma pessoa extrovertida e não tem problemas de ego. Era bacana ele estar orientando o time, para variar. Todos aprendemos a gostar dele." Mesmo com a ausência parcial de Klopp, o Borussia se classificou na primeira colocação em mais um grupo difícil da Champions League (com Arsenal, Napoli e Olympique de Marselha).

Durante a parada de inverno, o clube esteve perto de conquistar um triunfo ainda mais impressionante. Valendo-se de sua amizade com Florentino Pérez, presidente do Real Madrid, Watzke quase frustrou a ida de Lewandowski para o Bayern de Munique, ao encorajar os merengues a contratá-lo. Lewandowski hesitou, mas, no fim, optou por honrar seu pré-contrato com o Bayern. Sua ida para a Allianz Arena no início da temporada 2014-15 foi confirmada no dia 4 de janeiro de 2014.

A volta de Hummels de contusão para a segunda metade da temporada — o zagueiro havia machucado o joelho durante a Copa do Mundo — trouxe imediatamente mais estabilidade para a zaga. Como o jogo do Borussia se baseava em superar o adversário abusando das jogadas de contra-ataque, a capacidade de evitar levar o primeiro gol era simplesmente vital. Quando as outras equipes saíam na frente e podiam jogar recuadas, o Borussia enfrentava dificuldades para encontrar os espaços necessários para suas explosivas jogadas de transição. Uma melhora constante nos resultados domésticos e o avanço até as quartas de final da Champions League deram sustentação à convicção de Klopp de que as dificuldades surgidas antes do Natal tinham se devido somente a pequenos detalhes. A qualidade individual e coletiva do time era grande o bastante e permitiu que a equipe terminasse o campeonato nacional na segunda colocação, atrás do Bayern de Munique, chegasse à final da DFB Pokal e pressionasse muito o Real Madrid no embate decisivo válido pela Champions League. Os espanhóis ganharam o confronto apenas por 3 × 2 no placar agregado, tendo vencido a primeira partida em Madri por 3 × 0. "Vocês estão eliminados, não?", perguntou a Klopp o apresentador da ZDF, Jochen Breyer, após o fim do jogo no Santiago Bernabéu. "Como alguém pode me pagar para fazer meu trabalho se chego aqui e digo que já estamos eliminados?", respondeu Klopp, balançando a cabeça, incrédulo.

"Meu amigo Florentino Pérez ainda fica com as mãos suadas ao pensar naquele primeiro tempo em Dortmund (no jogo de volta)", sorri Watzke. "Foi uma partida de quartas de final espetacular. No geral, não havíamos piorado, o Bayern simplesmente tinha ficado melhor. Talvez faltassem 3% ou 5%, mas tudo bem; e, claro, era para termos vencido a Copa da Alemanha. Aquele gol do Hummels..."

Um Bayern desfalcado tinha sido escalado com cinco jogadores na linha de defesa em Berlim para bloquear o Borussia. A equipe de Klopp destruíra o time de Guardiola na Allianz Arena, 3 × 0, um mês antes; o time de Dortmund vinha muito bem, em ótima fase. Uma partida desgastante caminhava para terminar sem gols quando, aos vinte minutos do segundo tempo, Mats Hummels viu sua cabeçada ser rebatida por Dante depois de ter cruzado significativamente a linha do gol. O árbitro sinalizou para o jogo prosseguir e o Bayern marcou duas vezes na prorrogação, levando o troféu.

"Foi trágico", conta Watzke. "Um erro catastrófico da arbitragem. Não há outra palavra. A bola ficou 35 centímetros dentro do gol. Não conheço nenhum outro treinador que tenha sido tão azarado com decisões de arbitragem em grandes finais."

Jogadores, funcionários e convidados da festa realizada após a partida estavam tão desapontados que Klopp teve de fazer um de seus "discursos sobre o estado da União",[2] decretando que todos tinham que festejar, reconhecendo que a equipe se entregara ao máximo ao longo dos dez meses anteriores, lidando com todos os tipos de dificuldades — incluindo "a pior crise de contusões da história do futebol" — de "maneira exemplar". "Seríamos loucos se destruíssemos tudo", complementou, a respeito das dúvidas levantadas pela imprensa sobre seu regime de trabalho; a consistência do Borussia não tinha sido alcançada à toa. "Outros não comemoram nem mesmo quando ganham alguma coisa. Mas o Borussia deve ser diferente. Se alguém disser 'que pena' a respeito do ocorrido esta noite, vou arrancar o copo que estiver em sua mão sem dizer uma palavra. Por favor, aproveitem a noite e não se preocupem: nós certamente vamos voltar. Esse é um time com grande firmeza de caráter. Não importa quem eles vão tirar do nosso clube, vamos trazer gente nova e tudo vai dar certo."

Mas nem tudo estava correndo tão bem, infelizmente. Longe disso. Dois meses após o início da temporada 2014-15, o Borussia Dortmund simplesmente não parava de perder partidas pelo campeonato alemão. Cinco derrotas seguidas entre o final de setembro e o início de novembro arrastaram o time para a 17ª colocação — dezoito meses depois de disputar o principal título do futebol europeu, o time de Klopp estava a caminho da Bundesliga 2. Nenhuma equipe do Borussia Dortmund tivera um começo de campanha tão ruim em toda

---

[2] O Discurso sobre o Estado da União é o relatório apresentado pelo presidente dos Estados Unidos na presença do Congresso anualmente, em geral na forma de uma fala. O discurso não só reporta as condições em que o país se encontra, mas também permite ao presidente apresentar sua proposta legislativa (a qual necessita da cooperação do Congresso) e as prioridades nacionais.

a história, nem mesmo o time que acabou sendo rebaixado na temporada 1971-72. "É uma situação brutal, de merda, maluca", disse Klopp, exasperado, após a mais recente derrota, 2 × 1 em Munique. O Borussia tinha sete pontos na tabela de classificação, dezessete a menos que o Bayern. Cada resultado minimamente decente em competições domésticas, cada vitória pela Champions League era vista como indício de que o pesadelo estava para terminar. Mas nunca acabava. Na metade do campeonato, o Borussia acumulara quinze pontos e seguia na 17ª posição, na zona do rebaixamento. Apenas o saldo de gols o separava da pior equipe do campeonato alemão, o Freiburg. O Bayern tinha 45 pontos. "Estamos parecendo completos idiotas", disse Klopp, "e merecemos isso."

No Mainz, na segunda divisão, Klopp, ainda um treinador novato, e às vezes de barba feita, dissera a seus jogadores e ao público alemão que o sucesso no gramado tinha de ser "explicável, isto é, resultado de um empenho objetivamente benéfico, passível de ser repetido". Os motivos para a desastrosa falta de sucesso em sua sétima temporada à frente do Borussia Dortmund mostravam-se muito mais complicados de determinar. Como o futebol é um esporte de pontuação baixa em suas partidas, nem sempre é fácil fazer a distinção entre sintomas e doenças, entre mero azar e deficiências fundamentais. Será que o time perdia tantas oportunidades devido a um estilo de jogo que consumia muita energia e parecia "preso a uma eterna adolescência", como indagara o *Süddeutsche Zeitung*? O contraste com o Bayern de Guardiola, que aperfeiçoara sua própria versão de pressão a ponto de ser o time que menos corria na Alemanha, era particularmente doloroso. Até Watzke notou o estilo de jogo "menos econômico, mais trabalhoso" do Borussia Dortmund.

Pouco mais de dois anos depois, funcionários, jogadores e pessoas próximas a Klopp chegaram a apontar uma enorme quantidade de explicações para a queda estrepitosa, algumas contraditórias. Todos, contudo, continuam a ter dificuldades para entender a incrível velocidade do colapso. "Continua a ser um enigma para mim", relata Watzke.

A saída de Robert Lewandowski pode não ter sido o fator mais importante, mas talvez tenha sido o evento que funcionou como gatilho para a crise. Mais do que qualquer outro jogador da equipe, ele conseguia combinar trabalho duro com grande eficiência diante do gol. "Era óbvio que não podíamos mais segurá-lo", explica Dickel. "Jürgen sabia das possibilidades financeiras do clube, não éramos capazes nem estávamos dispostos a pagar 15 milhões de euros de salário por temporada. Eu tinha esperanças de que Robert partisse para outro lugar, mas todos sabiam que ele ia sair. Só conseguiríamos mantê-lo se vendêssemos a prefeitura." O Borussia tinha sido bem-sucedido no passado na busca de substitutos para saídas importantes, mas o atacante polonês mostrou-se, literalmente, insubstituível. O novo atacante, o italiano Ciro Immobile, comprado por 18 milhões de euros do Torino, enfrentou dificuldades para se adaptar à vida na região do Ruhr e ao sistema de Klopp. "Ele não conseguia fazer com que as coisas dessem certo com toda a complexidade necessária", conta Krawietz. "Determinados automatismos — movimentos sincronizados, instintivos — se perderam."

Por que não colocaram Aubameyang na função de centroavante? O rápido jogador da seleção do Gabão era um tipo diferente de atacante, muito menos físico do que Lewandowski, isso é fato, mas certamente sabia marcar gols, como ficou provado nas duas temporadas subsequentes sob o comando do sucessor de Klopp, Thomas Tuchel. Aubameyang marcaria 79 gols pelo Borussia Dortmund, somando-se todas as competições, atuando centralizado.

"Foi nosso primeiro erro grave de avaliação", relata Watzke. "No verão de 2014, todos nós — principalmente Jürgen, responsável pela escalação — estávamos convencidos de que Aubameyang não era um camisa 9; caso contrário, não teríamos precisado nos preocupar com Immobile. As coisas provavelmente teriam sido diferentes, mais fáceis. Do modo como se desenrolou, a temporada 2014-15 foi uma merda."

"Aubameyang está indo muito bem (como atacante) atualmente", concorda Krawietz. "Já se podia ver naquele tempo que sabia marcar gols, que talvez fosse mais adequado para atuar como centroavante do que aberto, uma vez que tinha dificuldades na recomposição. Mas, naquele momento, era pelo flanco que precisávamos que atuasse." Krawietz ainda complementa afirmando que a perda de Lewandowski era indicativa de um dilema mais amplo que o clube estava enfrentando. "Havíamos crescido muito mais rapidamente dentro de campo do que em termos financeiros. Tínhamos jogadores jovens e atletas que haviam sido adquiridos por cifras modestas e cujo desempenho fora tão bom, tanto na Alemanha quanto fora, que, de repente, eles alcançaram um patamar completamente diferente em relação a valores. O clube não podia mantê-los, tinha de vendê-los; mas, ao mesmo tempo, era óbvio que substitutos da mesma qualidade não estavam disponíveis devido à questão financeira. Isso levou a uma situação em que só poderíamos ter como objetivo manter nosso nível, e não realmente melhorar. Enquanto isso, o Bayern investia inteligentemente e continuava a se desenvolver. As expectativas a respeito do Borussia tinham crescido tanto que não conseguíamos mais atendê-las."

Watzke concorda com essa ampla análise. "A equipe que tínhamos em 2012-13 provavelmente teria atingido um nível ainda mais alto se o Bayern não tivesse começado a atirar tanto em nossa direção", explica. "Certamente. Nós seguíamos rolando a pedra morro acima a cada ano, como Sísifo. Mas não se pode reclamar, é preciso viver com isso se você é o Borussia Dortmund. Eu adoraria ter o mesmo conforto financeiro do Bayern. Infelizmente, não conseguimos crescer tanto economicamente em um curto período de tempo como teria sido necessário para manter o time."

Watzke e Krawietz também descrevem a Copa do Mundo no Brasil como prejudicial ao Borussia naquela temporada. A chegada tardia do quinteto convocado para o torneio — Mats Hummels, Roman Weidenfeller, Matthias Ginter, Kevin Großkreutz e Erik Durm — causou transtornos, foi a percepção da comissão técnica. Krawietz: "Eles tiveram três semanas de férias, o que é muito pouco, e queriam jogar novamente sem terem a condição física ideal. Isso acabou fazendo com que não tivéssemos a mesma confiança em nosso sistema. Além disso, erros sistêmicos começaram a aparecer no nosso setor defensivo. Ficamos extremamente suscetíveis a jogadas de contra-ataque. Fizemos partidas em que desfrutamos de muita posse de bola, criamos boas chances de gol, mas perdemos por 1 × 0 ou 2 × 0 devido a alguns poucos contragolpes. Durante a temporada, você tem de confiar nas bases do trabalho feito na pré-temporada de alguma maneira. Nós percebemos: caramba, precisamos realmente mudar algumas coisas aqui. Precisávamos praticar nossa movimentação pelas pontas e os cruzamentos talvez por duas, três semanas. Mas não havia tempo. Ou a movimentação dos atacantes pelo meio, para nos assegurarmos de que sempre haveria alguém no primeiro pau. Tudo o que podíamos fazer era mencionar isso em sessões de vídeo. Mas, quando se tratava do estímulo dos treinos, do *Gegenpressing*, não éramos capazes de passar aquilo tudo a ponto de fazer com que permanecesse".

Psicologicamente, o contingente do Borussia na seleção nacional parecia exausto. "À exceção de Hummels, os outros quatro não haviam jogado no Brasil, mas estiveram bem no meio daquela grande euforia", recorda-se Krawietz. Watzke: "Para dizer o mínimo, a Copa do Mundo não teve um papel produtivo. Nossos jogadores mal foram vistos no Brasil, mas todos se sentiam campeões do mundo".

O drama de Hummels era mais mundano, conta o zagueiro. "Voltei machucado e em nenhum momento naquela temporada me recuperei plenamente. Como capitão, meu trabalho era liderar dando o exemplo, mas eu estava muito ocupado tentando lidar com meus próprios problemas. Não conseguia ser o líder e conversar com os demais a partir de uma posição de força porque estava jogando um futebol de merda."

A tranquilidade habitual do zagueiro, que não tem papas na língua, e sua influência positiva sobre os colegas de equipe fizeram muita falta, e foram mais uma razão para a fragilidade do Borussia. Uma onda de contusões combinada com um calendário que não permitia um rodízio excessivo de jogadores nem ajustes táticos detalhados exacerbaram a crise. Os problemas do Borussia Dortmund não se adicionavam — multiplicavam-se.

"Continuamos a perder jogos exatamente da mesma maneira, um atrás do outro", diz Krawietz. "Isso, depois de um tempo, começou a minar nossa confiança como time. Na Champions League, tivemos um desempenho bom, nos qualificamos para a fase de mata-matas, mas isso só nos fazia imaginar se o que faltava era a atitude correta no campeonato nacional. Você entra numa espiral, se move em círculos, vai cada vez mais para baixo. E não conseguíamos sair disso."

"Ficamos todos malucos", conta Dickel. "Era impossível entender. Tínhamos 74% de posse de bola, quinze chutes a gol, os adversários davam dois chutes contra nossa meta e perdíamos por 1 × 0. Semana após semana. Foi horrível." Hummels: "Nós saíamos pensando depois de cada partida: 'Não jogamos tão mal'. Você ainda dá uma olhada para a terceira posição na tabela e calcula a diferença de pontos. E pensa: 'Não podemos perder posições'. E então você está lá embaixo na tabela com metade da temporada disputada e percebe que está atolado em merda até o pescoço".

Klopp seguia visivelmente devastado pela campanha desastrosa. Seu cargo não estava em perigo — Watzke tinha lhe dado todas as garantias —, mas ele se sentia pessoalmente responsável. "A coisa toda o esgotava. Ele era o comandante e ficava muito abalado com o fato de não estarmos caminhando na direção certa por alguma razão estranha. Me lembro de olhar para ele e pensar: 'Ele parece realmente cansado e estressado'", recorda-se Subotić.

"Como alguém que se envolvia tanto emocionalmente, você sabia que aquilo o incomodava muito", comenta Hummels. Um treinador, assim como qualquer outra figura no papel de líder, deve projetar autoconfiança para incutir confiança nos demais. Mas como manter a confiança em suas ideias se os resultados continuam a não aparecer?

"Sua cabeça fica cheia de dúvidas", explica Kravietz. "A culpa é sua? Do time? O que devemos fazer? Era uma situação de merda. Mais do que qualquer um pode aguentar. Não se deseja um período desses nem para seu pior inimigo. Era inacreditavelmente exaustivo, inacreditavelmente deprimente. E, ao mesmo tempo, você não tem o direito de demonstrar suas emoções. Os membros da comissão técnica têm de ser os primeiros a chegar na manhã seguinte dizendo: 'Vamos lá, pessoal, vamos de novo. Isso foi o que fizemos de errado. Dois, três detalhes e estamos de volta ao caminho certo'."

Watzke sugere que talvez algumas peças do time não estivessem dispostas a aderir à ideologia de Klopp como antigamente. "Aquela euforia e paixão totais e completas que tínhamos tido no primeiro ano não estavam mais lá. Aquela devoção. Os jogadores tinham ficado mais velhos. E mais ricos, e desfrutavam de mais sucesso. Talvez quisessem mostrar que as coisas podiam dar certo em um ritmo mais lento, que não é o modo como Jürgen trabalha."

Krawietz tem uma visão um pouco diferente. "Não seria justo com os jogadores dizer que não estavam dispostos ou não conseguiam mais atuar usando o *Gegenpressing*. Entendo por que alguns possam chegar a dizer isso, mas se tratava de algo muito mais complicado. Não me entenda errado: nós com certeza não acertamos em tudo, nem todas as decisões que tomamos e pelas quais Jürgen era responsável deram certo. Mas não era tão simples assim."

No entanto, os resultados negativos cultivaram dissidências. Alguns dos jogadores mais experientes não hesitaram em fazer com que suas ideias fossem ouvidas; as discussões às vezes eram um tanto tensas. E, ainda assim, o vínculo e a confiança remanescentes entre Klopp e seus jogadores eram suficientemente fortes para evitar que as coisas se rompessem por completo — mas bem na conta. "Sempre que ele extrapolava em uma discussão, era magnânimo o suficiente para perceber e se desculpar, seja com o jogador em questão ou em frente a todo o elenco", relata Hummels. "Com ele, a coisa sempre vinha do coração. Por isso, conquistou o nosso respeito de uma maneira incrível. Ele não diz as coisas simplesmente, sente aquilo de verdade; e também conseguia se colocar no lugar do jogador. Quando não concordávamos em alguma coisa, me dizia: 'Mats, sei como você se sente, eu fui jogador. Como poderia punir você por isso?'."

Por outro lado, um treinador em dificuldades cada vez maiores não aceitava que gente de fora lançasse dúvidas a respeito de suas táticas. Klopp repreendeu um jornalista local por ter sugerido que outras equipes talvez tivessem "desmascarado" o seu time e desenvolvido estratégias para aniquilar o estilo de pressão intensa do Borussia Dortmund. "Não estou procurando briga, então vou responder às perguntas idiotas", disparou, de maneira ácida, antes de dar sequência e proclamar que o flagelo do Borussia devia-se a seus próprios erros. "Se você diz que fomos 'decifrados', o que isso diz a respeito do trabalho dos treinadores adversários nos anos anteriores?", complementou. "Eram incapazes de entender nosso jogo?" Ele sustentou que "velocidade não pode ser decifrada", que vencer os jogos era meramente uma questão de o Borussia voltar a jogar de acordo com sua capacidade. Para Klopp, valorizar o progresso dos adversários em um campeonato que havia enfraquecido o conceito original de seu trabalho e feito dele sua nova ortodoxia seria contraproducente. O sucesso viria quando eles se reconectassem com suas forças próprias e inerentes. A solução já estava ali. Só precisava ser implementada. "Nosso problema não é o problema; é a solução", insistiu. Manter-se calmo ao ser confrontado por uma enxurrada de críticas era difícil, particularmente porque ele acreditava que a maioria era injustificada.

"Jürgen achava que estava recebendo um tratamento injusto (da imprensa)", conta Schneck. "Esse era seu problema: sentia que não recebia um tratamento justo e então formou sua opinião: 'Eles não fazem ideia e precisam preencher as páginas dos jornais de alguma maneira'. Recordo-me de uma partida que perdemos, acho que para o Wolfsburg, fora de casa. Klopp foi rápido e indiferente na entrevista coletiva. Eu lhe disse: 'Cara, aquilo foi uma grande merda. Aquele tom não era apropriado'. E ele: 'Larga a mão, você também é um desses jornalistas de bosta'. Estava irascível, nem um pouco diplomático. Claro que, depois, disse: 'Me desculpa, não quis dizer aquilo'. E eu o conhecia muito bem para ficar ofendido. Mas seu relacionamento com a imprensa se tornava mais e mais áspero."

Klopp tinha mudado, notaram os repórteres da TV e de jornais escritos. A leveza e o humor autodepreciativo que costumavam temperar sua falta de tato haviam desaparecido, substituídos por uma agressividade passiva latente, a mentalidade comum a treinadores sob pressão no mundo todo. Contudo, em meio a amigos e colegas, pessoas que haviam assegurado sua lealdade a Klopp, ele continuava a ser a pessoa de confiança de sempre. Teria sido fácil, por exemplo, em virtude da queda do Borussia na tabela de classificação, cancelar uma palestra motivacional que seu amigo de longa data Sven Müller organizara em Frankfurt, em dezembro de 2014, mas Klopp tinha dado sua palavra a Müller e apareceu.

"Ver alguém que está se sentindo tão mal sentar aqui e dar risada, isso é motivador, não é?", disse ao público no salão de festas do hotel. Jogar a toalha na Bundesliga não estava em seus planos, complementou. "Sou tudo ou nada. Agora, sou Borussia Dortmund. É como um casamento, há bons e maus momentos. Por que devo estar sempre com a bunda virada para a lua?" Klopp afirmou ser um treinador melhor "do que em 2012, quando fomos campeões. O problema: isso não está se refletindo na tabela de classificação".

"Ouço as pessoas dizerem que Klopp não era mais o mesmo, que o sucesso havia lhe subido à cabeça e coisas assim, mas isso é bobagem", afirma Quast. "Aqueles que realmente o conhecem têm consciência de que nada disso é verdade." Quast lembra-se de ter se encontrado com Klopp no lançamento de um novo modelo de carro da Opel, em Rüsselsheim, no ápice das preocupações do Borussia com o rebaixamento naquela temporada. "Havia acabado de receber péssimas notícias sobre o tumor cerebral de minha mãe; era benigno, mas sem possibilidade de tratamento. O médico dela também tinha cuidado de Wolfgang Frank. Klopp me falou: 'O que há? Você não parece bem?'. Então eu lhe contei a história toda." Quast faz uma pausa, desculpando-se pelas lágrimas nos olhos. "Centenas de funcionários da Opel estavam ali, olhando para ele de cada um dos cinco andares do prédio. Milhares de câmeras. Inúmeras pessoas querendo um pedaço de Klopp. Estávamos em pé um pouco ao lado, mas vi que todo mundo estava olhando na nossa direção e os fotógrafos começaram: 'clique, clique, clique'. Klopp não estava nem aí para aquilo tudo. Simplesmente me deu um abraço bem apertado, sem dizer uma palavra. Não era preciso."

Olhando em retrospectiva, o Borussia Dortmund foi salvo pelo gongo do Natal, que anunciou um respiro de seis semanas. "Acho que nunca pensamos: 'Acabou tudo!', mas foi muito bom ter a parada de inverno", relata Subotić. Klopp insistia na realização da festa que tinha sido planejada. Havia a hora do trabalho e a hora da diversão, disse a Lünschermann, e sem a última não era possível realizar o primeiro. "Ele era muito bom na compartimentalização das coisas", afirma o gerente esportivo do Borussia Dortmund. Krawietz lembra-se de se sentir extremamente aliviado depois da derrota para o Werder Bremen na última partida de 2014: "Sabíamos que não podíamos descer mais do que aquilo. Passaríamos seis semanas na zona de rebaixamento, mas ao menos tínhamos a chance de fazer o trabalho de regeneração e treinar algumas coisas sem a pressão da competição. Àquela altura, tínhamos uma boa ideia do que faltava em nosso jogo: alguns processos sistemáticos que não tínhamos tido a oportunidade de praticar. Estava claro que com um pouco de descanso para as pernas e para a cabeça conseguiríamos acertar, o time seria capaz de funcionar de novo, prontamente. Foi exatamente o que aconteceu".

Não exatamente. Ou ao menos não prontamente. O Borussia Dortmund empatou sem gols em Leverkusen na primeira partida de janeiro e então perdeu por 1 × 0, em casa, para o Augsburg, que tivera um jogador expulso. O Borussia jogou tão mal em sua 11ª derrota na temporada que os torcedores mais fanáticos, aqueles da muralha amarela, possessos, xingaram os jogadores. Agora eles estavam na 18ª, e última, colocação. Hummels e Weidenfeller tentaram de tudo para apaziguar os ânimos dos torcedores revoltados, conversando com eles por alguns bons minutos no alambrado. "Seria inaceitável se não entendêssemos a frustração deles com o fato de estarmos na lanterna depois de dezenove partidas", disse Hummels. A famosa união do Borussia Dortmund estava ruindo sob a pressão da angústia pelo rebaixamento.

"Aquele foi nosso momento mais difícil, a primeira vez em que realmente comecei a temer pelo pior", conta Watzke. "Nos sentíamos em um filme de terror." Havia rumores de que Ottmar Hitzfeld e Lucien Favre tinham sido sondados para assumir o time e "apagar o incêndio", mas o CEO do Borussia afirma que "romper com Jürgen nunca foi uma opção, nem mesmo naquele ponto. Ninguém pensou nisso em momento algum".

Como Krawietz imaginara, o time se recuperou e venceu as cinco partidas seguintes, disparando na tabela como um foguete tardio de ano novo. "Jogar, se divertir, empolgar: isso é o Borussia Dortmund", disse Klopp, depois da vitória por 3 × 0 no clássico da região do Ruhr. O *slogan* foi tomado emprestado de uma propaganda de Kinder Ovo e fazia referência à comemoração surpreendente de Aubameyang e Reus: a dupla dinâmica aurinegra vestira-se de Batman e Robin no gramado. De repente, a classificação para a Champions League parecia viável uma vez mais.

O mote oficial para a segunda metade da temporada foi *Aufholjagd* (tirar o atraso). "Klopp sempre usou esses termos. Não eram apenas palavras vazias, eram uma âncora para nós", relembra Subotić. "As pessoas pegavam a deixa e transformavam aquilo em realidade. Ele era fantástico nisso." Lünschermann, que àquela altura já ouvira centenas de preleções de Klopp, assegura que o treinador segue encontrando palavras que "têm um enorme impacto nos atletas". Ele foi capaz "de fazer com que os jogadores voltassem a seu nível, de fasciná-los. Depois de sete anos, ele não perdera a capacidade de tirar o melhor das pessoas".

"Recuperar-se e voltar tão forte não é normal", afirma Sven Bender. "Só foi possível porque nós todos cooperamos. O treinador teve de andar por aquele vale de sombras, e o time também. O clube tomou a decisão honrosa e continuou a acreditar no técnico, isso não é algo comum no mundo do futebol; normalmente, o treinador é demitido nesse ponto."

Apesar de sua postura irritadiça fora do vestiário, Klopp ainda era bom em deixar o clima mais leve com a escolha de algum ditado espirituoso.

"Tínhamos um osteopata, Heiko. Um cara adorável, mas um pouco atrapalhado", conta Gündoğan, sorrindo. "Ele normalmente não ficava no gramado, mas, naquele dia, estava lá antes da chegada de Kloppo. Tinha cortado o cabelo naquela manhã ou no dia anterior e Kloppo olhou para ele e soltou: 'Seu cabeleireiro vai terminar de cortar seu cabelo amanhã?'. Todos os jogadores rolaram de rir. Uma tirada perfeita, ainda que o momento não fosse mais tão bom."

O mais duro golpe ainda estava por vir. O Borussia voltara para casa com uma derrota por 2 × 1 na primeira partida contra a Juventus, na Itália, pela Champions League. "Um resultado quase perfeito", disse Klopp. Uma gigantesca coreografia de torcedores antes do início da partida em Signal Iduna Park convocava os espíritos do passado — o Borussia Dortmund vencera a Copa dos Campeões da Europa em cima da Velha Senhora em 1997 — e o sentimento de união. Contudo, quando Carlos Tévez marcou aos três minutos para os visitantes, o Borussia se viu totalmente desamparado, agonizando lentamente por 87 longos minutos dentro de campo; o time não criou quase nada e ainda tomou outros dois gols. "O futebol da equipe foi praticamente invisível", observou o *Süddeutsche Zeitung*, depois da derrota desmoralizante por 3 × 0. O modo da capitulação não deixava dúvidas: o Borussia Dortmund de Klopp não estava apenas fora do torneio europeu, estava acabado. "(O clube) vai ter de dar adeus a velhos hábitos, à canonização nostálgica — e a tabus", complementou o jornal de Munique. "O treinador terá de dar forma a uma nova visão de futebol". *O treinador ou um treinador?*

Watzke, Zorc e Klopp reuniram-se no escritório do primeiro pouco depois da Páscoa. "Todos sentíamos um certo temor", diz Watzke. "Em princípio, sabíamos que seria melhor se termin*á*ssemos. Mas Michael e eu não conseguíamos dizer isso. Em determinado ponto, Jürgen falou: 'Bom, estamos todos pensando a mesma coisa aqui, não estamos? Eu vou dizer: vou embora'. Havíamos concordado que as coisas tinham chegado ao fim. Não era o caso de o efeito que ele produzia no time ter se esgotado, ou nada assim, mas sete anos é bastante tempo. Já sentíamos isso fazia algum tempo. Ninguém tinha ousado admitir. E ainda assim era uma merda ter de tomar a decisão (de seguir caminhos separados)."

"Podíamos ter seguido no Borussia?", pergunta Krawietz, de modo retórico. "Na teoria, sim. Mas foi melhor que a jornada tenha terminado naquele exato momento. Para que as coisas seguissem, algumas decisões de grandes proporções a respeito do time teriam de ser tomadas. Sempre existem duas possibilidades para seguir crescendo, para revitalizar as coisas: ou o treinador sai ou muda-se o time todo, ao menos os principais pilares." O triunvirato no comando do Borussia Dortmund considerou a segunda possibilidade, mas era algo financeiramente inviável. Duas derrotas no campeonato alemão, contra Bayern e Borussia Mönchengladbach, fizeram com que a classificação para a Champions League seguinte se tornasse praticamente impossível. O clube não tinha dinheiro para contratar jogadores que pudessem resolver a situação de imediato nem para refazer o elenco. Krawietz: "Teria sido necessário fazer uma revolução, mudar o time e mudar o estilo de jogo. Não era mais fácil mudar o comandante? Aquela foi certamente a decisão correta para todos — para o clube e também para nós".

O grupo de jogadores ficou perplexo. "Surgiu uma mensagem em meu celular, uma notícia de uma revista: a história mais importante do ano", relata Subotić. "Klopp estava saindo? Não era possível imaginar ninguém fazendo seu trabalho, não do jeito que ele fazia. A princípio, ninguém queria pensar naquilo. Ele havia colocado o clube entre os mais importantes, não emprestando dinheiro e comprando os melhores jogadores do mundo, mas com sua estratégia, sua filosofia. Pensar que Klopp ia partir no final da temporada era uma loucura. Dortmund toda ficou em choque. Mesmo as pessoas que não torciam para a equipe." O anúncio atingiu o pessoal no clube "fazendo um enorme estrondo", conta Lünschermann. "Um remédio difícil de engolir."

Na entrevista coletiva realizada repentinamente em 15 abril para anunciar sua saída no verão, Watzke esforçava-se para não chorar. "Essas conversas foram extremamente difíceis para nós devido ao nosso relacionamento especial, baseado em confiança e amizade", relatou, antes de abraçar Klopp. "Pode ter certeza da gratidão de todo o pessoal do Borussia." Klopp explicou não estar mais seguro "de que era o treinador certo para um clube tão extraordinário" e que sua obrigação era comunicar a seus superiores essas dúvidas. "Uma grande cabeça precisa rolar — a minha", gracejou. Tudo tinha um pouco de melodrama, mas era o tom certo para a região do Ruhr, onde as pessoas orgulham-se de dizer aquilo que outros alemães sequer ousam pensar. Uma despedida mais profissional não teria sido condizente com a turbulência causada pela saída de um porta-bandeira.

Em janeiro de 2017, Watzke continua orgulhoso "da saída mais sofisticada já vista no mundo do futebol. Não foi um número, todos achamos aquilo muito complicado". Um divórcio futebolístico, tal qual um verdadeiro, raramente é amigável. Esse foi, insiste ele. "Ao longo daqueles sete anos, sempre houve algumas diferenças de opinião, mas teria sido uma amizade estranha se não tivesse acontecido assim. Nossa força consistia em não deixar que as coisas vazassem. Nunca tivemos um problema pessoal. Nunca foram episódios ácidos, nem deixamos o escritório irritados, com alguém batendo a porta ou gritando 'idiotas!' ou coisas assim. Isso jamais aconteceu. E continuamos a jogar baralho frequentemente, mesmo na última temporada. Acho que não teremos um treinador assim de novo." No entanto, a campanha ruim não deixou nenhum dos lados incólumes. "Aqueles três eram muito próximos antes, todos ficaram muito machucados", diz Dickel.

Klopp e o Borussia Dortmund tinham acumulado tantas memórias felizes juntos que a dor logo deu lugar a um sentimento de felicidade, explica Schneck. "Era como o fim de um longo relacionamento em que os dois lados sabem que não há outra saída, mas também se lembram dos bons tempos que passaram juntos. As pessoas envolvidas ainda podiam olhar nos olhos umas das outras depois de tudo. E, desde então, o relacionamento (entre ele e o clube) voltou a ficar amigável."

No vestiário, a consternação transformou-se em determinação para oferecer ao líder espiritual do grupo uma despedida apropriada. "No início, não queríamos acreditar", conta Subotić. "Mas o respeitávamos tanto que pensamos: 'Se é isso o que ele está dizendo, deve estar certo'. Não é qualquer treinador que conseguiria criar esse tipo de energia. Nos entregarmos ao máximo nos poucos jogos que ainda restavam na temporada nos meses seguintes era, para nós, a coisa lógica a ser feita. Cada um de nós era muito grato a ele, do fundo do coração, por todos aqueles anos que pudemos aproveitar juntos. Ele aprimorou todos os jogadores, ou quase todos; melhorou o clube. Queríamos recompensá-lo por isso."

O Borussia conquistou treze pontos nos últimos seis jogos pelo campeonato alemão, conseguindo uma vaga para a Europa League ao terminar na sétima posição na tabela de classificação — em algum ponto entre a decepção e o quase respeitável, mas não o desastre que se chegara a imaginar.

Klopp não teve confiança para se despedir ao vivo em frente dos torcedores no último jogo em casa, contra o Werder Bremen, temendo se debulhar em lágrimas. Em uma mensagem gravada, professou sua gratidão mais sincera por ter tido a oportunidade de comandar o clube por sete anos e por "uma demissão cheia de memórias felizes". Seus olhos encheram-se de lágrimas ao se ver falando no telão do estádio. A homenagem tocante feita pela muralha amarela deu voz a um sentimento de dívida que os torcedores nutriam em relação à despedida de seu herói. "Obrigado, Jürgen", dizia a grande faixa. Em uma outra, menor, mais abaixo, lia-se: "Leva anos para se compreender como determinados momentos podem ser valiosos".

"Acho que Jürgen estava com tanto medo daquele último momento quanto os torcedores", relata Dickel. "Setenta e cinco mil pessoas no estádio estavam chorando, unidas no luto e também em incredulidade. 'Jürgen Klopp estava deixando o clube.' As pessoas não queriam dizer isso para que não se tornasse verdadeiro."

Uma boa campanha na DFB Pokal ofereceu mais uma possibilidade de um final digno de conto de fadas. O Borussia Dortmund conseguiu impor a única eliminação que o Bayern de Munique de Pep Guardiola sofreu em três anos naquela competição, conquistando sua passagem para a final em Berlim nos pênaltis. "Aquele jogo em Munique fez muito bem para ele e para nós", relembra Gündoğan, pegando seu telefone celular. Em um vídeo tremido gravado no vestiário, Klopp está rebolando ao som de um rap, garrafa de cerveja nas mãos. Um "jogo espetacular" nos aguarda, prometeu ele.

No entanto, o que deveria ser uma noite final apaixonante na capital alemã só confirmou que aquele caso de amor em particular havia chegado ao fim, apesar dos enormes esforços de um exército de animados soldados. O Borussia não soube tirar proveito da vantagem aberta no início do jogo contra o Wolfsburg e deixou o campo derrotado por 3 × 1, parecendo apenas uma sombra de sua antiga força. "Perder para o Wolfsburg...", Gündoğan balança a cabeça com certo desconsolo. "De verdade, foi uma vergonha. Ele merecia mais. Não era para ser."

"A dor se consolidou. Dói muito", disse Klopp, após a partida. "Toda vez que abraço um de meus jogadores e penso que provavelmente é a última vez, as lágrimas surgem, imediatamente. Tenho de lidar com isso, uma coisa depois da outra. E gostaria de fazer isso quando as câmeras estiverem desligadas." Na contida festa pós-jogo, ele demonstrou força. "Vencer hoje teria sido muito *kitschy*, muito americano", foi sua declaração no palco. Aplausos com todos em pé e agradecimentos abrem espaço para uma fala consciente a respeito de seu legado no Borussia: "Não é importante o que as pessoas pensam de você em sua chegada, é importante o que pensam quando você sai".

Após tudo resolvido, Klopp fez questão de se reunir com os torcedores organizados do Borussia uma última vez. Alguns dias depois de sua volta de Berlim, o treinador passou quatro horas bebendo com membros da Unity, agradecendo-os pelo apoio ao longo dos anos e batendo papo. "Foi uma noite maravilhosa", conta Jan-Henrik Gruszecki. "Recordo-me claramente de um dos torcedores, digamos, mais robustos, perguntando: 'Por que você sempre escalou Subotić? Ele é magro como um palito'. Klopp olhou para ele, levantou uma sobrancelha e disse: 'Ele não é magro, só está em ótima forma'. Todos caíram na gargalhada."

Christian Heidel acredita que Klopp ficou mais magoado pelo desfecho de seu capítulo no Borussia Dortmund do que deixou transparecer. Não porque o ciclo chegara ao fim — "todos concordavam que era o momento certo, não se consegue continuar a realizar um trabalho com a quantidade de energia que ele emprega por tanto tempo" —, mas porque o clube não reconheceu plenamente o tamanho de suas conquistas. "Ele foi para o Borussia e fez o time ser campeão, duas vezes, conquistou a Copa da Alemanha, chegou à final da Champions League; e por tudo isso lhe deram um buquê de flores em frente à arquibancada sul. Tenho certeza de que, naquele momento, ele pensou no modo como o Mainz havia se despedido dele, e meu palpite é que ficou decepcionado com o fato de o Borussia não tê-lo feito se sentir como o responsável por salvar o clube; ele pegou um clube quase falido e o transformou num clube rico, com suas ideias e sua personalidade; não teriam conseguido sem ele, não teriam chegado nem perto. Klopp virou o clube todo de ponta-cabeça. Tudo isso parece ter ficado um pouco esquecido no fim. Não tenho certeza de que ele ainda seja emocionalmente ligado ao Borussia Dortmund. Às pessoas, sim; aos funcionários, ao roupeiro, aos torcedores, com certeza; mas não mais ao clube propriamente dito. Quando disputamos o clássico (da região do Ruhr, contra o Shalke, naquela temporada), ele estava torcendo por mim. Não era Schalke ou Borussia Dortmund, ele torcia por mim. Eu sei disso, de verdade."

Dezoito meses depois de Klopp deixar os aurinegros, no entanto, é óbvio que eles de fato sentem falta dele e reconhecem seu valor. "Ele era mais do que um treinador, era um líder para o clube todo", relata Watzke, um tanto saudoso. "Jürgen é o embaixador mais resplandecente que qualquer clube pode desejar."

Dickel concorda. Deixando de lado a maneira como o Borussia Dortmund atuava sob seu comando, ele teve um papel gigantesco na melhoria da imagem do clube. "Nós nos tornamos muito mais conhecidos ao redor do mundo. Onde quer que estejamos, as pessoas dizem: 'Lembro que vocês tinham um treinador maluco'. Todo mundo. Mas nunca com conotações negativas. Kloppo e o Borussia Dortmund estarão para sempre unidos, independentemente de onde ele esteja trabalhando."

Röckenhaus, jornalista do *Süddeutsche* cujo relacionamento profissional com Klopp tornara-se de certo modo hostil perto do fim de sua passagem em Dortmund, está convencido de que o Borussia o aceitaria de volta sem hesitar. "Você pode perguntar a qualquer um no clube, mesmo ao jardineiro, a alguém que possa já ter se irritado com Klopp, e todos o aceitariam amanhã mesmo. Isso se deve simplesmente à pessoa que ele é — encantador, ao seu modo. Ele pode irritar você, claro, mas não é difícil se ver sentado em um ônibus a seu lado, viajando por horas para chegar a um jogo de merda. Ou tomando alguma coisa com ele depois de uma derrota. Para não mencionar as festas a seu lado. Todos adorariam tê-lo de volta."

16.
LIVERPOOL FC
E MAIS

Graças ao tardio florescer do time em maio de 2017, o Liverpool participará mais uma vez da Champions League na temporada 2017-18,[1] apenas a segunda vez desde 2010. O enorme afluxo de dinheiro proveniente dos acordos de TV da Premier League — 2,76 bilhões de libras por temporada — não faz mais com que a participação em competições de ponta da Uefa seja fundamental para um clube do tamanho do Liverpool. Mas Mike Gordon, do FSG, explica que trazer a luz dos holofotes dos jogos de meio de semana de volta a Anfield ainda é muito importante, financeira e simbolicamente. "Faz alguma diferença na receita. Além disso, coloca o clube em outro patamar em termos de reputação. Antes da chegada de Jürgen, havia dúvidas se o clube havia perdido parte de seu brilho. Nosso retorno acaba com isso. Temos um treinador agora que, na minha opinião, é o melhor do mundo, e uma equipe de jogadores de alto nível. Naturalmente, eles querem atuar na Champions League. É

---

[1] Em 2018 o Liverpool chegou à final da competição, perdendo para o Real Madrid por 3 x 1.

um sinal ao mundo de que estamos de volta. Isso nos ajuda a seduzir os melhores nomes."

Porém, para Jamie Carragher, nenhum dos novos ou antigos jogadores relaciona-se com os torcedores da mesma maneira que Klopp tem se relacionado desde outubro de 2015. "Para ser sincero, ele é a estrela do time", afirma o ex-defensor. "Se fosse possível, muitos dos torcedores teriam o nome dele nas costas de suas camisas. É o rosto, o nome do time. Quando se pensa no Liverpool, se pensa em Jürgen Klopp. Sua personalidade é contagiante. Não há números, não há joguinhos, ele é exatamente a pessoa que você vê na TV. Tem sempre uma risada, uma piada, é cheio de energia. Estive em algumas festas do elenco. Uma delas foi depois de derrota para o Crystal Palace, no fim da temporada, quando a quarta colocação parecia difícil. Mas ele fazia questão de cumprimentar os jogadores e todos estavam se abraçando. Esse relacionamento que ele tem com os atletas é parte crucial de seu sucesso como treinador de futebol. Nunca tive uma relação dessas com nenhum de meus treinadores. Klopp é um cara grande e cheio de energia e você anseia por jogar para ele."

Foi exatamente isso que o ex-jogador de 39 anos conseguiu ao integrar uma delegação de jogadores do Liverpool recentemente aposentados que se reuniu para um amistoso contra o Sydney FC, no fim de maio. "Estávamos vencendo por 2 × 0, pouco antes do intervalo, e um pênalti deveria ter sido marcado para o nosso time. A viagem tinha sido muito longa e eu estava ali pensando que aquilo era um amistoso, que íamos apenas jogar e voltar para casa. No intervalo, porém, vi Jürgen simplesmente acabando com o árbitro porque ele não tinha assinalado o pênalti. Eu pensava ser muito competitivo, mas ele está em outro nível. Isso é que é importante."

Existem torcedores que suspeitam que a mentalidade vencedora de Klopp não é tudo de que o Liverpool necessita se quiser estar à altura de Manchester United, Arsenal e os times financiados pelos petrodólares, como o Chelsea e o Manchester City. Somente uma injeção financeira significativa de novos investidores com muito mais recursos do que o relativamente cauteloso Fenway Sports Group, acreditam, poderia reconduzir o Liverpool à posição de força dominante na elite do futebol inglês. Em março de 2016, e novamente em agosto do mesmo ano, notícias de que o conglomerado chinês SinoFortone oferecera centenas de milhões de libras por uma participação no clube foram recebidas com entusiasmada expectativa em Merseyside. Todavia, o FSG não aceitou o negócio. O ponto de vista circunspecto de Klopp a respeito de uma possível mudança de proprietário pode ter influenciado parcialmente na decisão do grupo. Quando a ligação com a China chegou às manchetes, Klopp disse explicitamente aos americanos que eram eles que contavam com sua confiança.

"Escolhemos Jürgen como treinador, mas temos consciência de que foi uma decisão mútua, que, do mesmo modo, ele nos escolheu", diz Gordon. "Não quero usar a palavra 'legitimidade', mas sua decisão validou tudo aquilo que nós que trabalhamos com um clube de futebol almejávamos conquistar. Ele mudou a atmosfera do clube, o ambiente, o *ethos* do lugar, e o projeto está em uma situação bem melhor. Isso deu esperança aos nossos torcedores. Não quero ser muito dramático, mas essa é a verdade. Eles veem o que todos nós aqui desejamos alcançar como clube de futebol. Eu acreditava que estávamos nos desenvolvendo para chegar a isso antes de sua vinda, mas não há nenhuma dúvida de que, agora que ele está aqui, essa meta é viável. Essa esperança contagia nossos torcedores, contagia o clima durante as partidas, contagia quase todos os aspectos futebolísticos do clube. Dá para perceber que eu gosto dele?" Gordon acrescenta que há "uma tendência inexorável de tentar fazer com que Klopp se envolva e se comprometa com assuntos que vão além da essência de suas responsabilidades como treinador do clube"; o Liverpool teve de "resistir à tentação" de buscar sua opinião o tempo todo, temendo que ele passasse a fazer muitas coisas ao mesmo tempo.

Na Alemanha, amigos e ex-colegas não se mostram nem um pouco surpresos com o fato de o efeito Klopp estar dominando o outro lado do canal. "Eu disse a Jürgen quando ele saiu que o Liverpool era o único clube adequado para ele em termos de história e de emoções", conta Fritz

Lünschermann, gerente esportivo do Borussia Dortmund. "Assim como o Borussia, o Liverpool é um clube de operários que costumava ser muito bem-sucedido e passou a ter menos sucesso nos últimos anos. Jürgen com certeza vai levá-los de volta ao topo. Eles são tão malucos por futebol quanto nós. Klopp despertará a paixão deles." Ansgar Brinkmann também prevê que a temperatura em Merseyside irá aumentar: "Jürgen é capaz de atear fogo a uma cidade".

Será que também a um país inteiro? Klopp disse a Martin Quast que seria "incrivelmente feliz" se treinasse apenas três clubes em sua carreira — Mainz, Borussia Dortmund e Liverpool. Isso faria da seleção nacional alemã seu próximo, e possivelmente derradeiro, passo — no futebol, ao menos. Quast: "Ele é um orador nato e consegue o apoio das pessoas. Depois de Donald Trump, tenho ainda mais convicção de que, se Klopp quisesse concorrer à presidência da Alemanha, seria eleito; uniria as pessoas, mostraria o caminho, ele as faria felizes. Não é um político, ao menos não por enquanto, mas os jovens o escolheriam, seguramente. À exceção dos torcedores do Schalke, talvez". (Na Alemanha, o presidente é eleito pelos membros do parlamento e representantes dos estados federais. O cargo é amplamente cerimonial.)

Muitos na cidade orgulhosamente operária de Liverpool ficarão felizes em saber que as convicções do suábio assemelham-se às suas. "Não diria que sou muito ligado à política, mas sou de esquerda, claro. Mais voltado à esquerda do que ao centro", disse Klopp ao *taz*, em 2009. "Acredito no estado de bem-estar social, não me importo em contribuir com o sistema previdenciário. Não tenho convênio médico particular e jamais votaria em determinado partido somente porque promete baixar a alíquota de impostos. Meu entendimento de política é o seguinte: se estou bem de vida, quero que os outros também estejam. Se há algo que jamais vou fazer na vida é votar na direita."

As crenças religiosas de Klopp o ensinaram a ver o tempo de vida de uma pessoa como uma oportunidade — e um dever — para ajudar os outros. "Eu diria que nossa missão é tornar nosso pequeno pedaço de terra aqui um pouco mais bonito", disse ao *Westdeutsche Zeitung*, em 2007. Em entrevista para a *Stern*, um ano depois, ele sugeriu que viver "é deixar como herança lugares melhores; não se levar tão a sério; dedicar-se ao máximo; amar e ser amado".

O *Kop*, no entanto, tem andado muito sedento pelo brilho dos troféus nos últimos tempos para se satisfazer apenas com romances. Amor profundo e verdadeiro só surtirá efeito em Merseyside se Jürgen Klopp conseguir atender a aspirações mais materiais. "Será muito complicado vencer o campeonato, é muito mais competitivo hoje do que quando eu jogava, mas é para isso que ele está aqui, para isso que é pago", afirma Jamie Carragher. "Jamais o chamaria de fracassado se não conseguir — Rafael Benítez e Gérard Houllier com certeza não são fracassados; ambos conquistaram títulos, mas, se Klopp vencer o campeonato, irá superá-los. Ele se tornaria um verdadeiro Deus. Um verdadeiro Deus. Ergueriam uma estátua para ele."

Klopp ainda não é um herói, mas o povo de Liverpool já o aceitou como um Red, acrescenta Carragher. "Eles o veem passeando com o cachorro em Formby e comendo no bar da região, Klopp os faz se identificarem com ele. Liverpool é um lugar muito pé no chão. Você se lembra de quem é, de onde vem. Ele não se gaba, faz seu trabalho, é apaixonado por futebol. Sei que é da Floresta Negra, mas, para mim, é um típico *Scouser*."[2]

---

[2] Nome dado a quem é de Liverpool ou de lá provém. (N. do T.)

AGRADECIMENTOS

Esta versão da história de Jürgen Klopp deve-se plenamente às memórias, observações e anedotas compartilhadas generosamente por familiares, amigos íntimos e colaboradores ligados ao futebol atual ou do passado. Sou imensamente grato pelo tempo e opiniões dispensados por Isolde Reich, Benjamin e Sebastian Frank, Peter Krawietz, Christian Heidel, Harald Strutz, Jan Doehling, Mike Gordon, Hans-Joachim "Aki" Watzke, Martin Quast, Josef Schneck, Fritz Lünschermann, Sven Müller, İlkay Gündoğan, Neven Subotić, Sven "Manni" Bender, Mats Hummels, Sebastian Kehl, Dietrich Weise, Matthias Sammer, Matthias Dersch, Freddie Röckenhaus, Sandro Schwarz, Jürgen Kramny, Ansgar Brinkmann, Guido Schäfer, Ramon Berndroth, Hermann Bauer, Hermann Hummels, Ulrich Rath, Hartmut "Hardy" Rath, Dragoslav "Stepi" Stepanović, Adam Lallana, Thomas Berthold, Michael Theis, Marcel Reif, Jonathan Northcroft, Dominic King, Simon Hughes, Axel Schubert, Norbert Neuhaus, Jamie Carragher, Steve McManaman, Horst Dietz, Frank Kontny, Bernd Hoffmann e Reinhard Mongiatti.

Obrigado, Hannes Winzer, Thorsten "Toto" Wirth, Ronald "Ronny" Reng, Matthias Schneider, dr. Michael Becker, Sascha Fligge, Daniel Stolpe, Frieder Gamm, Ilhan Gündoğan, Jörg Krause, Martin Hägele, Jörg Vorländer e Matt McCann, pela ajuda e conselhos extremamente generosos.

Sem o esforço incansável e a desenvoltura estupenda de Oliver Trust, boa parte deste livro simplesmente não existiria. Muito obrigado!

Obrigado, Tim Broughton e Frances Jessop, da Yellow Jersey Press, pela confiança, apoio e paciência. E pela paciência. E também pela paciência.

Philip Röber: valeu, cara!

David Luxton, Rebecca Winfield e Nick Walters, da David Luxton Associates, obrigado por cuidarem de mim e deste livro.

À minha família... Elinor, Mia, Ayalah e Naomi: amo muito vocês! Muito obrigado por me apoiarem.

ÍNDICE REMISSIVO

A
Aarau, FC, 71
Abel, Mathias, 215
Abendblatt, 59
Abitur, 63, 64, 159, 160
abraçar árvores, 91
Ahlen, Rot Weiss, *ver* Rot Weiss Ahlen
Ajax, 77, 54
Al Ahly, 164
Al-Ahli FC, 24
Alamanos, 17
álcool, alcoólico, 159, 173, 174
Alemanha Ocidental (1949-90), 54, 60, 159, 163
Alemanha Oriental (1949-90), 163, 191, 216
Alemannia Aachen, 196, 304
Alexander-Arnold, Trent, 269
Ali, Muhammad, 57, 244
Al-Jazeera, 226
All Blacks da Nova Zelândia, 202, 203
Allgemeine Zeitung, 39, 86, 87, 186, 200, 221
Allianz Arena, Munique, 43, 220, 236, 253, 299, 316, 317
Alten Försterei (estádio), Berlim, 190
Andaluzia, 34
Andersen, Jørn, 297
Andreasen, Leon, 219, 297
Anfield (estádio), Liverpool, 135
Arábia Saudita, 24
ARD, 24
Argentina, 159
Armênia, 208
Arminia Bielefeld, 190, 200

Armstrong, Lance, 65
Arsenal FC, 45, 134, 240, 260, 261, 340
Asmussen, Fips, 63
Aston Villa FC, 128
Athletic Bilbao, 247
Aubameyang, Pierre-Emerick, 312, 320, 328
Auer, Benjamin, 205
Aufbruchsstimmung, 112
Aufholjagd, 328
Augsburg FC, 217
Augustin, Dieter, 76, 77
Auschwitz, 157
Áustria Viena FK, 85, 86
Ayre, Ian, 46
AZ Alkmaar, 77
Azaouagh, Mimoun, 215
Azteca (estádio), Cidade do México, 159

B
Babatz, Christof, 184
Bad Kreuznach, Renânia-Palatinado, 24, 26-28
Bad Ragaz, 93
Bad Vilbel, Hesse, 279
Balitsch, Hanno, 205
Ballplatzcafé, Mainz, 198
Balotelli, Mario, 249
Banco Imobiliário, 27
Bangoura, Daoud, 73
Barcelona FC, 104, 156, 252-254, 261, 265
Barrios, Lucas, 115, 117, 120, 227, 246
Barthel, Maik, 253
Basel FC, 115, 247

Basler, Mario, 110
basquete, 49
Bauer, Hermann, 157, 345
Baur, Walter, 155-159
Bayer Leverkusen, 37, 84, 106, 108, 193, 225, 229, 233, 236
Bayern de Munique FC, 34, 36, 43, 71, 77, 90, 106, 110, 116, 159, 167, 206, 207, 213, 214, 218, 220, 229, 233, 237, 253-255, 260, 281, 282, 311-313, 316, 317, 332
    empréstimo de Mats Hummels, 113
    Felix Magath, 104, 206
    Jupp Heynckes, 243, 253
    Jürgen Klinsmann, 300
    linha de quatro defensores, 79-80
    Louis van Gaal, 120, 233
    Matthias Sammer, diretor esportivo, 101, 115, 201, 228, 247
    Ottmar Hitzfeld, 71, 101, 299, 328
    Pep Guardiola, 252, 262, 311, 312, 317, 319, 332
    rivalidade com o Borussia Dortmund, 38
    títulos na Bundesliga, 77, 248, 317
Beatles, The, 303
Beckenbauer, Franz, 55, 75, 278, 282, 284, 285, 287
Becker, Boris, 60, 244
Beiersdorfer, Dietmar "Didi", 301-303
beijo de língua, 64
Bein, Uwe, 166, 280
Bélgica, 24, 91
Bender, Sven, 116, 118, 139, 225, 226, 228, 230, 237, 241, 255, 328, 345
Benítez, Rafael, 217, 343
Benteke, Christian, 128
Berlim, 36, 72, 73, 190, 191, 194, 243, 245, 246, 285, 290, 317, 333
Berliner Zeitung, 118, 200
Berna, 54, 71
Berndroth, Ramon, 165, 345

Berthold, Thomas, 158, 345
Biermann, Christoph, 250, 256, 287
Bild, 106, 110, 190, 228, 251, 253, 302, 303
Blendax, 210
Blick, 75
BMW, 171
Bochum VfL, 81, 190, 206, 217
Bohn, Armin, 161
bolas paradas, 189, 232
Bongartz, Hans, 75
Borussia Dortmund, 33-40, 43-48, 69, 71, 72, 84, 93, 99-101, 106, 110, 120, 128, 135, 136, 138, 139, 141, 225-229, 231, 233-236, 238, 242, 245, 248-251, 254, 256, 280, 289, 303, 305, 306, 311-315, 318-321, 323, 325-332, 334, 335, 342
    assentos VIP, 101
    Bert van Marwijk (2004-06), 35, 104
    bolsa de valores de Frankfurt, capital do clube (2000), 34
    Conselho de Veteranos, 102
    dia dedicado aos funcionários, 102
    dívidas (2004-05), 134, 176
    Drei Alfredos, 102
    fisioterapia, 241
    geil, 230
    Jagdfußball, 228
    Marbella, período de treinamento, 33, 113, 135
    Matthias Sammer (2000-04), 38, 101, 115, 201, 228, 247, 312, 345
    orçamento, 90, 114, 117, 171, 178, 179, 189, 199, 315
    Ottmar Hitzfeld (1991-97), 71, 101, 299, 300, 328
    partida contra o Liverpool (2016), 128-133, 289
    períodos de treinamento, 93, 100, 119
    política de contratações, 107, 110

pressão e *Gegenpressing*, 104, 108, 124, 125, 235, 240, 248, 263, 322, 324
rivalidade com o Schalke 04, 108, 109, 117, 118, 120, 121, 228-234, 333, 338, 341
seleção italiana (2011), 238
sessões de vídeo, 77, 104, 322
Thomas Doll (2007-08), 35-37, 104, 110
Thomas Tuchel (2015-17), 136, 139, 149, 288, 320
títulos da Bundesliga, 225-227, 242-243
títulos da Champions League, 34, 71
torcida organizada, 100, 315
Westfalenstadion, 33
Borussia Mönchengladbach, 80, 220, 237, 247, 300, 330
Borussia Neunkirchen, 187
Bös, Klaus, 178
bósnios, 107
Bournemouth FC, 129, 265, 271
Braun, Walter, 165
Brasil, 156, 321, 322
Breitner, Paul, 281-283
Bremen, 46
Breyer, Jochen, 317
Brinkmann, Ansgar, 173-175, 187, 342, 345
Bruchwegstadion, Mainz, 26, 74, 82, 166, 219
Brückner, Rudi, 281
BT Sport, 45
Bulgária, 85
Bundesliga 25, 26, 35, 36, 38, 48, 69, 75, 81, 82, 84, 90, 93, 95, 104-106, 137, 158, 161, 162, 165, 167, 169, 170, 172, 186, 190-193, 195, 197-199, 202, 205, 200, 210, 212, 214, 215, 218-220, 227, 240, 248, 253, 254, 260, 273, 277, 278, 282, 283, 288, 289, 295, 296, 301, 302, 304, 305, 312, 326
   acesso do Mainz, 146

comissão técnica, 237, 282, 283
goleiros, 277
licença profissional, 72, 186, 188
linha de quatro defensores/sistema de marcação por zona, 35, 75, 79-91, 85, 93, 189
pressão e *Gegenpressing*, 104, 108, 124, 125, 235, 240, 248, 263, 322, 324
restrições financeiras, 237
SAT1, 277-280
temporada 1968-69, 77
temporada 1971-72, 319
temporada 1991-92, 280
temporada 1994-95, 34
temporada 1995-96, 34
temporada 2001-02, 226
temporada 2004-05, 200, 207
temporada 2005-06, 208, 217
temporada 2006-07, 217, 221, 297
temporada 2008-09, 108, 109, 113, 114
temporada 2010-11, 225, 238
temporada 2011-12, 242, 243
temporada 2012-13, 248, 311
temporada 2013-14, 94, 311, 317, 318
treinadores estrangeiros, 25
Bundesliga 2
   DSF, 191, 281
   licença profissional, 72, 186, 188
   técnica de chutes a gol, 283
   temporada 1988-89, 171
   temporada 1990-91, 168
   temporada 1995-96, 73, 78, 79, 82
   temporada 1998-99, 87, 91
   temporada 2001-02, 183-193, 189, 195
   temporada 2002-03, 193-197
   temporada 2003-04, 197-200, 215
   temporada 2007-08, 295-307
Borgonha, 65
Bundestrainer, 288, 290
Bürgerliches Gesetzbuch, 27

Burnley FC, 261, 262, 271, 272
Buvač, Željko, 74, 106, 126, 187, 188, 239, 316

C
Café Raab, Gonsenheim, 211
caminhada, 50, 178
campo de futebol em Riedwiesen, Glatten, 19
Canadá, 24
Carl Zeiss Jena, FC, 91
Carl-Benz-Stadion, Mannheim, 176
Carnaval, 19, 24, 39, 57, 197, 214
Carragher, Jamie, 140, 272, 340, 343, 345
Casey, Conor, 107
católicos, 58
celtas, 17
Central Park, Nova York, 50
Cerezo Osaka, 227
Champions League, 34, 37, 40, 45, 46, 48
    temporada 1996-97, 34, 71, 227, 329
    temporada 2004-05, 137
    temporada 2005-06, 37
    temporada 2009-10, 120
    temporada 2011-12, 240
    temporada 2012-13, 46, 93, 129, 248-250, 254, 256, 311
    temporada 2013-14, 316, 319
    temporada 2014-15, 45, 319, 323, 329
    temporada 2015-16, 129, 135, 328, 330
    temporada 2016-17, 266
    temporada 2017-18, 339
chegada do homem à Lua (1969), 57, 244
Chelsea FC, 128, 134, 262, 268, 270, 272, 340, 301, 304
Chemnitzer FC, 174, 183
Cheshire, Inglaterra, 266
China, 341
ciências do esporte, 28, 76, 160, 164, 177, 279
Clattenburg, Mark, 129

Coca-Cola, 55
    balinhas de Coca-Cola, 280
Coface, 296
Collina, Pierluigi, 255
Colômbia, 219
Colônia FC, 95, 225, 229, 243
Colônia, Renânia do Norte-Vestfália, 38, 204, 218
comédia, 63, 259
condicionamento, 260
Constantini, Dietmar, 27, 85, 86
Conte, Antonio, 128, 262
Copa Africana de Nações, 267
League Cup, 129, 133, 266
Copa das Confederações, 284, 285, 287
Copa do Mundo
    1954 na Suíça, 54
    1974 na Alemanha Ocidental, 163, 28
    1986 no México, 158-159
    1990 na Itália, 157, 277
    2002 na Coreia do Sul e no Japão, 281
    2006 na Alemanha, 83, 100, 199, 211-213, 284-291
    2010 na África do Sul, 291
    2014 no Brasil, 316, 321
"corridas do Chucky", 239
Checoslováquia, 157
Chipre, 83, 87
Coração valente, 219
Coreia do Norte, 136
corrida com obstáculos, 188
Costa Ballena, 298
Costa Rica, 286
Coutinho, Philippe, 124, 138, 262, 267
Creta, 160
Croácia, 60
Crystal Palace FC, 133, 271, 340

D

2cvs, 64
Daei, Ali, 90
Daily Telegraph, 249
Dalglish, Kenneth "Kenny", 46, 47, 131
Dante, 247, 255, 317
Daum, Christoph, 301
De Bruyne, Kevin, 128
Decca Records, 302
Dedê, 106
Delling, Gerhard, 284
Demandt, Sven, 93, 175
DFB (Deutscher Fußball-Bund), 36, 108, 110, 118, 248, 303, 317, 332
DFB Pokal 36, 108, 110, 118, 248, 303, 317, 332
    temporada 1993-94, 75
    temporada 1999-2000, 90
    temporada 2007-08, 295
    temporada 2008-09, 119, 303
    temporada 2009-10, 118
    temporada 2011-12, 2, 243, 244, 245, 246
    temporada 2012-13, 250
    temporada 2013-14, 128, 264
    temporada 2014-15, 46, 316, 318, 320
Dia de Pentecostes, 59, 157
Dickel, Norbert "Nobby", 34, 113, 118, 137, 225, 231, 245, 320, 323, 331, 332, 334
Dietz, Horst, 54, 55, 56, 345
Disztl, Péter, 187
Doehling, Jan, 36, 187, 188, 189, 197, 207, 285, 286, 287, 288, 289, 290, 298, 345
Doetz, Jürgen, 279
Doll, Thomas, 35, 36, 37, 104, 110
Don Pepe Gran Meliá (hotel), Marbella, 33
Donaueschingen, Baden-Württemberg, 103
Dornhan, Baden-Württemberg, 55, 56
    TSF Dornhan, 55
Dortmund, Renânia do Norte-Vestfália, 34, 35, 37, 38, 39, 44, 112, 117, 139, 212, 226, 230, 237, 244, 247, 250, 315, 317, 330, 335
"Drei Alfredos", 102
DSF, 191, 281
Duisburg, 24, 29, 30, 90, 92, 183, 190, 196, 214
Durm, Erik, 321
Düsseldorf, Renânia do Norte-Vestfália, 238
Dutiné, Günter, 165

E

Echte Liebe (Fligge e Fligge), 36, 106
Eduard-Spranger, 64
    Freudenstadt, 20, 64
    Wirtschaftsgymnasium, 64
Egito, 164
Egli, Andy, 71
Eintracht Braunschweig, 69, 71
Eintracht Frankfurt, 80, 158, 160, 162, 163, 164, 166, 193, 194, 216, 180
    Amateure, 160-164
Ejaria, Ovie, 269
Elisabeth Reich, 56, 19, 20, 58
Eugen, 56
Emery, Unai, 140
Emílio de Lonneberga (Lindgren), 58
Energie Cottbus, 216, 297
Englischer Fußball, 46
Enkelmann, Nikolaus B., 87
Ente, 64
entrevistas de emprego, 203, 204
equilíbrio atraente entre vida profissional e pessoal, 204
Erbach FC, 165
Erfurt, Rot-Weiß, *ver* Rot-Weiß, Erfurt
Ergenzingen, TuS, 9, 153, 155, 156, 157, 158, 159
Eriksson, Sven-Göran, 75
Erlebnisfußball, 201
escanteios, 232

Escócia, 17
Espanha, 208, 265, 267, 299
esqui, 59, 61, 63, 66, 58, 230
Essen, Rot-Weiss, *ver* Rot-Weiss Essen, 72, 73, 74, 108
Estádio Friuli, Udine, 113
Estádio Municipal de Marbella, 113
Estádio Olímpico, Berlim, 73, 90, 206, 244, 246
Estrela Vermelha de Belgrado, 60
estudo teórico, 76, 201
Etihad (estádio), Manchester, 133, 249
Eupen, KAS, 91
Euro Palace, Mainz, 184
Europa League, 114, 120, 129, 135, 140, 227, 240, 267, 332
    Temporada 1981-82, 74, 75
    Temporada 2005-06, 208, 215
    Temporada 2007-08, 295
    Temporada 2008-09, 119, 303
    Temporada 2009-10, 114, 115
    Temporada 2010-11, 226, 230
    Temporada 2014-15, 46, 316, 318, 320
    Temporada 2015-16, 69, 125, 217
exercícios de estabilidade do *core*, 83, 288

F
FA Cup, 266
Fàbregas, Cesc, 270
Fair Play,
    critério, 208
    prêmio, 38
Farul Constanţa, SSC, 91
Favre, Lucien, 328
Febre de bola (Nick Hornby), 45
Federação Alemã de Futebol, *ver* DFB (Deutscher Fußball-Bund),
Feldkamp, Karl-Heinz, 161
Fenway Sports Group (FSG), 37, 341
Ferguson, Alex, 246

Fernseh-Bundestrainer, 288
Festzeltmeister, 56
Feulner, Markus, 117
Firmino, Roberto, 128, 262, 265
Fischer, 56
Fligge, Sascha e Frank, 36, 106, 346
Floresta Negra, Alemanha, 17, 55, 103, 107, 110, 130, 155, 158, 159, 161, 202, 343
Focus, 127
Formby, Merseyside, 266, 343
Förster, Karl-Heinz, 60
FourFourTwo, 119, 248
Frank, Benjamin, 69, 70, 89, 91, 92
Frank, Sebastian, 81, 89-91, 345
Frank, Wolfgang, 25, 26, 28, 29, 67, 70, 77, 80-82, 92, 94, 178, 207, 287, 298
    carreira de jogador pelo Alkmaar (1973-74), 77
    carreira de jogador pelo Alkmaar Borussia Dortmund (1977-80), 69
    carreira de jogador pelo Braunschweig, Eintracht (1974-77), 69
    carreira de jogador pelo Nuremberg (1980-82), 69
    carreira de jogador pelo Stuttgart (1971-73), 69
    demissão (1997), 84
    demissão (2000), 91, 178
    falecimento (2013), 94
    férias na Grécia, 161
    influência de Arrigo Sacchi, 70-71, 76
    linha de quatro defensores/sistema de marcação por zona, 25, 75, 78-81, 85, 86, 92, 93
    período de treinamento no Chipre (1997-98), 83, 87
    reforma do Bruchwegstadion, 82
    sessões de vídeo, 77
    técnico do Glarus (1984-88), 69

técnico do Kickers Offenbach (2006-07), 88, 91, 298
técnico do Aarau (1989-90), 71
técnico do Áustria Viena (1997-98), 63, 86
técnico do Carl Zeiss Jena (2010-11), 91
técnico do Essen, Rot-Weiss (1994-95), 72-74
técnico do Eupen (2011-12), 91
técnico do Farul Constanța (2005-06), 91
técnico do Mainz (1995-97; 1998-2000), 25, 26, 28, 30, 74-87, 90-95, 178
técnico do Sachsen Leipzig (2004-05), 91
técnico do Unterhaching (2002-04), 91
técnico do Wehen Wiesbaden (2008-09), 91
técnico do Wettingen (1991-92), 71
técnico do Winterthur (1992-93), 71
técnico do Wuppertaler (2008), 71
treinamento mental, 70, 86, 88
Frankfurt, Hesse, 158, 160
    bairro Gallus, 215
    bolsa de valores, 34
    Eintracht Frankfurt Amateure, 160-164
    Eintracht Frankfurt, 80, 114, 158, 166, 193, 216, 280
    Gallusviertel, 204
    Indústria de Produtos Químicos Hoechst, 164
    Rot-Weiss Frankfurt, *ver* Rot-Weiss Frankfurt 164, 166-168, 280
    Sachsenhausen, 161, 162
    Stepi's Treff, 166, 177, 279
    Universidade Goethe, 170, 177
    Viktoria Sindlingen FC, 162, 164-167
Frankfurter Allgemeine Zeitung, 120, 186
Frankfurter Rundschau, 78, 88, 109, 192, 194, 210, 213, 254, 300
Frauenlautern, Saarland, 78
Frei, Alexander, 108, 109, 115

Freiburg, SC, 199, 206, 298, 319
Freudenstadt, Baden-Württemberg, 20, 64
Friedrich, Manuel, 192, 198, 213, 297
Friedrich-Moebus-Stadion, Bad Kreuznach, 28
fumar, 116
Fürth, Bavaria, 24
Fußball 2000, 167, 280
futebol *Autobahn*, 105
futebol com base na posse de bola, 104
futebol de caça, 228
futebol de salão, 156
futebol heavy metal, 262

G

Gabão, 320
Gabriel, Michael, 162
Galatasaray SK, 84
Gallus, Frankfurt, 215
Gallusviertel, Frankfurt, 204
Garra de campeões, 254, 256
Gazzetta dello Sport, 111
Gegenpressing, 104, 108, 124, 125, 235, 240, 248, 263, 322, 324
geil, 230
Gelsenkirchen, Renânia do Norte-Vestfália, 238
Genscher, Hans-Dietrich, 57
Georg-Melches-Stadion, Essen, 72
Gerber, Fabian, 205
gier, 230
Ginter, Matthias, 321
Gladbach, *ver* Borussia Mönchengladbach
Glarona, Suíça , 69, 70
Glarus FC, 69, 71, 353
Glatt, rio, 18, 60
Glatten, Baden-Württemberg, 60
    SV Glatten, 56-60, 155
Glöckner, Patrick, 162
Goethe (universidade), Frankfurt, 160, 177

353

goleiros, 288
Gonsenheim, Mainz, 163, 209, 211, 284, 297, 301
Gordon, Mike, 47-50, 131, 139, 268-270, 339, 341, 345
Göteborg, IFK, 75
Götze, Mario, 228, 234, 251-253, 311, 316, 357, 366
Grasshoppers Zürich, 71
Grécia, 70, 161
Greuther Fürth, SpVgg, 23, 87, 190, 298, 304
Großkreutz, Kevin, 35, 116, 226, 321
Gruschwitz, Dieter, 284-286, 288, 289
Gruszecki, Jan-Henrik, 100, 315, 333
Guangzhou Evergrande, 246
Guardian, 44, 46, 130, 219, 251, 254
Guardiola, Josep "Pep", 252, 262, 311, 312, 317, 319, 332
Gullit, Ruud, 78
Gündoğan, İlkay, 139, 238-243, 245, 248, 250-252, 255, 314, 329, 333, 345, 346
Gunkel, Daniel, 297
Guten Morgen, Sonnenschein, 295
Gutenbergplatz, Mainz, 194, 197, 305

H

Haarstüble, 19
Haasekessel, Mainz, 207
Hafner, Klaus, 172
haka, 203
Hamburgo, Alemanha, 157, 302, 304
    Hamburgo SV, 93, 108, 113, 114, 117, 157, 159, 170, 301-304
    HSV Hamburgo (time de handebol), 281
handebol, 19, 56, 281
Hannover (HSV), 184, 206, 208, 233, 234, 236, 241, 281
Hansa Rostock FC, 91, 280
Happel, Ernst, 85
Harry Potter (J. K. Rowling), 190

Hart, Joe, 249
Hattric, 157
Haug, Jürgen, 155-157
Heidel, Christian
    1992 chega ao Mainz, 171
    1993 contratação de Brinkmann, 173-175, 187, 342
    1995 contratação de Frank como treinador, 74
    1996 as batalhas do Mainz pelo acesso para a Bundesliga, 34, 74, 81, 88
    1997 Mainz atinge a segunda posição na tabela de classificação, 82, 304; demissão de Frank, 84; contratação de Saftig, 84; contratação de Constantini, 27
    2000 demissão de Frank, 84
    2001 partida contra o Greuther Fürth, 23; Klopp passa a ser o treinador do time, 21-30, 92, 181, 186; comemoração no rio Reno 185; Buvač é nomeado auxiliar técnico, 74, 106, 126, 148, 187, 188, 239, 316
    2002 partida contra o Union Berlin, 190
    2003 perda do acesso para a Bundesliga, 34, 74, 81, 88
    2004 Thurk se transfere para o Energie Cottbus, 216; acesso para a Bundesliga, 34, 74, 81, 88
    2005 volta de Thurk, 216; contratação de Zidan, 108, 117, 204
    2006 renovação do contrato de Klopp, 210-213; passa a ser diretor executivo em tempo integral, 212 ; perda de alguns atletas, 215, 216; desentendimento com Klopp pela venda de Thurk, 216; casamento de Klopp e Ulla, 163; partida contra o Bayern de Munique, 242

2007 volta de Zidan, 215; conversa sobre a contratação de Klopp pelo Borussia Dortmund, 35, 36
2008 Bayern de Munique se interessa por Klopp, 298, 299; o Colônia tenta a contratação de Klopp, 301; a última partida de Klopp como treinador, 305, 306; conversa sobre a possibilidade de Klopp assumir o Bayer Leverkusen, 37
2012 comemoração de vinte anos, 169, 171
2013 morte de Frank, 94
2015 Klopp deixa o Borussia Dortmund, 315; Klopp assume o Liverpool, 47
2016 deixa o Mainz, 92
Heilbronn FC, 159
Henderson, Jordan, 123
Henry, John, 49, 139, 268
Hertha Berlin, 84, 90, 112, 209
Hessenliga, 167, 168
Hettfleisch, Alfred, 54
Heynckes, Jupp, 243, 248, 255
Hitzfeld, Ottmar, 71, 101, 299, 328
Hock, Christian, 80, 93
Hoechst, indústria de produtos químicos, 164
Frankfurt, 164
Hoechst, SG, 161
Hoeneß, Ulrich "Uli", 214, 235, 299
Hoffenheim, 111, 112, 11, 128, 236, 265, 298, 300, 304
Hoffmann, Bernd, 169, 160, 301, 303, 345
Hölzenbein, Bernd, 166
Holzhäuser, Wolfgang, 37
Homburg FC, 164, 169
Hoogland, Tim, 297
Hope Street, Liverpool, 129
Hornby, Nick, 45
Houllier, Gérard, 343
Hull City, 133, 271
Humba, 303

Hummels, Hermann, 169, 174, 314, 345
Hummels, Mats
2008 primeira temporada com o Borussia Dortmund, por empréstimo, 115, 172
2009 lesão no tornozelo, 114; assina contrato com o Borussia Dortmund, 115
2010 terceira temporada pelo Borussia Dortmund, 228-230
2011 campeão da Bundesliga, 225, 226; quarta temporada pelo Borussia Dortmund, 239
2012 conquista da DFB Pokal, 36
2013 sexta temporada pelo Borussia Dortmund, 313
2014 vice-campeão da Bundesliga, 193; Copa do Mundo, 316, 321, 322; sétima temporada pelo Borussia Dortmund, 319
2015 sétima temporada pelo Borussia Dortmund, 319
2016 partida contra o Liverpool, 138

I

Ibáñez, Francisco, 209
Illgner, Bodo, 157
Ilsanker, Herbert, 187
Im Schatten des Doms, 163
Immobile, Ciro, 320
Independent, 139
inglês (idioma), 45, 47, 50, 64, 124, 126, 127, 226
Irlanda, 17
Islândia, 208
Itália, 76, 320, 366
seleção nacional, 75, 83, 92, 124, 158, 199, 216, 217, 278, 281, 284, 290, 322, 342
Iugoslávia, 60, 166
Ivanov, Trifon, 85

J

Jacobi, Franz, 315
Jagdfußball, 228
Jakob, Helmut, 166
Japonês, 246
Japonesa, 227
Jeandupeux, Daniel, 71
jogadas de transição, 248, 317
jogo da garrafa, 64
Jol, Martin, 302, 303
Jung, Robert, 168, 170
Juventus FC, 329

K

Kagawa, Shinji, 227, 244, 246, 315
Kaiserslautern FC, 25, 53, 54, 75
Kamerun, 215
Karhan, Miroslav, 297
Karius, Loris, 260, 265
Karkuth, Dirk, 178, 179
Karlsruher SC, 196
Karn, Christian, 83, 196, 206, 304
Karneval am Bruchweg (Rehberg), 83
Karpaty Lviv, 240
Katowice, Polônia, 157
Keflavík, 208
Kehl, Sebastian, 34, 104, 105, 112, 115, 226, 243, 256, 345
Kelbassa, Alfred, 102
Kelly, Steve, 107
Kemweb, 209
Kenny G., 135
Kicker, 25, 74
Kickers Offenbach, 88, 91, 298
Kinder Ovo, 328
King Power (estádio), Leicester, 268
Kirn, Bad Kreuznach, 24, 26-28, 143
    VfR Kirn, 54-55
Klavan, Ragnar, 260

Klinsmann, Jürgen, 83, 106, 199, 213, 216, 288, 289, 299, 300
Klopp, Dennis, 163
Klopp, Elisabeth, 19, 20, 56, 58
Klopp, Jürgen
    1967 nascimento, 20
    1974 início na escola primária, 63
    1976 torneio de Pfingsten, 59, 356
    1977 primeiro torneio aberto de Glatten, 60
    1980 reprovado na escola, 63
    1981 ganha um uísque no campeonato, 64
    1982 começa a andar de Vespa, 64
    1983 começa a jogar pelo Ergenzingen, 144, 155-159
    1984 estuda para o *Abitur*, 63, 64, 143, 159, 160
    1985 disputa torneio pelo Ergenzingen, 144, 155-159
    1986 partida contra o Eintracht Frankfurt, 158, 159; oferta para jogar no Eintracht Frankfurt, 159; assina com o Pforzheim, 160
    1987 passeio pelo Sul da Europa, 160; assina com o Eintracht Frankfurt Amateure, 160; passa a treinar a equipe sub-11, 162
    1988 assina com o Viktoria Sindlingen, 162 ; nascimento de Marc, 164
    1989 assina com o RW Frankfurt, 167
    1990 assina com o Mainz, 168-170; começa um estágio na SAT1, 277-280
    1991 partida contra o RW Erfurt, 187; negociação com o Hamburgo, 93, 108, 113, 114, 117, 157, 159, 170, 301-304
    1995 graduação pela Universidade Goethe, 177; Frank passa a ser técnico do Mainz, 178; partida contra o Saarbrücken, 78

1996 rompe o ligamento cruzado, 106, 179
1997 demissão de Frank, 84; partida contra o Wolfsburg, 85, 214, 312, 333; Saftig assume como treinador, 84, 85
1998 partida contra o Stuttgarter Kickers, 60, 86, 162, 178
1999 partida contra o Bayern de Munique, 91
2000 morte de seu pai, 65, 66; demissão de Frank, 84; explica o sistema com quatro defensores para Krautzun, 25
2001 partida contra o Greuther Fürth, 27; escolhido treinador do Mainz, 27-30, 92, 186-187; primeira temporada como treinador do Mainz, 30, 31, 183-190; Buvač é nomeado auxiliar técnico, 74, 106, 126, 148, 187, 188, 239, 316; passa a trabalhar em *Viererkette*, 281
2002 primeira temporada como treinador do Mainz, 190-192; exercício de formação de equipe na Floresta Negra, 103 ; segunda temporada como treinador do Mainz, 192, 193; renovação de contrato, 199
2003 segunda temporada como treinador do Mainz, 193-196; exercício de formação de equipe em uma cabana sem os confortos de aparelhos domésticos, 295; terceira temporada como treinador do Mainz, 193
2004 acesso para a Bundesliga, 34, 74, 81, 88; exercício de sobrevivência na Suécia, 202; quarta temporada como treinador do Mainz, 193
2005 quarta temporada como treinador do Mainz, 206-207; classificação para a Copa da Uefa, 207; comentarista da Copa das Confederações, 284, 285, 287;

quinta temporada como treinador do Mainz, 207-210
2006 renovação de contrato, 210, 212; quinta temporada como treinador do Mainz, 210-217; Friedrich convocado para a Copa do Mundo, 213-214 ; visita à prisão Rohrbach, 213; comentarista da Copa do Mundo, 284-291; desentendimento com Heidel em virtude da venda de Thurk, 216; casamento com Ulla, 163; sexta temporada como treinador do Mainz, 217-219
2007 sexta temporada como treinador do Mainz, 219-221; rebaixamento, 220-221; exercício de formação de equipe na Turíngia, 295 ; sétima temporada como treinador do Mainz, 296-298
2008 conversas com o Bayern de Munique, 298-300; conversas com o Colônia, 38, 195, 204, 218, 225, 229, 243, 298, 301, 304; conversas com o Hamburgo, 93, 108, 113, 114, 117, 157, 159, 170, 301-304; sétima temporada como treinador do Mainz, 300-307; último jogo como treinador do Mainz, 304, ; torna-se treinador do Borussia Dortmund, 33-40, 99-102; ganha um rinoceronte alado de presente, 120; período de treinamento em Donaueschingen, 103; contratação de Zidan, 108, 117, 204; primeira temporada como treinador do Borussia Dortmund, 108-113
2009 Neuhaus envia o DVD da partida do Erbach, 164, 165, 166, 345; renovação de contrato, 114; contratação de Barrios, Bender e Großkreutz, 115, 117, 120, 227, 246; segunda temporada como treinador do Borussia Dortmund, 117-120

2010 segunda temporada como treinador do Borussia Dortmund, 119, 120; contratação de Lewandowski, 117, 227, 242, 244, 246, 253, 311, 312, 316, 320, 321; terceira temporada como treinador do Borussia Dortmund, 227-234

2011 terceira temporada como treinador do Borussia Dortmund, 234-239; campeão da Bundesliga, 225-227; contratação de Gündoğan, 139, 238-243, 245, 248, 250-252, 255, 314, 329, 333, 345, 346; quarta temporada como treinador do Borussia Dortmund, 240-241

2012 quarta temporada como treinador do Borussia Dortmund, 241-243; conquista da DFB Pokal, 36, 108, 110, 118, 147, 248, 303, 317, 332; comemoração dos vinte anos da administração Heidel, 169, 171; campanha na Champions League, 34, 37, 40, 45, 46, 48, 71, 93, 120, 128, 129, 135, 137, 147, 227, 240, 248-250, 254, 256, 266, 270, 273, 281, 300, 303, 311, 316, 317, 319, 323, 328-330, 334, 339

2013 conversas para contratar Benteke, 128; campanha na Champions League, 34, 37, 40, 45, 46, 48, 71, 93, 120, 128, 129, 135, 137, 147, 227, 240, 248-250, 254, 256, 266, 270, 273, 281, 300, 303, 311, 316, 317, 319, 323, 328-330, 334, 339; Götze assina com o Bayern de Munique, 251, 252; vice-campeão da Bundesliga, 248; final da Champions League, 46, 93, 128, 147, 256, 303, 311, 317, 334; sexta temporada como treinador do Borussia Dortmund, 311-316

2014 Lewandowski vai para o Bayern de Munique, 117, 227, 242, 244, 246, 253, 311, 312, 316, 320, 321; conversas com o Manchester United, 43, 44; vice-campeão da Bundesliga, 193; conversas com Manchester City e Tottenham, 45, 47; lançamento da Opel, 261, 326; sétima temporada como treinador do Borussia Dortmund, 319; palestra motivacional em Frankfurt, 326

2015 sétima temporada como treinador do Borussia Dortmund, 319; demissão do Borussia Dortmund, 46, 329-335; conversas com o Liverpool, 122, 125-128; reunião em Nova York, 46-51; assume o Liverpool, 122-129; primeira temporada como treinador do Liverpool, 122, 125-128

2016 oferta do SinoFortone, 341; partida contra o Borussia Dortmund, 128-133, 289; renovação de contrato, 133; partida contra o Sevilla, 140, 208, 240, 267; pré-temporada nos Estados Unidos, 259-260; segunda temporada como treinador do Liverpool, 260-265; festa de Natal em Barcelona, 265

2017 período de treinamento em La Manga, 267; segunda temporada como treinador do Liverpool, 266-274, 340; partida contra o Sydney, 340

Klopp, Karl, 54
Klopp, Marc, 163
Klopp, Norbert, 53-58, 60, 61, 64, 65, 160
Klopp, Stefanie, 19, 20, 60, 64, 160
Klopp, Ulla, 100, 109, 163, 171, 217
Kloppertruppe, 191
Klopple, 62, 64
Kobayashi, Takeru, 234
Koblenz, TuS, 298
Kocaelispor, 84
Kohler, Jürgen, 246
Kohlmeyer, Werner, 54
Kontny, Frank, 73, 345

Kop, estádio Anfield, 134, 345
Kornmayer, Andreas, 123, 260
Kosicke, Marc, 46, 49, 50
Kovać, Robert, 106
Kramny, Jürgen, 24, 30, 79, 85, 86, 93, 175, 184, 196, 199, 345
Kraus, Katja, 301
Krause, Jörg, 281, 346
Krautzun, Eckhart, 24-28, 186
Krawietz, Peter
   sessões de análise de vídeos, 77, 286
   sobre a Copa do Mundo, 321-322
   sobre a parada de Natal, 266, 327
   sobre a partida contra o Sevilla (2016), 140, 208, 240, 267
   sobre as equipes situadas nas posições mais baixas da tabela, 271, 273
   sobre Aubameyang, 312, 320, 328
   sobre bolas paradas, 189, 232
   sobre Kemweb, 209
   sobre o Borussia Dortmund, 320, 323, 324, 330, 331
   sobre o Liverpool, 262-264, 268-271, 273
   sobre o Mainz, 176, 179, 180, 289
   sobre os torcedores ingleses, 44, 124, 130, 131, 133, 134, 136, 262, 265, 266, 340
   sobre posse de bola, 35, 104, 201, 248, 263, 272, 322, 323
   sobre pressão e o *Gegenpressing*, 104, 108, 124, 125, 235, 240, 248, 263, 322, 324
   sobre rodar o elenco, 270
   sobre treinar, 269-271, 320, 323
Kreisklasse C, 172
Kuhnert, Stephan, 93
Kuranyi, Kevin, 109
Kurier, 190
Kurrat, Hoppy, 102
Kurth, Frank, 72
Kurzschlussreaktion, 84

L
Labbadia, Bruno, 302, 303
Lallana, Adam, 123, 124, 126-128, 133, 150, 260, 262, 265-267, 270, 271
Lallana, Arthur, 266
Landesliga, 169
"Lange, Der", 64
Lauter (rio), 60
Lawrenson, Mark, 130
Lech Poznań, 117
Leeds United FC, 34, 133
Leicester City FC, 69, 262, 267
Leipzig, VfB, 84, 91, 169
Leiva, Lucas, 265
Lennhof (hotel), Dortmund, 38
Leverkusen, 37, 84, 106, 108, 193, 225, 229, 233, 234, 236, 327
Lewandowski, Robert, 117, 227, 242, 244, 246, 253, 311, 312, 316, 320, 321
Lexington Avenue, Nova York, 49
lfc.tv, 130, 268
líbero, 62, 75, 85, 92
Lieberknecht, Torsten, 77, 93
Liebrich, Werner, 54
ligamento cruzado, 106, 179
Lindgren, Astrid, 58
Liverpool Echo, 262
Liverpool FC, 49
   Anfield (estádio), 46, 47, 50, 129, 130, 132-138, 148-150, 262, 265, 268, 289, 339
   partida contra o Borussia Dortmund (2016), 135-140, 289
   condicionamento, 260
   treinos em dois períodos, 125, 303
   Europa League (2015-16), 114, 120, 129, 135, 140, 227, 240, 267, 332
   Fenway Sports Group (FSG), 47, 341
   os irmãos Frank como olheiros, 69, 77

Houllier como treinador (1998-2004), 343
lfc.tv, 130, 268
Centro de Treinamento Melwood, 123, 124, 132, 148, 263
palácio eleitoral Mainz, 24
partida contra o Milan (2005), 70, 78, 137, 238, 254
Partido Verde (alemão), 18
posse de bola, 35, 104, 201, 248, 263, 272, 322, 323
pressão e *Gegenpressing*, 104
Rodgers como treinador (2012-15), 264
papel dos torcedores, 133-136, 262
períodos de treinamentos, 267
pré-temporada nos Estados Unidos (2016), 259, 260
sessões de vídeo, 76, 184-185, 289
Benítez como treinador (2004-10), 217, 343
Dalglish como treinador (2011-12), 46, 47, 131
Lovren, Dejan, 138, 264
Löw, Joachim, 72, 93, 289
Lübeck, VfB, 193, 196
Lünschermann, Fritz, 101, 102, 104, 116, 136, 139, 230, 327, 328, 330, 342, 345

M

Machado, 179
Macht der Motivation, Die (Enkelmann), 87
Magath, Felix, 104, 206
Mainz, Renânia-Palatinado, 24, 53, 192, 213, 278
   carnaval, 19, 24, 27, 39, 57, 197, 199, 206, 214
   Gonsenheim, 163, 209, 211, 284, 297, 301
   Gutenbergplatz, 194, 197, 305

Universidade de Mainz, 76
SAT1, 277-280
Mainz 05, FSV, 23
acesso para a Bundesliga (2004), 34, 74, 81, 88
Bruchwegstadion, 26, 74, 82, 146, 166, 219
carnaval, 19, 24, 27, 39, 57, 197, 199, 206, 214
carreira de jogador de Klopp (1990-2001), 27, 77-80, 168-181
classificação para a Copa da Uefa (2005), 208
cobertura da SAT1, 277-280
Constantini como treinador (1997-98), 85, 86
entrevistas de emprego, 203, 204
equilíbrio entre vida profissional e pessoal, 204, 205
exercícios de estabilidade do *core*, 83, 288
exercício de formação de equipe, 202, 296-297
Frank como treinador (1995-97; 1998-2000), 25, 26, 29, 30, 74-85, 87-92, 178, 287
geil, 230
Hummels como treinador (1994-95), 168, 171
Jung como treinador (1989-92), 168, 170
Karkuth como treinador (2000), 178, 179
Klopp como treinador (2001-08), 29-31, 34, 37, 38, 43, 46, 57, 92, 125, 183-223, 230, 286, 292-304
Krautzun como treinador (2000-01), 24-28, 186
Krawietz, olheiro, 125, 262
líbero, 62, 75, 85, 92

linha de quatro defensores/sistema de marcação por zona, 35, 75, 79-81, 85, 93, 189
"Missão Possível 15", 219
o papel dos torcedores, 184, 206-207, 214-215, 218, 220, 304, 305
Opel Arena, 261
"Os Impromovíveis", 194
patamares salariais, 171
período de treinamento/sessões de treinamento, 26, 29, 45, 75-78, 82, 84, 85, 92, 119, 124, 125, 156, 158, 166, 174, 188, 239, 241, 296, 298
Saftig como treinador (1997), 84-85
sessões de vídeo, 76, 184-185, 289
torcedores organizados, 100, 117, 208, 219, 252, 303, 333
treinamento mental, 70
treinamento no quartel da polícia, 188
visita à prisão Rohrbach (2006), 213
Málaga CF, 138, 250
Manchester City FC, 45, 47, 133, 139, 166, 240, 248, 249, 262, 340
Manchester United FC, 44, 46, 134, 135, 246, 262, 340
Mandžukić, Mario, 247, 255
Mané, Sadio, 26-262, 267
Manga, La, Espanha, 267
Mannequin Challenge, 184
Mannheim, Baden-Württemberg, 175
   Waldhof Mannheim, 79, 176, 185
maori, 203
Maradona, Diego, 24, 159
Marbella, Espanha, 33, 113, 135
marcação por zona, 25, 71, 77, 79, 86, 93, 282, 287
Marcel Schmelzer, 35, 106, 225, 250
Marselha, 240, 316
Martínez, Javi, 247
Matip, Joël, 260

McManaman, Steve, 134, 345
Meier, Michael, 34, 301
Meier, Urs, 284
Meisterschaft, 82, 229, 233, 236, 237
Melwood (centro de treinamento), Liverpool, 123, 124, 132, 148, 263
Menschenfänger, 185
Mercedes Benz-Arena, Berlin, 112
Mercedes, 18, 112
Mertin, Herbert, 213, 214
México, 158
Middlesbrough FC, 268
Mignolet, Simon, 132, 265
Mika Ashtarak, FK, 208
Milan, AC, 70, 78, 137, 238, 254
Milner, James, 264
Mislintat, Sven, 117
"Missão Possível 15", 219
Mkhitaryan, Henrikh, 312
Möller, Andreas, 167, 280
Mônaco, AS, 73
Monday Night Football, 262
Mongiatti, Robert, 64, 345
Morgan Stanley, 34
Mortadelo e Salaminho, 209
Mourinho, José, 128, 129, 131, 238, 251, 262
Mouskouri, Nana, 296
movimentos coletivos, 76
Moyes, David, 44
Müller & Meirer, 54
Müller, Gerd, 282
Müller, Michael, 79
Müller, Sven, 145, 148, 161, 326, 345
Munique, Baviera, 245, 247
muralha amarela, Westfalenstadion, 33
Museu de História Natural, Londres, 256
músicas, 58, 199, 206, 214, 265, 295
"My Way" (Sinatra), 167

N

Nagelsmann, Julian, 288
Napoli, SSC, 316
Nationalliga B, 69
Nationalmannschaft, ver seleção da Alemanha, 213, 281, 289
Neckarstadion, Stuttgart, 60
Neger, Thomas, 163
Nemmer, Mona, 123, 260
Netzer, Günter, 284
Neu, Hubert, 163
Neue Zürcher Zeitung, 208
Neuhaus, Norbert, 164, 165, 166, 345
Neuneck, Baden-Württemberg, 60
Neustädter, Peter, 79, 93
Newcastle United FC, 260
Niebaum, Gerd, 34
Niepieklo, Alfred, 102
Nkufo, Blaise, 191
Nolan, Christopher, 208
Normal One, The, 131, 148
Northcroft, Jonathan, 192, 345
Nova York, Estados Unidos, 49
Nuremberg FC, 69, 225, 238
nutrição, 70

O

Obama, Barack, 110
Oberliga Hessen, 161
Oberliga, 26, 159, 160
Odonkor, David, 289
Old Trafford (estádio), Manchester, 44, 135
Olympiacos FC, 240
Once Caldas, CD, 219
Opel Arena, Mainz, 261
Opel, 326
Origem, A (filme), 208
Origi, Divock, 128, 134
Osnabrück, VfL, 118, 173

P

Pantera Cor-de-rosa, 220
Paris Saint-Germain, 240
Park Hilton Hotel, Munique, 43
Partido Democrático Liberal da Alemanha, 27
Peković, Milorad, 296
Pelé, 156, 286
Pentecostes, 59, 157
Pérez, Florentino, 316, 317
Petrić, Mladen, 107
Pfingsten, 59
Pforzheim FC, 159, 160, 164
Pickenäcker, Ingo, 72
Playmobil-Stadion, Fürth, 23
Plaza Hotel, Hamburgo, 157
Plaza Hotel, Nova York, 49
Pochettino, Mauricio, 126, 262
Podolski, Lukas, 263
Pöhler, 46
Polônia, 117, 157, 289
Port-sur-Saône, Borgonha, 64
Prandelli, Cesare, 238
Preißler, Alfred "Ady", 102
Premier League, 45, 46, 48, 69, 140, 246, 259, 260, 264, 266, 269, 270, 271, 273, 339
    temporada 2013-14, 128, 264
    temporada 2015-16, 69, 125, 217
    temporada 2016-17, 260
    temporada 2017-18, 270, 368
Pressão e *Gegenpressing*, 104
Primeira Divisão holandesa, 77
Prosinečki, Robert, 60
protestantes, 58
prussiano, 27

Q

Quarta-feira de Cinzas, 24, 30
Quast, Martin, 47, 56, 60, 81, 94, 132, 170, 210, 211, 246, 279, 342, 345

sobre a Bundesliga 2, 38, 74, 79, 90, 91, 159, 161, 167-169, 171, 174, 176, 186, 188, 189, 191, 193, 281, 283, 289, 298, 318
sobre a Bundesliga, 94
sobre a final da Copa da Alemanha (2012), 73, 246
sobre a morte de Frank, (2013), 94
sobre a partida contra o Bochum (1996), 81, 190, 206, 217
sobre a partida contra o Erfurt (1991), 187
sobre a presidência, 342
sobre a SAT1, 140, 208, 240, 267
sobre a Videolocadora do Toni, 211
sobre Hafner, 172
sobre Karkuth, 178, 179
sobre Kemweb, 209
sobre Krautzun, 24-28, 186
sobre o Borussia Dortmund, 150
sobre o lançamento do carro da Opel (2014), 261, 326
sobre o Liverpool, 47, 132, 342
sobre o relacionamento com Klopp, 47, 56, 94, 95, 132, 170, 176, 178, 279, 280, 326, 342
sobre os jogadores do Mainz, 198
sobre Thurk, 205, 217
Quênia, 24

R

ran, 277, 278
Rangnick, Ralf, 79, 88, 93, 111, 186, 191, 200, 247, 281, 298
Ranzengarde, 27
Rapolder, Uwe, 79, 200, 206
Rath, Hartmut, 63, 64, 65, 160
Rath, Ingo, 63
Rath, Ulrich, 54, 58, 59, 61, 62, 143, 155, 156, 345
Rauball, Reinhard, 72, 266
Real Madrid, 238, 240, 249, 251, 281, 316, 317, 339
Red Bull Salzburg, 262
RedaktionsNetzwerk Deutschland, 244
regeneração, 70, 82, 232, 327
Regensburg, SSV, 196
Rehberg, Reinhard, 28, 83, 183, 299
Rehhagel, Otto, 73, 82
Reich, Elisabeth, *ver* Klopp
Reich, Helene, 56
Reich, Isolde, 56, 61, 65, 144, 160, 345
Renânia-Palatinado, Alemanha, 24, 53, 192, 213, 278
Reus, Marco, 137, 249, 250, 251, 255
Reutlingen, SSV, 193
Revierderby, 109
RheinEnergieStadion, Colônia, 229
Rhein-Post, 91
Rhein-Zeitung, 74
Ribbeck, Erich, 75
Riedle, Karl-Heinz, 138
Rizzoli, Nicola, 255
Robben, Arjen, 235, 242, 255
Röber, Jürgen, 72
Röckenhaus, Freddie, 39, 100, 345
Rodgers, Brendan, 264
Rodriguez, Márcio, 90
Rohrbach (prisão federal), Wöllstein, 213
Romênia, 91
Röschinger, irmãs, 279
Rose, Marco, 198
Rot Weiss Ahlen, 116
Rote Erde, Dortmund, 165
Rottenburg am Neckar, Baden-Württemberg, 155
Rot-Weiß Erfurt, 170, 253
Rot-Weiss Essen, 72
Rot-Weiss Frankfurt, 164, 166, 167, 168, 280
Rowe, Richard "Dick", 302
RTL, 291

Rubin Kazan FC, 129
Rückenschule, 178
Rufer, Wynton, 73
Ruhr, Alemanha,
Ruhrnachrichten, 168
Ruman, Petr, 210
Rumble in the Jungle, The (1974), 244
Rummenigge, Karl-Heinz, 244
Rumpelfußball, 199
Runjaić, Kosta, 188
Rüsselsheim, Hesse, 326
Russa, 129
Rutten, Fred, 302

S

Saarbrücken FC, 78, 79, 175
Sacchi, Arrigo, 70, 238
Sachsen Leipzig FC, 91
Sachsenhausen, Frankfurt, 161, 162
Saftig, Reinhard, 84
Şahin, Nuri, 138, 225, 229
Sakho, Mamadou, 138
Sammer, Matthias, 38, 101, 115, 201, 228, 247, 345
Sané, Souleyman, 86
SAT1, 277-280
Schäfer, Guido, 169, 345
Schalke 04 FC, 169, 345
    rivalidade com o Borussia Dortmund, 38
Scheurenbrand, Ralf, 157
Schlauch, Rezzo, 18
Schlitzohr, 215
Schmelzer, Marcel, 35, 106, 225, 250
Schmidt, Alfred "Aki", 102
Schmidt, Lars, 93
Schnapsidee, 28
Schneck, Josef, 38, 99, 256, 345
Schotten, 100
Schubert, Axel, 345
Schuler, Markus, 192

Schuster, Axel, 194
Schwachhausen, Bremen, 46
Schwalb, Martin, 281
Schwanen-Bräu, 56
Schwarz, Sandro, 29, 93, 179, 183, 191, 194, 199, 345
Seeler, Uwe, 145, 157
segunda-feira de carnaval, 24, 27
seleção da Alemanha, 60, 313
senegalês, 260
sérvio, 107, 167, 187, 280, 297
sessões de treinamentos em dois períodos, 125, 303
sessões de vídeo, 77, 104, 322
Sevilla FC, 140, 208, 240, 267
Shakhtar Donetsk, 250
Shankly, William "Bill", 130
Shaqiri, Xherdan, 247
Shearman & Sterling, 49
Sheer, Ireen, 296
Signal Iduna Park, Dortmund, 39, 44, 99, 108, 109, 120, 136, 225, 229, 242, 250, 253, 311, 313, 329
Silva, Antônio da, 198, 210, 215
Sinatra, Frank, 167
SinoFortone, 341
Sky Sports, 262
snowboard, 279
Sola (fábrica de couro), Dornhan, 55
"sonolento trem-leito", 99
Soto, Elkin, 219
Southampton FC, 123, 126, 128, 260, 265, 266
Sparwasser, Jürgen, 163, 164
Spaßmannschaften, 201
Spezi, 159
Spiegel, Der, 201, 253, 278
Sport1, 211
Sport-Bild, 303
spox.com, 29

St. Pauli FC, 304
Staatstheater, Mainz, 197
Stadion im Brötzinger Tal, Pforzheim, 160
Stamford Bridge (estádio), Chelsea, 128, 262
Stepanović, Dragoslav 'Stepi', 166, 280
Stepi's Treff, Frankfurt, 166
Stern, 343
Steubing, Wolfgang, 167
Stöver, Uwe, 79, 93
Strobelallee *ver* Westfalenstadion
Strutz, Harald, 36
   sobre a carreira de jogador de Klopp (1990-2001), 27, 81, 170, 171, 306, 345
   sobre Frank como treinador (1995-97; 1998-2000), 59-61, 65-67
   sobre Jung como treinador (1989-92), 168, 170
   sobre Klopp como treinador (2001-08), 12, 149, 154, 156, 158, 161, 170, 182-183, 185, 265
   sobre Krautzun como treinador (2000-01), 24-28, 186
Sturridge, Daniel, 140
Stuttgart, Baden-Württemberg, 20, 59
Stuttgarter Kickers, 60, 86, 162, 178
Stuttgart, VfB, 60, 61, 69, 72, 77, 104, 112, 160, 215, 237, 280, 300
Stützpunkte, 164
Suárez, Luis, 264
Subotić, Neven, 103, 225, 345
   2006 assina com o Mainz, 107; primeira temporada no Mainz, 217
   2007 exercício de formação de equipe na Turíngia, 205; segunda temporada no Mainz, 216
   2008 período de treinamento em Donaueschingen, 103; primeira temporada no Borussia Dortmund, 106, 109, 112, 113; última partida de Klopp como seu treinador, 220-221
   2009 primeira temporada no Borussia Dortmund, 115, 117; segunda temporada no Borussia Dortmund, 120
   2010 terceira temporada no Borussia Dortmund, 227, 231-233
   2011 terceira temporada no Borussia Dortmund, 235; título da Bundesliga, 225
   2012 quinta temporada no Borussia Dortmund, 251
   2013 partida contra o Málaga, 138, 250; Bayern de Munique vence a Bundesliga e a DFB Pokal, 36, 108, 110, 118, 147, 248, 303, 317, 332; sexta temporada no Borussia Dortmund, 313, 315
   2014 sétima temporada no Borussia Dortmund, 319
   2015 sétima temporada no Borussia Dortmund, 319; Klopp anuncia sua saída, 330
Süddeutsche Zeitung, 39, 77, 81, 90, 100, 119, 131, 134, 189, 199, 214, 235, 244, 250, 254, 287, 304, 319, 329
   sobre o Borussia Dortmund, 39, 99, 108, 110-111, 119, 235, 244, 250, 253, 319, 329, 335
   sobre o Liverpool, 131, 133
   sobre o Mainz, 77, 81, 90, 188, 199, 214, 304
   sobre o trabalho de Klopp como comentarista, 36, 284, 285, 289
Suécia, 202
Suíça, 71
Sunday Times, 162, 283
Sunderland AFC, 271
Supercopa da Alemanha, 312
Swansea City AFC, 271
SWR, 62
Sydney FC, 340

T

Tagesspiegel, Der, 61, 99, 158, 169, 177
Tasty Pasty Company, Colônia, 218
taz, 169, 201, 209, 230, 342
Teamchef, 186
tênis, 19, 58, 59, 61, 63, 65, 88, 282
Tennis Borussia, 72
terapia preventiva para dor nas costas, 178
Tévez, Carlos, 319
Thulius, Wolfgang, 73
Turíngia, Alemanha, 295
Thurk, Michael, 204, 210, 215, 217
Topf und Arsch, 217
torcida organizada, 60, 100, 315
Torino FC, 320
Torjägerkanone, 312
Tottenham Hotspur FC, 45, 128, 262, 272, 303
treinamento autógeno, 87
treinamento mental, 70
treinamento psicológico, *ver* treinamento mental
Trier, Eintracht, 196, 215
Trochowski, Piotr, 114
tropa de choque, 188
Trump, Donald, 342
Trust, Oliver, 186, 346
Tuchel, Thomas, 136, 149, 288, 320
Tüftler, 19
Turquia, 84, 163

U

Ucrânia, 281
Udinese Calcio, 110, 113
Uefa, *ver* Europa League (Campeonato Europeu de Futebol), 114, 120, 129, 135, 140, 227, 240, 267, 332
uísque, 64
Ulm 1846, SSV, 79
União Soviética (1922-91), 157
Union Berlin FC, 190, 191, 192
Unity, The, 100
Universidade Stanford, 259
Universidade do Sul da Flórida, 107
Unterhaching, SpVgg, 91, 196

V

Van Basten, Marcel "Marco", 78
Van Gaal, Louis, 91, 196
Van Marwijk, Bert, 35, 104
Vandereycken, René, 24
Vertragsamateur, 54
Vida de Brian, A (filme), 131
Videolocadora do Toni, Gonsenheim, 211
Viena, Áustria, 85
Viererkette, 281
Viktoria Sindlingen FC, 162, 164
Villarreal CF, 140
Vítkovice Ostrava, 157
Vogts, Berti, 75
Volkswagen, 18
Völler, Rudi, 199
Voronin, Andriy, 196

W

Wache, Dimo, 27, 193
Waldhof Mannheim, SV, 79, 176, 185
Walter, Fritz, 53, 54
Walter, Ottmar, 54
Watex, 33
Wattenscheid 09, SG, 85
Watzke, Hans-Joachim, 33, 43, 135, 227, 312, 345
   2005 torna-se CEO do Borussia Dortmund, 33; consegue um empréstimo com a Morgan Stanley, 34
   2007 conversa com Heidel sobre Klopp, 35
   2008 contratação de Klopp, 36-38; presenteia Klopp com um boneco de um

rinoceronte alado, 120; período de treinamento em Donaueschingen, 103; troca de Petrić por Zidan, 107-108; anúncio da estratégia de pressão e *Gegenpressing*, 104, 108, 124, 125, 235, 240, 248, 263, 322, 324; partida contra o Hoffenheim, 112; partida contra a Udinese, 110, 113
2009 renovação do contrato de Klopp, 114; partida contra o Schalke 04, 23, 94, 109, 200, 217, 229
2010 partida contra o Colônia, 38, 195, 204, 218, 225, 229, 243, 298, 301, 304; prega silêncio sobre a posição na tabela de classificação, 233; piada de Klopp sobre Weidenfeller, 226, 234, 321, 327
2011 partida contra o Bayern de Munique, 236-236; visita da seleção da Itália, 238; título da Bundesliga, 225; campanha na Champions League, 240
2012 final da DFB Pokal, 36, 108, 110, 118, 147, 248, 303, 317, 332; partida contra o Manchester City, 249
2013 partida contra o Shakhtar Donetsk, 250; Götze assina com o Bayern de Munique, 251, 252; final da Champions League, 255; comentários de Klopp sobre Sammer, 38, 101, 115, 201, 228, 247, 251, 312; encoraja o Real Madrid a contratar Lewandowski, 117, 227, 242, 244, 246, 253, 311, 312, 316, 320, 321
2014 conversa de Klopp com o Manchester United, 43-45; vice-campeonato da Bundesliga, 317; queda da qualidade do jogo, 319-324
2015 time enfrenta o medo do rebaixamento, 328; a saída sensível de Klopp, 330-332, 339;
2016 partida contra o Liverpool, 128-133, 289
WDR, 233

Wehen Wiesbaden, SV, 91, 304
Weidenfeller, Roman, 226, 321
Weise, Dietrich, 158, 164, 345
Weiß, Hendrik, 280
Weißhaupt, Marco, 81
Welt, Die, 137, 245, 249, 296
Wembley (estádio), Londres, 93, 133, 147, 254, 256, 261, 311
Wenger, Arsène, 73, 260, 262
Wenn wir vom Fußball träumen (Biermann), 73, 260, 262
Werder Bremen, 73, 91, 120, 204, 219, 237, 327, 332
Werner, Tom, 49, 139, 268
Wersestadion, Ahlen, 193
West Bromwich Albion FC, 134
Westdeutsche Zeitung, 343
Westfalenstadion, Dortmund, 33
Wettingen, FC, 71
Wickede, Dortmund, 102
Wiesbaden, Hesse, 25
Wijnaldum, Georginio, 260
Willian, 270
Winterthur, FC, 71, 72
Wir im Südwesten, 279
Wirges, SpVgg EGC, 157
Wolfsburg, VfL, 85, 120, 214, 237, 247, 297, 312, 325, 333
Wolverhampton Wanderers FC, 266
Woodburn, Ben, 269
Woodward, Edward, 44, 45
Wuppertaler SV, 91

X

"xadrez com o dado", 263

Y

Yeboah, Anthony, 167, 280

"You'll Never Walk Alone", 46, 220, 305

Z

Zagreb, Croácia, 60

ZDF, 24, 36, 211, 217, 246, 282, 284, 285, 286, 287, 288, 291, 317

Zebec, Branko, 77

Zeigler, Arnd, 233

Zeit, Die, 156, 245

Zidan, Mohamed, 108, 204, 210, 215, 297

Zorc, Michael, 35, 38, 111, 115, 117, 227, 236

Zwanziger, Theo, 220, 290

Este livro foi composto na fonte
Chaparral Light em corpo de 11 pontos, impresso
pela gráfica Ipsis em papel Pólen Soft 80g
e diagramado pela BR75 texto | design | produção.
São Paulo, 2022